POLÍTICAS EDUCACIONAIS:
questões e dilemas

Obra em conformidade ao NOVO ACORDO da Língua Portuguesa

Dados Internacionais de Catalogação na Publicação (CIP)
(Câmara Brasileira do Livro, SP, Brasil)

Políticas educacionais : questões e dilemas / Stephen J. Ball, Jefferson Mainardes (organizadores) . — São Paulo : Cortez, 2011.

Vários autores.
ISBN 978-85-249-1634-2

1. Política educacional 2. Política e educação I. Ball, Stephen J. II. Mainardes, Jefferson.

11-09188 CDD-379

Índices para catálogo sistemático:

1. Políticas educacionais : Educação 379

Stephen J. Ball • Jefferson Mainardes
(Organizadores)

Alan Cribb • Alice Casimiro Lopes • César Tello • Elizabeth Macedo • Eneida Oto Shiroma • Márcia dos Santos Ferreira • Meg Maguire • Rosalba Maria Cardoso Garcia • Roselane Fátima Campos • Sally Power • Sharon Gewirtz

POLÍTICAS EDUCACIONAIS:
questões e dilemas

CORTEZ EDITORA

POLÍTICAS EDUCACIONAIS: questões e dilemas
Stephen J. Ball / Jefferson Mainardes (Orgs.)

Capa: aeroestúdio
Revisão: Ana Paula Luccisano
Preparação de originais: Liege Marucci
Composição: Linea Editora Ltda.
Coordenação editorial: Danilo A. Q. Morales

Direitos para esta edição
CORTEZ EDITORA
Rua Monte Alegre, 1074 — Perdizes
05014-001 — São Paulo-SP — Brasil
Tel.: (55 11) 3864-0111 Fax: (55 11) 3864-4290
Site: www.cortezeditora.com.br
e-mail: cortez@cortezeditora.com.br

Impresso no Brasil — setembro de 2011

Agradecimentos

Em primeiro lugar, agradecemos a participação de todos os autores deste livro.

A publicação dos capítulos traduzidos da língua inglesa foi possível graças à autorização das editoras Taylor & Francis e Wiley-Blackwell e dos editores dos seguintes periódicos: *British Educational Research Journal, International Studies in Sociology of Education, British Journal of Educational Studies, British Journal of Sociology of Education, Journal of Education Policy, British Journal of In-service Education* e *Discourse: studies in the cultural politics of education*, aos quais agradecemos. Não poderíamos deixar de agradecer também aos editores dos periódicos brasileiros *Currículo sem Fronteiras, Olhar de Professor* e *Práxis Educativa* por autorizarem a inclusão das traduções neste livro.

Esta publicação resultou da cooperação e do esforço coletivo de diversos colegas pesquisadores, que se dedicaram à tradução e à revisão dos textos. Somos imensamente gratos pela colaboração e apoio de Alice Casimiro Lopes, Elizabeth Macedo, Eneida Oto Shiroma, Márcia dos Santos Ferreira, Maria Inês Marcondes, Miguel Neme, Nelza Mara Pallú, Rosanne Evangelista Dias, Silvana Stremel, Thaisa de Andrade e Verônica van Wilpe.

Agradecemos também à Cortez Editora e Marcos Cezar de Freitas, do Conselho Editorial de Educação da Cortez Editora, pelo apoio e confiança.

Fonte dos textos originais

PARTE I

Capítulo 1

Publicado em *British Educational Research Journal*, v. 23, n. 3, p. 257-276, 1997. A versão em português foi publicada em *Currículo sem Fronteiras*, v. 6, n. 2, jul./dez. 2006.

Capítulo 2

Publicado em *International Studies in Sociology of Education*, v. 5, n. 1, p. 77-92. 1995. A versão em português foi publicada na revista *Olhar de Professor*, v. 9, n. 1, p. 11-30, jan./jul. 2006.

Capítulo 3

Publicado em *British Journal of Educational Studies*, v. 43, n. 3, p. 255-271, 1995.

Capítulo 4

Publicado em *British Journal do Sociology of Education*, v. 27, n. 1, p. 141-155, 2006.

Capítulo 5

Publicado em *Journal of Education Policy*, v. 17, n. 5, p. 499-509, 2002.

PARTE II

Capítulo 7

Publicado em *British Journal of In-service Education*, v. 20, n. 1, p. 5-16, 1994. A versão em português foi publicada na revista *Práxis Educativa*, v. 2, n. 2, p. 97-104. jul./dez. 2007

Capítulo 8

Publicado em *Discourse: studies in the cultural politics of education*, v. 21, n. 3, p. 253-268, 2000.

Sumário

Introdução

No Brasil, a pesquisa sobre políticas educacionais vem se configurando como um campo distinto de investigação e em permanente busca de consolidação. Nos últimos anos, pôde-se observar um aumento significativo de pesquisas, publicações, grupos de pesquisa, linhas de pesquisa em programas de pós-graduação e eventos específicos sobre políticas sociais e educacionais. Apesar desse cenário promissor, diversos pesquisadores do campo das políticas destacam a necessidade de empregar referenciais analíticos mais consistentes, bem como de ampliar a interlocução com a literatura internacional, bastante vasta e com uma variedade de perspectivas teórico-metodológicas.

Para Bell e Stevenson (2006), os estudos de política educacional tendem a tomar uma das três formas: a) o desenvolvimento de modelos analíticos através dos quais as políticas podem ser analisadas e interpretadas; b) a análise de um conjunto de questões relacionadas às políticas; e c) a análise crítica de políticas específicas. Em virtude do esforço de diversos pesquisadores em direção à primeira forma mencionada, a literatura internacional é extremamente rica em modelos e abordagens analíticas que se fundamentam em perspectivas teóricas variadas (marxismo, estruturalismo, pós-estruturalismo, pluralismo, teorias feministas etc.). O emprego de tais referenciais, de modo geral, permite aos pesquisadores circunscrever com melhor clareza o posicionamento teórico e o enfoque epistemológico que orientarão sua análise. Nas pesquisas e publicações brasileiras sobre políticas educacionais, observa-se a existência de dois grupos distintos: a) estudos de natureza teórica sobre questões mais amplas do processo de formulação de políticas, abrangendo discussões sobre mudanças no papel do Estado, rede de influências no processo de formulação de políticas, abordagens históricas das políticas educacionais brasileiras (geralmente vinculadas à análise dos contextos socioeconômico e político), entre outros aspectos; e b) análise e avaliação de programas e políticas educacionais específicas. Ambos os tipos de pesquisas são fundamentais para o debate e avanço do conhecimento acerca das políticas educacionais. No entanto, pode-se interrogar em que medida estudos de natureza teórica têm contribuído para a análise de políticas específicas, e ainda como e em que medida estudos de políticas específicas têm incorporado as contribuições do primeiro grupo (estudos de natureza teórica). Além disso, parece relevante refletir em que medida as pesquisas brasileiras sobre políticas educacionais têm estabelecido interfaces e debates com a produção de conhecimentos sobre esse campo, que vem sendo desenvolvida nos países da América Latina e em outros continentes.

Com o objetivo de contribuir para o campo das políticas educacionais e políticas curriculares, neste livro buscamos reunir um conjunto de textos que, de diferentes maneiras, têm contribuído para o avanço qualitativo do panorama teórico e empírico da análise de políticas.

Os sete textos traduzidos para esta coletânea constituem uma amostra significativa das discussões que têm sido desenvolvidas no Reino Unido em torno das políticas educacionais. Os estudos de políticas educacionais no Reino Unido caracterizam-se por enforcar as relações de classe, a reprodução de desigualdades sociais, as relações entre políticas e justiça social e têm a preocupação de estabelecer interconexões entre perspectivas macro e microcontextuais. Também é importante destacar que uma significativa parte dos estudos britânicos de políticas está vinculada a uma perspectiva sociológica. O termo *policy sociology*, que pode ser traduzido por "sociologia das políticas", é utilizado para expressar o fato de que conceitos, ideias e pesquisas do campo da Sociologia são empregados como base e fundamento para a análise de políticas (Ball, 2008). Assim, a análise das políticas, fundamentadas nessa perspectiva, resultam em um vasto conjunto de produções que interrogam, analisam e avaliam as políticas de uma perspectiva crítica. O termo "crítico" sinaliza que o objetivo dessas pesquisas é compreender a essência das políticas investigadas, com o cuidado para analisá-las de modo aprofundado, evitando-se toda e qualquer forma de legitimação; analisá-las de uma perspectiva de totalidade, estabelecendo os devidos vínculos com o contexto mais econômico, político e social, e analisar as relações das políticas com a justiça social.

Outro aspecto que caracteriza os textos traduzidos é o de que a política não pode continuar a ser pensada ou planejada nos limites de Estados-nação ou de fronteiras nacionais. A política flui/circula através de incalculáveis capilaridades transnacionais. Além disso, esses capítulos, assim como outros trabalhos de seus autores, mostram que a política vem se tornando cada vez mais uma *commodity*, uma mercadoria a ser comprada e vendida, vista como uma oportunidade de lucro. Os fluxos da política são também fluxos do discurso — metalinguagens que orientam pessoas a viver como pessoas. Novas narrativas sobre o que conta como boa educação estão sendo articuladas e validadas. Assim, precisamos de uma linguagem crítica e de um método analítico que nos permitam lidar com essas novas formas de política. Precisamos de uma linguagem não linear e que não atribua à política mais racionalidade do que ela merece. As políticas envolvem confusão, necessidades (legais e institucionais), crenças e valores discordantes, incoerentes e contraditórios, pragmatismo, empréstimos, criatividade e experimentações, relações de poder assimétricas (de vários tipos), sedimentação, lacunas e espaços, dissenso e constrangimentos materiais e contextuais.

Na prática, as políticas são frequentemente obscuras, algumas vezes inexequíveis, mas podem ser, mesmo assim, poderosos instrumentos de retórica, ou seja, formas de falar sobre o mundo, caminhos de mudança do que pensamos sobre o que fazemos. As políticas, particularmente as políticas educacionais, em geral são pensadas e escritas para contextos que possuem infraestrutura e condições de trabalho adequadas (seja qual for o nível de ensino), sem levar em conta variações enormes de contexto, de recursos, de desigualdades regionais ou das capacidades locais. Políticas diferentes geram diferentes quantidades de "espaço de manobra", mas são sempre objeto de alguma forma de tradução ou de "leitura ativa",[1] processos que permitem a compreensão de textos dentro dos limites da ação — um processo de re-representação, reordenação e refundamentação. O Estado é um dos principais lugares da política e um dos principais atores políticos. Em seu sentido mais simples, a política é uma declaração de algum tipo — ou ao menos uma decisão sobre como fazer coisas no sentido de "ter" uma política —, mas que pode ser puramente simbólica, ou seja, mostrar que há uma política ou que uma política foi formulada.

A política pode estar relacionada à organização das práticas e à relação que elas têm com alguns tipos de princípios. Elas não são, no entanto, fixas e imutáveis e podem ser sujeitas a interpretações e traduções e compreendidas como respostas a problemas da prática. As políticas estão sempre em algum tipo de fluxo, no processo de se tornarem algo mais. Esse é, fundamentalmente, o caso atual da educação, que flui ao lado da política (declarações, demandas e expectativas).

Os outros três capítulos, de autores brasileiros e um argentino, trazem discussões sobre análise de políticas educacionais e curriculares e foram elaborados por pesquisadores que têm realizado interlocuções com trabalhos dos autores britânicos participantes desta coletânea.

O livro está dividido em duas partes. A primeira é formada por seis capítulos com discussões teórico-metodológicas da pesquisa de políticas educacionais. São textos mais genéricos e que tematizam aspectos relacionados aos fundamentos da análise de políticas. A segunda

---

1. Para Lendvai e Stubbs (2007), "tradução" é uma forma de leitura ativa, um processo de re-representação, de reordenamento, de re-instrução através de várias práticas materiais e discursivas. Para eles, a noção de *tradução* problematiza a política, vista como um processo contínuo de "deslocamento, deslocação, transformação e negociação" (Callon, apud Lendvai; Stubbs, 2007, p. 177). A "tradução" pode ser vista como um "processo contínuo por meio do qual os indivíduos transformam o conhecimento, as verdades e os efeitos do poder cada vez que se defrontam com eles" (Herbert-Cheshire, apud Lendvai; Stubbs 2007, p. 177). Esse processo não pode ser entendido como *qualquer* resistência ativa ou aceitação passiva, mas como contínua transformação de um símbolo realizada por muitas e diferentes pessoas, "que lentamente transformam esse símbolo em algo completamente diferente, na medida em que procuram alcançar seus próprios objetivos" (Latour, apud Herbert-Cheshire, 2003, p. 461).

parte é constituída por quatro capítulos que apresentam investigações sobre políticas educacionais e curriculares propriamente ditas.

No capítulo 1, Stephen Ball desenvolve dois ensaios relacionados: um substantivo e outro metanalítico. O primeiro refere-se às mudanças na oferta do setor público. Defende que o setor público tem sido "transformado", nos termos de Jessop, de um Estado de Bem-estar keynesiano para um Estado do Bem-estar schumpteriano. Essa transformação envolve mudanças fundamentais nas formas de provisão, nos padrões de acesso, nas formas de trabalho, nas relações cliente-trabalhador, nas relações interinstitucionais, nos valores e na ética. A constituição do cidadão também tem sido afetada. O segundo ensaio refere-se à concepção de política social pelos pesquisadores educacionais e a seu engajamento. Um modelo para exame da "epistemologia de superfície" da pesquisa em política educacional é apresentado — isto é, as relações entre conceptualização, desenho e condução da pesquisa e interpretação dos dados. Ball argumenta que há uma tensão básica, no âmago da pesquisa em política educacional, entre o compromisso com a busca de eficiência e aquele com a busca de justiça social.

No capítulo 2, Sally Power tematiza a relação macro e micro na pesquisa de políticas educacionais. A autora toma como ponto de partida a indicação de Jenny Ozga, a qual afirmou que as pesquisas sobre políticas e prática educacionais tendem a ignorar o macrocontexto. Com base em dados de estudos de caso, Sally Power argumenta que teorizações sobre políticas educacionais fundamentadas em concepções centradas no Estado oferecem pouca ajuda na compreensão do que acontece nas escolas. A autora sugere que, em vez de denegrir o "empiricismo" das pesquisas, dever-se-ia reconsiderar a utilidade dos referenciais macroanalíticos.

No capítulo 3, Stephen J. Ball examina alguns problemas no campo dos estudos educacionais e considera o papel da teoria pós-estruturalista em afastar a pesquisa educacional da abordagem "racionalista-técnica" (evidenciada por muitas pesquisas sobre gerenciamento educacional e eficácia escolar) em direção a uma perspectiva de "conhecimento intelectual" que enfatize a incerteza, a desidentificação e o risco. Especial destaque merecem as discussões de Ball acerca do papel da teoria que, em vez de oferecer "verdades", pode levar a novas perspectivas para as pesquisas em educação.

O capítulo 4, de Sharon Gewirtz e Alan Cribb, é uma contribuição ao persistente debate sobre a melhor forma de lidar com os julgamentos de valor na pesquisa social. Os autores defendem a importância de haver maior "reflexividade ética" na Sociologia da Educação. Argumentam que deve ser dada atenção mais sistemática à questão dos valores, e que isso é um componente do rigor metodológico. No texto, explicitam o conceito de "reflexividade ética" e argumentam que o rigor na pesquisa demanda tomar seriamente a questão dos vieses de valores e a contribuição da pesquisa para a mudança social e política.

No capítulo 5, Sharon Gewirtz e Alan Cribb discutem o conceito de justiça social, suas dimensões e facetas, bem como suas implicações para a sociologia das políticas. De modo particular, os autores exploram três implicações: os modelos plurais de justiça social contribuem para a expansão da abrangência de avaliação das políticas; as tensões existentes dentro e entre as diferentes facetas da justiça precisam ser reconhecidas e trabalhadas; e os modelos plurais de justiça supõem o colapso da distinção entre ação e avaliação. Os autores argumentam que estas duas últimas implicações são frequentemente negligenciadas na sociologia das políticas, particularmente em pesquisas chamadas de "Sociologia vinda de cima", ou seja, pesquisas que tratam a realidade como algo que acontece a distância ou acima da prática. Os autores indicam a importância de uma "sociologia de práticas justas", e uma abordagem modificada do "equilíbrio reflexivo" é identificada como meio de desenvolver tal sociologia.

O capítulo 6, de autoria de Jefferson Mainardes, Márcia dos Santos Ferreira e César Tello, apresenta um panorama dos principais debates teórico-metodológicos em análise de políticas, destacando as contribuições e limites de referenciais pós-estruturalistas e pluralistas para a análise de políticas. Nesse capítulo, indica-se a importância de os pesquisadores de políticas explicitarem o posicionamento epistemológico que fundamenta suas análises.

A segunda parte — Investigações em políticas educacionais e curriculares — é aberta com um capítulo de Meg Maguire e Stephen J. Ball, em que os autores, com base no conceito de discurso de Foucault, contrastam algumas formas pelas quais "o professor" é posicionado e construído dentro das reformas nas políticas do Reino Unido e dos Estados Unidos. Os autores buscam responder às seguintes questões: como o papel e propósito do professor são articulados diferentemente e quais são as implicações dessas diferentes articulações para as relações de trabalho, autopercepção e efetividade do professor? O capítulo também chama a atenção para os significados mais amplos e possíveis implicações dessas tentativas de reformar e reestruturar a oferta educacional, e identifica um conjunto de diferenças discursivas entre as reformas do Reino Unido e dos Estados Unidos. Além disso, o texto explora as implicações dessas reformas no trabalho dos professores, bem como as formas pelas quais os professores são vistos em cada caso.

No capítulo 8, Sharon Gewirtz e Stephen J. Ball discutem a mudança discursiva sobre gestão escolar no contexto de transição do modelo de gestão do "Bem-estar social" para o "novo gerencialismo". O capítulo fundamenta-se em dados de entrevistas e observações coletados em um período de dois anos (1994 a 1996). Os autores demonstram que a revolução de mercado não envolve apenas mudanças de estrutura e de incentivos. É um processo transformacional que engloba um novo conjunto de valores e um novo ambiente moral. Nesse processo, novas subjetividades são geradas. O papel e senso de identidade e o propósito dos administradores da escola são reconstruídos e redefinidos.

No capítulo 9, Eneida Oto Shiroma, Rosalba Maria Cardoso Garcia e Roselane Fátima Campos apresentam uma análise crítica do discurso do movimento Todos pela Educação. Nesse capítulo, as autoras sintetizam alguns elementos acerca dos caminhos investigativos que orientam suas análises de política educacional, focando na articulação entre o prescrito e o realizado, procurando evidenciar a dinâmica global/local, macro/micro, bem como estratégias de difusão de políticas educacionais definidas em fóruns internacionais para serem implementadas em nível nacional ou local. O documento analisado foi apresentado como expressão do pacto social que vê na educação a principal estratégia de produzir uma mudança cultural na relação Estado — sociedade civil, síntese do pensamento hegemônico do empresariado sobre como deve ser organizada a vida social.

O livro é finalizado com o capítulo de Alice Casimiro Lopes e Elizabeth Macedo. As autoras apresentam uma ampla análise das contribuições de Stephen J. Ball para o estudo das políticas de currículo, destacando os trabalhos que vêm sendo desenvolvidos no âmbito do Grupo de Pesquisa Currículo, Conhecimento e Cultura (UERJ), que, em sua maioria, analisa as políticas de currículo por meio da "abordagem do ciclo de políticas" formulada por Stephen J. Ball e colaboradores. A partir das referidas pesquisas, as autoras propõem reflexões para além do ciclo de políticas.

Esperamos que este livro contribua para o debate e para o avanço das pesquisas do campo das políticas educacionais.

Os Organizadores

Referências

BALL, S. J. *The education debate*. Bristol: The Policy Press, 2008.

BELL, L.; STEVENSON, H. *Education policy*: process, themes and impact. London: Routledge, 2006.

HERBERT-CHESHIRE, L. Translating policy: power and action in Australia's County Towns. *Sociologia Ruralis*, v. 43, n. 4, p. 454-473, 2003.

LENDVAI, N.; STUBBS, P. Policies as translation: situating trans-national social policies. In: HODGSON, S. M.; IRVING, Z. (Eds.). *Policy reconsidered*: meanings, politics and practices. Bristol: Policy Press, 2007. p. 173-189.

PARTE I

Discussões teórico-metodológicas na pesquisa de políticas educacionais

CAPÍTULO 1

Sociologia das políticas educacionais e pesquisa crítico-social:

uma revisão pessoal das políticas educacionais e da pesquisa em política educacional[1]

Stephen J. Ball

Este texto expõe, de forma pessoal e talvez idiossincrática, uma visão das políticas educacionais e da pesquisa em política educacional no Reino Unido durante os últimos quinze a vinte anos.[2] Na primeira parte do texto, discuto as transformações nas formas de provisão do setor público e na sociedade civil, bem como a introdução de novas formas de regulação social. A segunda parte envolve a reflexão sobre o "progresso" em um emergente subcampo dos estudos educacionais

---

1. Tradução de Policy sociology and critical social research: a personal review of recent education policy and policy research, publicado no *British Educational Research Journal*, v. 23, n. 3, p. 257-276, 1997. Tradução de Alice Casimiro Lopes e Elizabeth Macedo. A versão em português foi publicada em *Currículo sem Fronteiras*, v. 6, n. 2, jul./dez. 2006.

2. Sou grato a Trinidad Ball, Alan Cribb, Louise Morely e Carol Vincent pelo seu convincente criticismo nos primeiros rascunhos deste texto. Os limites da disponibilidade de espaço implicaram que eu não tenha sido capaz de incluir todos os seus comentários (N.A.).

— a pesquisa em políticas educacionais.[3] Não utilizo fronteiras e definição do campo precisas e fixas em minha discussão; devo introduzir certa imprecisão e um caráter vago, mas isso é provavelmente inevitável. Vou explorar minhas concepções usando um modelo metanalítico e cruzar questões teóricas, epistemológicas e metodológicas.

O tom da segunda parte do capítulo é, de forma geral, crítico, mas pretende ser construtivo e reflexivo. Enumero algumas fragilidades inseridas na minha prática de pesquisa e exponho algumas ambivalências do projeto de pesquisa crítico-político. Esse é menos um exercício de "epistemologia profunda" — realismo, essencialismo, formas de explanação e tudo o mais — e mais uma "epistemologia de superfície" — relação entre conceptualização, condução, desenho e interpretação da pesquisa. A discussão é estruturada para permitir, pelo menos, algum reconhecimento de aspectos e agendas de pesquisas sociais e pessoais. Pesquisa em política é sempre, em algum grau, simultaneamente reativa e parasítica. Carreiras e reputações são feitas, assim como nossas pesquisas prosperam diante do declínio do Estado do bem-estar social keynesiano. Tanto aqueles inseridos no discurso político quanto aqueles cujas identidades profissionais são estabelecidas por intermédio do antagonismo a esse discurso beneficiam-se de incertezas e tragédias da reforma. Pesquisadores críticos, aparentemente estabelecidos de forma segura em área de moral elevada, produzem, a despeito disso, um meio de subsistência com os artefatos da miséria e dos sonhos destruídos dos profissionais. Nenhum de nós permanece imune aos incentivos e às disciplinas da nova economia moral.

Transformações

Quero apresentar o argumento de que, durante os últimos quinze anos, temos testemunhado no Reino Unido, e também na maioria das

3. No passado, em um esforço para ser mais preciso, utilizei o termo *policy sociology*, de Jenny Ozga (Ball, 1990) (N.A.). *Policy sociology* pode ser entendido como "sociologia das políticas". Esse termo tem sido usado para expressar o fato de que conceitos, ideias e pesquisas do campo da Sociologia são utilizados como base e fundamento para a análise de políticas. A esse respeito, ver a explicação de Stephen J. Ball no livro *The education debate* (Policy Press, 2008, p. 4) (N.T.).

outras sociedades do mundo ocidental e das sociedades desenvolvidas, uma profunda *transformação* (ver abaixo) nos princípios de organização da provisão social, especialmente no setor público. Isso significa dizer que as formas de emprego, as estruturas organizacionais, as culturas e os valores, os sistemas de financiamento, os papéis e os estilos de administração, as relações sociais e de pagamento e as condições das organizações públicas de Bem-estar social têm sido sujeitos a mudanças genéricas. Heuristicamente, essas mudanças devem ser situadas como parte de um processo mais amplo de transformação que Jessop descreve como a passagem do Estado de bem-estar keynesiano (*Keynesian Welfare State* — KWS) para um Estado do trabalho schumpeteriano (*Schumpeterian Workfare State* — SWS)[4] (Jessop, 1994). De acordo com Jessop, essa transformação substituiu o discurso fordista de produtividade e planejamento por uma retórica de flexibilidade e empreendedorismo pós-fordista. O SWS "vai além da mera redução do Estado de Bem-estar Social para reestruturá-lo e subordiná-lo às forças do mercado" (p. 27-28). No Reino Unido, esse processo de reestruturação, tanto como estratégia econômica quanto como projeto hegemônico de revigoramento da sociedade civil, esteve articulado mais claramente às políticas ideológicas do neoliberalismo thatcherista (Jessop, 1994, p. 30):

> Em termos econômicos estritos, a estratégia neoliberal demanda mudanças na *regulação* (governo) dos setores público e privado. Para o setor público, isso envolve privatização, liberalização e uma imposição de critérios comerciais em algum setor estatal residual.

Objetivando uma análise similar da reestruturação, Hoggett sugere três pontos enfatizados no caso do Reino Unido. São eles:

1. desenvolvimento da flexibilidade do tempo e do pagamento (mas não treinando flexibilidades);
2. promoção de formas externas de descentralização mais do que internas; e

4. Programa de bem-estar em que é exigido dos beneficiários desenvolver um trabalho no serviço público (N.T.).

3. enfraquecimento e restrição do governo local e das estruturas democráticas rudimentares em nível distrital, como no caso do NHS (National Health Service — Serviço de Saúde Nacional), mediante concentração do controle estratégico pelo governo central ou pela dissipação deste em uma miríade de agências locais e unidades de serviço desagregadas (Hoggett, 1994, p. 44).

Tudo isso, quero sugerir, está envolvido em e contibuir para mudanças na tecnologia de controle estatal, o que Hoggett denomina "controle remoto", ou o que eu, em outros lugares, chamo de controle a distância (Kilkert, 1991; ver também Ball, 1996). Retornarei a isso mais tarde.

Além disso, muitos trabalhos dirigidos à transformação do setor público concentram-se em sua base ideológica e nos processos de mudança, na forma e nas operações das novas estruturas e nas novas tecnologias de controle. Menos atenção tem sido dada à transformação dos valores e culturas do setor público (Heelas; Morris, 1992) e à concomitante formação de novas subjetividades (Rose, 1992). Os pontos-chave de ligação entre a reestruturação e a reavaliação (ou redirecionamento ético) do setor público são os discursos de excelência, efetividade e qualidade, bem como a lógica e cultura do novo gerencialismo.

Tomando este último primeiramente: onde o neotaylorismo (antigo gerencialismo) focaliza a intensificação dos sistemas de controle direto, o novo gerencialismo oferece um modelo de organização centrado nas pessoas, que vê o sistema de controle burocrático como difícil de ser gerenciado, pouco produtivo para a eficiência e repressivo do "espírito empreendedor" de todos os empregados. Contra isso, é postulado que o sucesso competitivo pode ser alcançado pela restrição dos sistemas de controle (é expressivamente denominado estrutura livre-restrita), pela motivação das pessoas em produzir com "qualidade" e pelo esforço em busca da "excelência". Com essa abordagem, gerentes tornam-se líderes mais do que controladores, provendo visão e inspiração que geram compromisso coletivo da corporação em "ser a melhor". Esse "novo" gerencialismo enfatiza uma atenção constante para com a "qualidade", sendo próximo do consumidor e do valor de inovação (Newman;

Clarke, 1994, p. 15). Na educação, o segmento dos diretores de escola é a principal "carreira" em que se dá a incorporação do novo gerencialismo, sendo crucial para a transformação dos regimes organizacionais das escolas (Grace, 1995), isto é, para o desmantelamento dos regimes organizacionais profissionais-burocráticos e sua substituição por regimes empresariais-mercadológicos (Clarke; Newman, 1992). Na mudança de concepção, o processo de reforma de relações e práticas da chefia também gera uma profunda mudança de valores e subjetividades das lideranças nas escolas (Ball, 1997b). É importante, contudo, não ver essas mudanças simplesmente como localizadas *nas* lideranças ou *nas* escolas. Elas deveriam ser vistas como primeiramente localizadas na estrutura conceptual política criada pelo Ato Educacional de 1988 e pelos atos subsequentes (e uma variedade de outras legislações mais gerais), que estabeleceu a infraestrutura e os incentivos na forma de mercado e introduziu a "direção" das possibilidades de financiamento e responsabilização (*accountability*) relacionadas com a *performance*. A imposição e o cultivo da performatividade na educação e no setor público, somados à importação e disseminação do gerencialismo, também requerem e encorajam maior conjunto de formas de organização e culturas institucionais e aproximam formas e culturas dos modos de regulação e controle predominantes no setor privado. Isso é parte do que é denominado "formas de agir e pensar dominantes" nas novas economias institucionais (Dale; Ozga, 1993, p. 27). Nos termos de seus modos de operação, o setor público não é mais visto como tendo qualidades especiais que o distingam de um negócio.

Uma nova economia moral

A crítica ao planejamento e à provisão estatal e a defesa da forma de mercado, fundamentais às políticas de reforma do setor público, sustentam-se diretamente na filosofia e na economia do neoliberalismo e, especialmente no Reino Unido, no trabalho do economista austríaco Fredrich von Hayek. As disciplinas e os efeitos de mercado estão enraizados em uma psicologia social do "autointeresse, esse grande instrumento do progresso material, [que] ensina a respeitar resultados, não princípios" (Newman, 1984, p. 158). Consequentemente, os novos mercados sociais são definidos por uma mistura de incentivos e recompensas que permitem estimular respostas autointeressadas. Bottery (1992) salienta que a economia do mercado livre apoia-se em duas presunções básicas, naturalísticas: "A primeira é que o mercado, e a consequente competição entre pessoas, é natural da condição humana [...]. A segunda presunção é a de que a humanidade é composta de indivíduos basicamente autorreferenciados [...]. O mercado, então, simplesmente dá expressão a um impulso básico [...]" (p. 86).

Com a introdução da forma de mercado na provisão pública, não só um novo mecanismo de alocação e distribuição de recursos é alcançado, mas também a criação de um novo ambiente moral, tanto para consumidores quanto para produtores. Provedores públicos estão sendo introduzidos no que Plant (1992, p. 87) denomina uma "cultura dos interesses do *self*". O mercado celebra a ética do que Nagel (1991) chama "ponto de vista pessoal" — interesses pessoais e desejos individuais — e obscurece e deprecia o igualitarismo relacionado ao "ponto de vista impessoal". O que Nagel denomina "dualidade de pontos de vista" e vê como base para a ética prática e a estabilidade moral — isto é, o nexo entre equidade e parcialidade — é, então, colapsado.[5] Isso é parte do que Bottery denomina a "pauperização das concepções morais na esfera pública" (1992, p. 93). A ideia de deliberar e planejar almejando o "bem comum" torna-se sem sentido.

Na perspectiva neoliberal, tanto o unionismo quanto o profissionalismo burocrático são vistos como fatores que contribuem para as "falhas" dos sistemas de serviços públicos planejados e como grandes obstáculos para o desenvolvimento de mercados sociais "efetivos". Esses são pontos

5. Meu colega Alan Cribb apontou que é importante não encarar o "ponto de vista pessoal" de Nagel como simplesmente uma expressão de autointeresse. Também transmite aspectos como identidade, autoconceito, senso de propósito etc. E paradoxalmente, talvez, "ponto de vista pessoal" é também empobrecido e restringido pelos processos que descrevo aqui. A redução no escopo do julgamento profissional no ensino é também uma reorganização e uma subversão da(s) identidade(s) e autoconceito dos profissionais do setor público (N.A.).

de articulação dos discursos de justiça social e prática ética ao mesmo tempo fundamentais e carentes de vigor. A desregulação, a transferência e a autonomia, que são centrais na reforma do setor público, têm mudado de várias formas os significados de sindicato e atividade profissional, bem como as possibilidades engendradas por esses conceitos. Na educação:

> A fragmentação do serviço educacional empreendida com a LMS (Local Management of Schools — Gerenciamento Local das Escolas) foi acompanhada de medidas para introduzir a competição entre as escolas e financiá-las de acordo com seu sucesso em atrair alunos [...] Técnicas de HRM (Human Resources Management — Gerenciamento de Recursos Humanos) são escolhidas para conquistar o comitê de empregados para as metas da organização. O novo clima necessita de novos mecanismos de controle de custos e da autonomia do professor por intermédio de uma gama de práticas enfatizando condições mais fortuitas de emprego, flexibilidade, controle de *performances* relacionado não somente com pagamento, mas com promoção e desemprego. (Sinclair et al., 1995, p. 266-267)

Além disso, como já salientado, a educação, como todos os outros aspectos do setor público, parte do que Oakland (1991) denomina "revolução da qualidade", e a ela se sujeita, em uma retórica de aperfeiçoamento que tem sido característica-chave das reformas governamentais no Reino Unido (e em vários outros lugares) desde o início dos anos 1980. A concepção de formas de qualidade "partem de uma profunda narrativa ideológica conservadora do governo e estratégia organizacional de cultura empreendedora" (Kilpatrick; Martinez-Lucio, 1995). Muito da parafernália de qualidade é tomada de empréstimo do setor privado; o setor público, foi defendido, se beneficiaria da exposição às forças do mercado, aos modelos comerciais de gerenciamento e de aperfeiçoamento da qualidade (ver Ball, 1997a).

Autonomia e disciplina

Sugiro, em vários aspectos, a "autonomia prática" da LMS e GMS (*status* mantido por subvenção/*grant-maintened status*) e o "empréstimo" de técnicas da HRM e TQM (gerenciamento de qualidade total — *total quality management*) pelos "novos gerentes" dos serviços públicos, que alcançam os propósitos das políticas de Estado por meio de uma combinação de "práticas microdisciplinares" e de "controle a distância". O significado moral particular das ferramentas de gerenciamento como TQM e HRM e de concepções como cultura da corporação são inerentes a seus papéis de "governo da alma dos empregados" (Wilmont, 1993, p. 517) e à colonização da "organização de características mais leves" (p. 518). A tarefa e o dever do gerenciamento são "não mais restritos a autorizar e impor regras e procedimentos", mas a "determinar como os empregados deveriam *pensar* e *sentir* sobre o que produzem" (p. 522), e "toda oportunidade concebível é aproveitada para imprimir os valores nucleares da organização sobre seus (cuidadosamente selecionados) empregados" (p. 523). Vistos criticamente, TQM, HRM, entre outros, desenvolvem e instilam autovigilância e mútua vigilância. Profissionalismo é substituído por responsabilização e coleguismo por competição e comparação interpessoal de *performances*. Essas são formas de poder concebidas e reproduzidas por intermédio da interação social na vida cotidiana das instituições. Exploram a insegurança do sujeito disciplinado. São tanto feminizadas (Blackmore, 1995) quando masculinizadas (Limerick; Lingard, 1995).[6] Não recaem simplesmente sobre as instituições, mas tomam forma em práticas da própria instituição e constroem indivíduos e suas relações sociais por meio da interação direta, isto é, pelo menos em algumas circunstâncias, por um poder mais construtivo do que coercivo. Não simplesmente constrangem e oprimem; articulam um modo de existência pessoal inscrito nas "artes minuciosas de autoescrutínio, autoavaliação e autorregulação" (Rose, 1989, p. 222; e ver Ball, 1996, em avaliação do professor e performatividade), frequentemente expressas em uma linguagem de "empoderamento" (Morely, 1995). TQM é um método e defensavelmente uma cultura; é uma "abordagem sistemática e totalizante do desenho e do fortalecimento da estrutura normativa do trabalho" (Willmott, 1993, p. 524), sendo parte de

6. Poder do mercado, competição inescrupulosa e gerencialismo de sobrevivência são misturados a paixão, emoção e uma ênfase nas habilidades de comunicação e facilitação (N.A.).

um processo de "reestruturação cognitiva". Por ser uma tecnologia intelectual, exerce atração sobre alguns professores, mas também é "um 'dispositivo de substituição' efetivamente ligado ao governo de 'mentalidades' e políticas, com realidades organizacionais diárias". Tudo isso recende fortemente a noção de Du Gay de "revolução pós-empresarial", que "prevê a possibilidade de cada membro de uma organização expressar 'iniciativa individual' e desenvolver plenamente seu 'potencial' a serviço da corporação" (Du Gay, 1996, p. 62). A celebração gerencialista/neoliberal da autonomia e do empoderamento também trabalha para deslocar "estruturas de desigualdade e diversidade social" (Morely, 1995, p. 8). Nos mecanismos "não planejados" do mercado social, organizações do setor público e trabalhadores são "livres e iguais" e permanecem "responsáveis por facilitar principais mudanças sociais e pessoais, na estrutura de suas próprias posições disciplinadas e não sustentadas" (Morely, 1995, p. 8).

Algumas advertências em relação à análise anterior precisam ser introduzidas agora. Primeiro, as mudanças do gerenciamento neotaylorista para o novo gerencialismo não são rupturas claras. O uso dos indicadores de performance, especificados em contratos entre comprador e provedor, e as intervenções continuadas do Estado em todas as práticas organizacionais tendem a encorajar a retenção de características organizacionais em "máquinas burocráticas" (Mintzberg, 1983). Segundo, nem todas as organizações incorporam mudanças com igual boa vontade ou entusiasmo. Existem bolsões de resiliência e atividade contradiscursiva (Mac An Ghaill, 1994). McLaughlin (1991) proficuamente contrasta "mudança de colonização", que envolve "a maioria das mudanças no núcleo cultural da organização", com "mudança de reorientação", que absorve a linguagem da reforma, mas não sua substância. Terceiro, em muitas organizações do setor público é possível identificar, conjuntamente em ação, "mensagens mescladas" no trabalho e práticas de antigas e novas formas de gerencialismo. Em algumas circunstâncias, a posição de certas organizações no mercado permite-lhes escapar da força avassaladora das disciplinas da reforma. Configurações locais e regionais de provisão também diferem, e essas variações e diferenças têm de ser balanceadas contra padrões e tendências gerais. Quarto, é importante não confundir o calor e o ruído da reforma e a retórica da marketização com a mudança "real" de estrutura e valores. De modo geral, a análise política necessita ser acompanhada de cuidadosa pesquisa regional, local e organizacional se nos dispusermos a entender os graus de "aplicação" e de "espaço de manobra" envolvidos na tradução das políticas nas práticas ou na diferencial "trapaça" das disciplinas da reforma. Quinto, a total transformação para a lógica do pós-fordismo ou SWS não deve ser possível nem desejável.

> [...] tem se tornado crescentemente aparente que com a reestruturação do Estado, o profissionalismo-burocrático não pode simplesmente ser dispensado. Ainda que departamentos reorganizados e agências requisitem fornecedores de serviços com habilidades particulares, orientações de serviços e compromissos [...] o que está em ação não é a erradicação do profissionalismo-burocrático, mas o grau com que grupamentos relevantes de habilidades e valores podem ser subordinados a e acomodados em uma nova lógica política e organizacional incorporada no gerencialismo. (Clarke et al., 1994, p. 233)[7]

A despeito dessas importantes considerações, defenderei a seguir que o que tem mudado no processo de reestruturação do setor público nos anos investigados (1977-1997), pelo menos nos termos das mudanças de primeira ordem, mais importante do que o que tem permanecido igual. O grau e a extensão da mudança tornam-se mais claros se considerarmos (muito brevemente) a concomitante reimaginação da sociedade civil.

A nova civilidade

> A imaginação da sociedade civil era a precondição e o produto da Modernidade. E assim, tal como os desafios associados à Modernidade,

7. Algo disso é evidente em tentativas de desprofissionalização estrutural dos professores, tais como propostas de licenciamento e contratação de professores ainda em formação e *Mum's Army*, que buscam controlar a formação inicial dos professores (N.A.). *Mum's Army* é um grupo de pressão que deseja que o problema do comportamento antissocial (por exemplo, violência) seja considerado na agenda política e que ações efetivas sejam realizadas. (N.T.).

também não se poderia evitar um maior destino desolador após a explosão inicial de entusiasmo. (Tester, 1992, p. 176)

A marca do neoliberalismo thatcherista encontra-se não tanto na negativa da existência de sociedade, feita por Margaret Thatcher (entrevista para *Woman's Own*, n. 31, de outubro de 1987), mas em sua radical e desoladora reimaginação da sociedade civil. Essa se apoia em um renascimento do individualismo competitivo e em um novo tipo de cidadão-consumidor — as políticas de tentação —, às quais sua negativa alude.

O novo cidadão é animado por e articulado às concepções de liberdade de Hayek, da "liberdade de" mais do que da "liberdade para", e liga-se ao direito de escolha. A "democracia do consumidor" é outra vez tanto o meio quanto o fim da mudança social e econômica. A escolha "ativa" assegurará um setor público mais responsivo e eficiente e "libertará" o "natural" empreendedorismo e as tendências competitivas dos cidadãos, destruindo a assim chamada "cultura da dependência" no processo, recolocando-o com as virtudes da autoajuda e autorresponsabilidade (ver Deem et al., 1995, cap. 3). Mais uma vez isso é constitutivo da nova economia moral discutida anteriormente. Como Bagguley coloca, "[...] a conexão Estado-sociedade civil é agora muito mais complexa do que nunca, se alguma coisa a simples dicotomia de Gramsci está dissolvendo. A atual *forma* do Estado, a *forma* da sociedade civil e a forma das relações entre ambos envolvem radicalmente novas tecnologias políticas [...] poder do mercado [...]" (Bagguley, 1994, p. 74). Ele continua: "o poder do mercado é pensado como cálculo do sujeito dentro de um corpo proativo" (p. 74) — a constituição de uma nova subjetividade.[8]

E assim!

Há duas questões principais que quero desenvolver com base nesse longo balanço. Primeiramente, até que ponto é apropriado concep-

8. Além disso, o novo discurso da cidadania de consumo tanto obscurece quanto ao mesmo tempo posiciona a classe baixa abaixo da sociedade civil, como não cidadãos, como dependentes dos outros (N.A.).

tualizar os processos descritos como *mudança* ou como *transformação*? Claramente, existem problemas inerentes à relação com o mencionado, na medida em que carecemos de dados comparativos de base e somos tentados a flertar com os perigos dos anos dourados (ver abaixo), encarando todos os aspectos da reforma negativamente. Mas meu ponto aqui é que temos razoável visão clara do movimento na estrutura, na organização, nas formas das relações, na linguagem e nos valores do que "veio antes" e, significativamente menos, a esse respeito é agora "o mesmo". O abrupto ônus da mudança, ou mais precisamente seu escopo e penetração, é também importante. Estou reivindicando, consequentemente, que a natureza multifacetada da reestruturação, dadas as condições de resiliência e parcialidade introduzidas anteriormente, atinge a uma *transformação* na forma do bem-estar público. Isto é, um movimento de um estado de coisas com um conjunto de características *dominantes*, para um novo estado de coisas com um diferente, mutuamente exclusivo, conjunto de características dominantes. (Por essa razão, algumas das minhas últimas considerações para os pesquisadores são a de estarem atentos para um conjunto de políticas, relações políticas e níveis da política.) O segundo, um ponto intimamente relacionado ao anterior, concerne à natureza dessa transformação, e quero iluminar as duas mais importantes categorias de mudança. Uma é desenvolvida por Jessop e colaboradores: a mudança no *modo de regulação*. "A ideia é de uma unidade abarcando uma estratégia particular de acumulação de capital, um conjunto particular de formas sociais e relações de classe, e um projeto hegemônico particular" (Ball, 1990, p. 15). Tomo a forma de mercado e a competição, os contratos (pelo Estado e por várias instituições) e vários processos de mercantilização para serem os elementos-chave desse projeto. Sem um senso de composição, inter-relacionado, é difícil capturar ou transmitir, como uma concepção, a multifacetada natureza da mudança. Outro aspecto da reestruturação é a formação de novas *subjetividades* "profissionais". Não simplesmente o que fazemos mudou; quem nós somos, as possibilidades de quem deveríamos nos tornar também mudaram. Existem "novas formas de dizer coisas plausíveis sobre outros seres humanos e sobre nós mesmos" (Rose, 1989, p. 224). Então, parte da transformação identificada acima é uma "transformação no regime de regulação da conduta privada" (p. 226), central para que "o tema do empreendimento" e as relações de "troca entre unidades econômicas discretas alcancem seus projetos com coragem e energia, ainda que buscando o novo empenho e o caminho para favorecer [...]" (p. 226).

Tenho me concentrado até aqui nas características gerais e genéricas da transformação do setor público. Tenho feito isso por duas razões: uma substantiva, para indicar de que forma tais mudanças na educação são parte de um processo de transformação mais amplo e fundamental que perpassa o setor público. Existem variações e diferenças setoriais, mas elas não deveriam impedir de ver a educação neste cenário de mudanças sistêmicas. Outra é retórica, para destacar a tendência geral, na pesquisa em políticas educacionais, de negligenciar os aspectos comuns e as generalidades da reestruturação no setor público.

Pesquisa em política educacional

É simplista sugerir qualquer tipo de relação direta e uniforme entre o contexto social e político e as preocupações e disposições acadêmicas. Igualmente, contudo, seria ingênuo tentar desconectar movimentos e tendências na teoria e na pesquisa dos discursos da reforma. De variadas formas, nossa pesquisa e nossas conceptualizações científicas podem ser fixadas em projetos políticos e processos sociais mais amplos, bem como em funções de gerenciar e neutralizar "problemas sociais", apesar de uma fachada de objetividade obscurecer esse processo e posteriormente permitir ao pesquisador categorizar, profissionalizar e restringir-se a "problemas" específicos (Ball, 1995). O desenvolvimento epistemológico nas ciências humanas, como a educação, funciona politicamente e é intimamente imbricado no gerenciamento prático dos problemas sociais e políticos. O vocabulário específico deve distanciar os pesquisadores de sua atividade, mas, simultaneamente, também constrói um olhar fixo que torna a "paisagem do social" sempre mais visível. A ideia de que as ciências humanas, como os estudos educacionais, permaneçam fora ou acima da agenda política de gerenciamento da população ou, de algum modo, tenham *status* neutro incorporado a um racionalismo progressivo flutuante é um pensamento débil e perigoso.

Tendo dito isso, a pesquisa em política educacional dispõe de várias posições, estilos e preocupações posicionadas diferentemente em relação aos processos e métodos da reforma e em relação às tradições e práticas das ciências humanas. Talvez, perversamente, eu queira tentar capturar e explorar algumas dessas variedades pelo uso do que denomino um espartano e reificado quadro binário. Usarei a discussão do quadro como um meio de rever alguns exemplos de pesquisas em políticas educacionais dos últimos quinze anos, movendo-me erraticamente e tranquilamente entre os polos. Em muitos aspectos, esses binarismos devem ser vistos como elaboração da dicotomia ciência política/políticas do conhecimento identificada por Fay (1975) e usada extensivamente por Grace, que explica (1995, p. 3):

> A política do conhecimento resiste à tendência da ciência política em abstrair problemas de suas características relacionais, por insistir que o problema somente pode ser entendido na complexidade daquelas relações. Em particular, representa uma visão de que uma abordagem sócio-histórica na pesquisa pode iluminar lutas culturais e ideológicas nas quais a escolarização está localizada... Ao passo que a ciência política exclui conflitos ideológicos e de valores como "externalidades que não lhes dizem respeito" [...].[9]

Trabalharei com o quadro-modelo (Figura 1) estabelecendo os binarismos em grupos relacionados, identificando e prenunciando pontos e argumentos, alguns dos quais necessitarão ser desenvolvidos mais amplamente em outro lugar. O primeiro grupo trata de questões de definição e concepção. Como Elmore (1996) salientou, a política é aditiva, assentada em camadas e filtrada. Ele avança defendendo que:

> Políticas de reforma educacional [e eu acrescentaria, a pesquisa sobre políticas educacionais — SJB] tipicamente incorporam três conceitos dis-

9. Sugiro uma terceira categoria para expandir e complementar as categorias de Fay, que é a política empresarial (N.A.).

tintivos: a) que o mais novo conjunto de reformas políticas automaticamente é precedente sobre todas as outras políticas sob as quais o sistema operou; b) que as reformas políticas emanam de um nível singular do sistema educacional e incorporam uma mensagem singular sobre o que as escolas deveriam fazer de maneira diferente; e c) que as reformas políticas deveriam operar mais ou menos da mesma maneira independentemente das características de sua implementação.

Figura 1
Um modelo (quadro)

a) Desenho e escopo	
Orientado pelas políticas	Orientado pelas práticas
Focos múltiplos	Foco singular
Níveis múltiplos	Nível singular
Temporal	Atemporal
Global/local	Nacional/geral
Focos ligados	Destacados, separados
b) Envolvimento total	
Contexto rico	Contexto não produtivo
Conceptualmente "profundo"	Contexto "sem profundidade"
c) Uma ética da pesquisa	
Justiça social	Eficiência social
Crítico	Incorporado
d) Políticas das pessoas	
Dotadas de voz	Silenciadas

a) Desenho e escopo

O primeiro ponto que gostaria de considerar é em relação à diferença entre pesquisas "orientadas para políticas" e pesquisas "orientadas para a prática". É óbvio que grande conjunto de pesquisas sobre educação ou escolarização não se refere, de forma alguma, à política. Mas, em alguns desses estudos, a política pode ser pensada como ausência significante. Ela é ignorada ou teorizada "fora do quadro". É o que ocorre, particularmente, em pesquisas sobre sala de aula, professores e escolas que os tratam como autodeterminados. Ou seja, como algo fora de seus contextos relacionais — como se não fossem afetados ou constrangidos pelas exigências de um currículo nacional, da LMS ou de competições locais. Essas pesquisas consideram a atividade de docentes ou os seus padrões de ensino como exclusivamente constituídos por princípios e preocupações educacionais e não afetados e mediados pela nova economia moral do setor público. Em certo sentido, esse tipo de pesquisa desliza claramente de volta a táticas de formuladores de políticas não reflexivas, "baseadas na culpabilização", nas quais as políticas são sempre soluções e nunca parte do problema. O problema está "na" escola ou "no" professor, mas nunca "nas" políticas.

Há interseções aqui com o segundo binário. Um dos efeitos generativos do fluxo de políticas dos anos 1980 e 1990 é o conjunto de estudos com um único foco que se concentrou exclusivamente em uma política, eliminando todas as outras. O resultado é tipicamente a reiteração do hiato entre política e prática, com uma assunção, explícita ou implícita, de que esse hiato representa uma falha de implementação por parte dos professores e das escolas. Pesquisadores críticos ou preocupados com a justiça social são geralmente tão culpados por esse tipo de análise, com foco único, quanto cientistas políticos — escolas são apresentadas como não sendo suficientemente antirracistas ou não levando a sério necessidades especiais. São análises sem o cuidado de considerar outras coisas que se esperam ou que se requerem que elas considerem com seriedade, e que competem por atenção, esforço, recursos na complexidade da prática. Não estou pretendendo "desculpar a má prática". Mais apropriadamente, estou questionando desenhos e focos de estudos de política e a relação entre desenho e foco e as demandas interpretativas que os pesquisadores fazem sobre seus sujeitos de pesquisa. A política apresenta problemas para seus sujeitos (poderia ser possível para alguns "esconder-se" da política, mas essa não é uma opção comum). Em certos momentos, quando conjuntos de políticas não coordenadas e contraditórias estão em ação, o recurso a estratégias de satisfação e de acomodações secundárias pode ser a única resposta razoável e factível. Como Elmore indica acima, quando focamos uma política analiticamente esquecemos, convenientemente, que outras políticas estão em circulação e que o estabelecimento de uma pode inibir, contradizer ou influenciar a possibilidade de fixação de outras.

Meu terceiro binário introduz um contraste entre a concepção de política que trata as políticas como claras, abstratas e fixas em oposição à outra em que as políticas são vistas como desatualizadas, incompletas, incoerentes e instáveis (o que está relacionado com os pontos **b** e **c** de Elmore, explicitados acima). A primeira concepção leva facilmente à visão de que as políticas são ou devem ser realizadas da mesma maneira em todos os lugares (parte da fantasia de globalização dos formuladores de políticas). A segunda começa com a assunção de que as condições, recursos, histórias e compromissos locais serão diferentes e que a realização da política vai, por isso, diferir. O recente trabalho de Vincent (1996) sobre as relações pais-professores é um bom exemplo dessa última concepção, com sua análise cuidadosa do papel da micropolítica da escola como um fator-chave na realização diferencial de um projeto de *home-school* (escola em casa) em três escolas primárias. Esse terceiro binário também se relaciona com um aspecto mais distante da conceituação de política e do modelo de pesquisa sobre política. Aqui a oposição é entre os estudos que se localizam em um único nível de análise — a escola, a sala de aula, a autoridade educacional local — e os que tentam capturar a dinâmica da política nos níveis educacionais e entre eles o que eu chamei de abordagem da "trajetória política" (Ball, 1994). Os trabalhos de Edwards e Whitty, com Fitz e Gewirtz (Edwards et al., 1989; Whitty et al., 1993) continuam a ser os melhores exemplos desse tipo de pesquisa sobre política na educação. Ambos os estudos — das políticas do Assisted Places Scheme[10] e dos City Technology

10. Esse programa de ação foi criado em 1981 para permitir alunos de classes baixas se matricularem em escolas privadas; o programa foi extinto com o Ato Educacional de 1997 (N.T.).

Colleges,[11] respectivamente — analisam o desenvolvimento, a formação e a realização dessas políticas do contexto de influência até práticas e efeitos, passando pelo contexto de produção do texto político (ver Ball, 1984). A "abordagem da trajetória" capta as formas pelas quais as políticas evoluem, se modificam e decaem ao longo do tempo e do espaço, assim como as suas incoerências. Aqui a formulação de políticas é um processo que ocorre em arenas de luta por sentido (Taylor, 1995); ela é a "política do discurso" (Yeatman, 1990).

Há, é claro, aspectos temporais adicionais nos processos políticos e nas análises desses processos, mas, na prática, muitas pesquisas sobre políticas educacionais não têm nenhum sentido de tempo. O aspecto negligenciado mais óbvio é um extravagante a-historicismo. Como Grace (1995) defende, "muitos problemas contemporâneos ou crises em educação são, elas mesmas, manifestações superficiais de contradições históricas, estruturais e ideológicas em políticas educacionais" (p. 3). Há uma clara falta de pesquisas sobre política, o que torna sério o imperativo proposto por Grace. Na verdade, há uma tendência notável a um "pós-1988". Isto é, boa parte das pesquisas sobre políticas educacionais considera as mudanças introduzidas pelo Ato da Reforma Educacional,[12] de 1988, o marco zero na história da educação; qualquer coisa acontecida antes de 1988 torna-se uma espécie de pré-história inexplorada, criando um efeito-limite do tipo "antes-e-depois". Um sentido de continuidades significantes está perdido, escondido no calor e no barulho da reforma. Mas o ponto de inflexão de 1988 é importante de outras maneiras: por exemplo, a tendência dos "anos dourados" de considerar que as análises críticas das políticas pré-1988 eram inexistentes e, mais ainda, de contrastar o melhor do compreensivismo com o pior do mercado educacional. Power (1992) destaca dois aspectos desse fenômeno. Um é que as políticas pós-1988 são tratadas como potentes e influenciadoras, de impacto decisivo na prática cotidiana, enquanto as políticas pré-1988

---

11. Os City Technology Colleges são destinados a adolescentes com menos de 16 anos e ensinam os assuntos do currículo nacional inglês com foco na ciência e na tecnologia (N.T.).

12. Education Reform Act (N.T.).

são mais comumente vistas com ceticismo e impacto mínimo sobre a prática.[13] O segundo aspecto destacado por Power diz respeito ao uso comum de um tipo de reversão analítica:

> Considere, por exemplo, análises exploratórias sobre a forma como psicólogos da educação ou funcionários do Education Welfare estão envolvidos, ainda que de "forma não intencional", nos processos de diferenciação, regulação e vigilância. Agora que a influência desse tipo de agente parece ter diminuído, há a tendência de percebê-los como um tipo de anacronismo benigno, tentando dar suporte às defesas contra forças mais obscuras. (p. 496)

O conselho de Power alerta não apenas para problemas de trabalho interpretativo sentimentalista, mas também para a ausência de uma *baseline* decente ou de dados longitudinais que permitam comparações de peso sobre os efeitos das políticas pré e pós-1988. Finalmente, a questão do tempo é também problemática na interpretação das reformas. Atualmente há vários estudos, datados dos primeiros estágios das reformas até agora, a maioria dos quais constituída de instantâneos.[14] Há dois problemas aqui. Primeiro, esses estudos de períodos limitados não oferecem sentido aos processos de reforma e mudança. A alteração estrutural é apenas uma parte, e um momento no processo da reforma. Mudanças de consciência, práticas adaptativas, artes da resistência e da manobra, "fluxo de valores" (Gewirtz et al., 1995) acontecem lentamente, às vezes até de forma imperceptível ao longo do tempo. Em segundo lugar, e relacionado a isso, há um problema geral com respeito ao *status* dos "achados" e das "conclusões" desses estudos limitados a um momento específico. Em que ponto é válido começar a definir conclusões sobre os efeitos das políticas? Depois de um ano, ou cinco, ou dez? De

---

13. É claro que se pode argumentar que as políticas pós-1988 são de tipos diferentes, com um escopo mais dominante e amplo, mais diretivas e intervencionistas, mais fortemente ligadas a requerimentos estatutários; que a prática pré-1988 era subdeterminada pelas políticas, enquanto a prática pós-1988 é sobredeterminada (N.A.).

14. Eu e meus colegas tentamos realizar uma série de estudos relacionados em um conjunto de escolas ao longo de um período de sete anos (ver Bowe et al., 1992; Gewirtz et al., 1995; Ball, 1997a). (N.A.).

novo, em ambos os casos aqui, assuntos práticos e empíricos misturam-se ao desenho da pesquisa e à conceptualização das políticas.[15] Tudo isso é crucial e foi apontado em minha discussão acima sobre a "transformação" do setor público.

Movendo do tempo para o espaço, gostaria de chamar a atenção tanto para a insularidade quanto para a abstração de muitas pesquisas sobre política educacional. Tais pesquisas não possuem sentido de "lugar". Não localizam as políticas em algum quadro que ultrapasse o nível nacional nem conseguem dar uma explicação analítica ou conduzir a um sentido de localidade nas análises das realizações políticas. Sobre o primeiro ponto, Brown e Lauder (1996) e Lingard (1996) ilustram o tipo de quadro de políticas que uma perspectiva global provê. Como Brown e Lauder (1996) assinalam: "Conhecimento, aprendizagem, informação e competência técnica são as matérias-primas atuais do comércio internacional" (p. 4). Com efeito, o relacionamento nacional/global é outro ponto de mediação no processo de políticas, uma interface na qual pressões e constrangimentos são mediados por preocupações e preferências locais. "A globalização da economia, particularmente dos mercados financeiros, reduz as opções políticas do Estado-nação" (Lingard, 1996, p. 11). Até agora, pesquisadores em política educacional no Reino Unido prestaram relativamente pouca atenção a essa interface, exceto por certas tentativas de explorar o assunto da "convergência política" na educação e o papel nessa convergência do "empréstimo das políticas" (ver Vanegas; Ball, 1996). Por exemplo, Whitty e Edwards (1994) investigaram "se as redes transnacionais de influência podem ser identificadas como uma explanação da aparente convergência nas políticas educacionais" no Reino Unido e nos Estados Unidos. Halpin e Troyna (1995) concluíram uma análise desse trabalho sugerindo que todas as evidências apontam para a importância do papel simbólico de "empréstimo" mais do que para a transferência prática de particularidades das políticas. Claramente, análises do fluxo e da influência das políticas entre nações precisam ser tratadas com cuidado. Popkewitz (1996) defende que "podemos

15. Claramente, as estruturas de financiamento da pesquisa encorajam um estilo de pesquisa na base do instantâneo (N.A.).

encontrar uma internacionalização particular de ideias assim como a reflexividade 'nacional' particular sobre a forma como essas ideias são realizadas" (p. 47). Trata-se de uma concepção paralela a meus comentários acima sobre a realização institucional das políticas.

O segundo sentido de lugar, o papel do local é, em certo sentido, negativo como acima descrito, e gostaria de salientar novamente dois aspectos. Primeiro, há uma tentativa, em certas pesquisas, de identificar características particulares do "local" significantes na realização das políticas. Por exemplo, pesquisadores recentes, trabalhando o desenvolvimento dos mercados na educação, começaram a examinar e especificar características do que Glatter et al. (1996) chamam "arenas competitivas locais" (ver também Gewirtz et al., 1995). No entanto, uma grande parte da pesquisa educacional desloca escolas e salas de aula de seu ambiente físico e cultural. Todas elas começam a "parecer" e "soar" as mesmas. O segundo aspecto da localização está relacionado a este último ponto: ou seja, a omissão das pesquisas sobre política em conduzir a um sentido de região, comunidade ou lugar. Esse não é, no entanto, um ponto apenas sobre a descrição empírica, ainda que possa ser muito bem-vindo, isso é também sobre teorização. Como Cooks (1990, p. 132) ressalta:

> Localização retém significado e sentido social num período contemporâneo quando as forças combinadas da modernidade no Estado, no capital multinacional e na comunicação de massas desvaneceram a velha ordem de solidariedade comunitária. O significado disso é que os Estados-nação modernos só ganham sua legitimidade por uma divisão prática de funções entre o centro onde [...] o poder cada vez mais repousa e a localização onde os sujeitos individuais vivem sua vida de trabalho e consumo cotidianos.

b) Envolvimento total

A polaridade seguinte refere-se à assunção feita anteriormente de que pesquisas sobre política educacional normalmente falham no entendimento da qualidade genérica da reforma. Ou seja, a educação é separada do campo mais amplo da mudança na política social. Quero me deter em três facetas desse isolacionismo. Uma é empírica/analítica, o simples fracasso em localizar a educação dentro de projetos e ideologias mais gerais da política social contemporânea. A segunda é interpretativa, a falta de conhecimento e de uso de conceitos e teorias aplicadas e desenvolvidas nesses outros campos. Exceções recentes são a utilização dos conceitos de "quase-mercados" (Le Grand; Barlett, 1993) e de "pós-fordismo" (Hickox; Moore, 1992), e o impacto e a influência mais geral de teorias feministas e pós-modernas (há sempre perigo em conceitos emprestados, especialmente quando conceitos complexos são apropriados sem nenhum conhecimento de sua bagagem de contestação ou de suas diversas interpretações). Considero que o inter-relacionamento de teorias, que McLennan (1996) chama teorização combinada (em contraposição à adicionada), provê uma fonte rica de conceitos para interpretar o processo político e os efeitos da política como forma de se mover além do óbvio, de criar ligações e fomentar relações para ligar nossos registros descritivos. Para ir além dos acidentes e das contingências que nos envolvem, é necessário iniciar de outra posição e começar do ponto usualmente excluído. Teorias oferecem outra linguagem, a linguagem da distância, da ironia, da imaginação. Parte disso, como Sheridan ressalta (1980, p. 223), é "um amor pela hipótese, pela invenção", também sem pudor, "um amor pela beleza" em contraposição à não problemática, técnica e desolada linguagem da ciência e do empreendedorismo políticos.

Em verdade, o empirismo descritivo continua predominante nos escritos sobre pesquisas em política educacional. Minha preocupação com o inter-relacionamento teórico traz esse cuidado particular de manter a coerência. Em uma tentativa de eliminar o reducionismo (McLennan, 1996), teóricos de todos os matizes agora parecem se dar conta da necessidade e da eficácia de múltiplas teorias, de "pensar neo e pós juntos, de possibilitar ativamente as tensões em cada um e entre eles de modo a ajudar a formular nossas pesquisas" (Apple, 1996, p. 141). Em termos gerais, essas tensões (estrutura, discurso e ação) focam o que pode ser ganho e o que pode ser abandonado. Isso pode significar ter que lidar com paradoxos e resistir ao fechamento teórico, ainda que isso não signifique ou não deva significar uma licença para a incoerência.

> Há um mundo de diferença (sem nenhum jogo de palavras) entre enfatizar o local, o contingente e a não correspondência e a ignorância de toda determinação ou de todas as relações estruturais entre as práticas. Muito frequentemente, questões importantes em torno do Estado e da formação social são simplesmente abandonadas e o difícil problema de pensar simultaneamente sobre a especificidade de diferentes práticas e as formas de unidade articulada que elas constituem é assumido como inexistente, como se nada existisse em formas estruturadas. (Apple, 1996, p. 141)[16]

Também quero enfatizar o ponto referido acima em relação a outro aspecto do isolacionismo: a desconexão substantiva das pesquisas em política educacional da arena geral da política social. Minha preocupação aqui repousa em um argumento mais geral e se relaciona com assuntos sobre a interpretação e a teorização de reformas como citado acima. Ao falhar em dar conta das maneiras pelas quais a educação é incluída em um conjunto de mudanças econômicas e políticas mais gerais, pesquisadores em política educacional restringem as possibilidades de interpretação e jogam os atores que vivem os dramas da educação para fora da sua totalidade social e de seus múltiplos desafios. Ficamos, portanto, por exemplo, incapazes de "ver" o impacto e os efeitos em diferentes famílias do desenvolvimento de múltiplos mercados sociais e concomitantes mudanças no estado do bem-estar. Isolacionismo encoraja a tendência inerente de "superestimar a capacidade da educação de afetar desigualdades sociais ao exagerar seu papel na sua reprodução" (Moore, 1996, p. 159).

c) Uma ética de pesquisa

A teoria é importante para a pesquisa em outro sentido. A teoria provê a possibilidade de desidentificação — o efeito de trabalhar "em

16. Essa perspectiva dual captura a análise paradoxal integrante deste texto: um argumento para transformação estrutural posto contra um argumento para a realização diversa das políticas locais (N.A.).

e contra" prevalente nas práticas de sujeição ideológica. A importância da teoria ou do esforço intelectual nas ciências sociais deve ser, nas palavras de Foucault, o de "subverter o poder", envolver-se em disputa para revelar e subverter o que é invisível e insidioso em práticas prevalentes (Troyna, 1994). Trata-se muito mais de uma preocupação prática dirigida diretamente às práticas e aos interesses dos trabalhadores da educação, mas de forma alguma no sentido atribuído por Barney (1995) ou Hargreaves (1996) em trabalhos recentes sobre o papel da pesquisa em educação. Esses trabalhos nem parecem ver o professor como um intelectual. Para Hargreaves (1996, p. 7), professores são especialistas cujo *status* precisa repousar em uma competência demonstrada: "não há virtude em professores especialistas em mentes recém-qualificadas estudarem partes substantivas da teoria educacional e pesquisas que não tratam, nem de forma remota, de aplicações práticas". Para mim, em contraste, a teoria provê a possibilidade de uma linguagem diferente, uma linguagem que não é capturada por assunções e inscrições de formuladores de políticas ou pela imediaticidade da prática (envolvida em tradição, preconceito, dogma e ideologia — ver abaixo). Ela oferece uma localização potencial para os discursos prevalentes das políticas e uma forma de luta contra a "incorporação". Tomando de empréstimo a formulação de Moore (1996, p. 159), a teoria mantém a fronteira entre pesquisa crítica sobre políticas e pesquisa para políticas. "A primeira posiciona o ponto de vista para o campo, a segunda é posicionada por ele."

As posições binárias destacadas por Moore se relacionam com uma divisão crítica e profunda que se acentua em pesquisas sobre política educacional — divisão entre novo benthamism[17] e panopticismo. Essa divisão é representada acima por Hargreaves e pelo movimento por uma escola efetiva, com ênfase na performatividade (Lyotard, 1984) e na eficiência, e as várias formas de pesquisas críticas/comprometidas com a justiça social (socialista e desconstrutiva [Fraser, 1995]), que colocam a "dignidade" acima do "preço".

17. Doutrina utilitária de Jeremy Bentham (1748-1832) (N.T.).

Apesar disso, o trabalho teórico também tem problemas intrínsecos de incorporação. Na realidade, nosso uso da teoria é, por vezes, mântrico e simplesmente moldado como movimento para exprimir ideias: um processo de encaixar conceitos, a busca de "um caso de" governabilidade, patriarcado, opressão estatal, pós-fordismo. Teoria como acusadora. Além disso, muito do que se designa por pesquisa teoricamente orientada carece de qualquer sentido de distância crítica ou reflexividade sobre a própria produção e procedimentos e sobre suas demandas de conhecimento sobre o social. Na procura por um ponto de vista, um lugar de onde olhar, muitos pesquisadores de políticas simplesmente sucumbem às antigas assunções redentoras, baseadas em um papel orgânico não problemático para eles, ou em um perpétuo processo de crescimento progressivo e ordenado, ou de desenvolvimento conseguido graças à mestria científica ou tecnológica, ou de controle sobre os eventos, ou ainda de reciclagem assertiva de velhos dogmas e de cansadas utopias.

d) Incluindo as pessoas nas políticas

Meu binarismo final é epistemologicamente diferente dos anteriores e retorna, de alguma forma, para as primeiras preocupações com a conceptualização de política e com a maneira como ela é representada e reproduzida em nossos textos analíticos. A visão prevalente, embora normalmente implícita, é que a política é algo que é "feito" para as pessoas. Como beneficiários de primeira ordem, "eles" "implementam" políticas; como beneficiários de segunda ordem, "eles" são afetados positiva ou negativamente pelas políticas. Tenho uma visão diferente (ver Ball, 1994). Como observado anteriormente, políticas colocam problemas para seus sujeitos, problemas que precisam ser resolvidos no contexto. Soluções para os problemas postos pelos textos políticos serão localizada e deveria ser esperado que discernissem determinados fins e situações confusas. Respostas que precisam, na verdade, ser "criativas". As políticas normalmente não dizem o que fazer; elas criam circunstâncias nas quais o espectro de opções disponíveis sobre o que fazer é reduzido ou modificado ou em que metas particulares ou efeitos são estabelecidos. Uma resposta ainda precisa ser construída no contexto, contraposta ou balanceada por outras expectativas, o que envolve algum tipo de ação social criativa. É o que Baggeley (1994, p. 74) chama "a ação dos insubordinados". Uma resposta de primeira ordem resulta em colonização (McLaughlin, 1991). Uma resposta de segunda ordem pode produzir desespero, desafio ou formas ilícitas de escapar das regras (ver, por exemplo, o estudo de Baggeley sobre pagadores de certos tipos de taxas). Aqui estou também interessado em questões sobre a ontologia da política, ignoradas por essa concepção: particularmente, a forma como nós tornamos as políticas encarnadas. Há um silêncio surdo no coração desses textos diligentes, abstratos e metódicos. Tanto as pessoas que "fazem" as políticas quanto as confrontadas com elas são deslocadas. Ao lado disso, em muitos estudos sobre "implementação", as pessoas estão implícitas. Um conjunto de "praticantes" recalcitrantes, conservadores e de mente estreita aparece por mágica. Estão escondidos atrás de portas fechadas, resistem às mudanças, mantendo seu compromisso ingênuo com o progressivismo, com o antirracismo, com os professores de sala de aula (quando eles "deveriam" estar fazendo pesquisa) ou com grupos de trabalho (quando eles "deveriam" estar em sala de aula). Além disso, Hargreaves (1996), reproduzindo um imaginário tipicamente unilateral, cita quatro aspectos que, segundo Cox, professores usam para justificar suas práticas — tradição, preconceito, dogma e ideologia. Em estudos de outro tipo, sujeitos igualmente apagados emergem, resistentes e romântico, *heroes* [*sic*] althusserianos lutando contra a opressão ou contra as "más" práticas que os formuladores de políticas insistem em jogar em cima deles. Como Power salienta, alguns dos primeiros nas pesquisas antes de 1988 parecem ter se tornado os últimos nas pesquisas pós-1988, ainda que suas práticas e perspectivas tenham permanecido as mesmas. São caricaturas unidimensionais que falham em expor complexidades, contradições e paradoxos que você e eu demonstramos acompanhar as mudanças. Não estou apenas celebrando "a citação de dados", que em si não garante que nos apresentemos como atores sociais autênticos e complexos ou capturemos um senso de eventos "escritos [...] em letras de sangue e fogo" (Marx, 1977, p. 669, citado por Bagguley, 1994). Mais apropriadamente, o ponto é a natureza da representação e da conceptualização das pessoas em nossos textos como um todo e em nossos modelos de sociabilidade. Minha pesquisa tem sido criticada a esse respeito. Analisando o livro *Education reform* (Ball, 1994), Nespor assinalou (1996, p. 380-81):

> Políticas e reformas aparecem apenas na interação de políticos, administradores, professores e pesquisadores. Pais aparecem apenas na medida em que são construídos pela linguagem do discurso público conservador dominante — como "consumidores" ou "clientes". Enquanto reclama que alunos são formulados como consumidores pelo discurso do mercado, Ball realmente não fala deles de nenhuma outra maneira em seus textos. Não há lugar para os pontos de vista de pais e alunos na análise política crítica? Como os discursos acadêmico e político conseguiram a exclusão desses pontos de vista?

Pensando sobre que tipos de pessoas e "vozes" habitam a análise dos textos políticos, também é preciso pensar sobre o engajamento com as identidades social e coletiva dos sujeitos de pesquisa — o "professor", os "pais", o formulador da política; seus gêneros, classe, raça, sexualidade e habilidade física. Uma coisa é considerar os "efeitos" das políticas sobre coletividades sociais abstratas, outra é conseguir capturar a interação complexa de identidades, interesses, coalizões e conflitos nos processos e atos das políticas (ver Reay, 1991; Gillborn, 1995; Hatcher, 1996). É importante reconhecer que diversidade social e "diferença" são bases importantes para entender o escopo das forças sociais ativas envolvidas em e resistentes às mudanças — reconhecimento é importante. Igualmente, no entanto, os efeitos das políticas são sentidos nos fatos sociais básicos da pobreza, da opressão e da desigualdade. Um desafio posto para os pesquisadores em política educacional encontra-se, portanto, em novas tarefas intelectuais e práticas identificadas por Nancy Fraser (1995, p. 69): "desenvolvimento de uma teoria *crítica* de reconhecimento que identifique e defenda as versões da política cultural da diferença que podem ser coerentemente combinadas com uma política social de igualdade".

E depois!

Como observado antes, há uma tensão básica, aparentemente irredimível no âmago das pesquisas sobre política educacional. Uma tensão entre preocupações com eficiência e com justiça social, a qual estrutura boa parte da minha discussão anterior. Ambos os lados da tensão são políticos — ainda que os prosélitos da eficiência tipicamente não vejam isso dessa forma. Na verdade, acho difícil imaginar a aparência das pesquisas não políticas. Pesquisadores individuais deveriam se reportar ou tentar resolver a tensão como eles a veem, ainda que possa acontecer que algo de um dos lados deva ser sacrificado para se atingir mais do outro.

> Os valores pessoais e os compromissos políticos do analista crítico de políticas devem estar ancorados na visão de uma ordem moral na qual justiça, igualdade e liberdade individual não podem ser comprometidas pela avareza de alguns poucos. O analista crítico deve endossar posturas políticas, sociais e econômicas nas quais pessoas não são nunca tratadas como meios para um fim, mas tratadas como fim em seu próprio benefício. (Prunty, 1985, p. 136)

Referências

APPLE, M. Power, meaning and identity: critical sociology of education in the United States. *British Journal of Sociology of Education*, v. 17, n. 2, p. 125-144, 1996.

BAGGULEY, P. Prisoners of the Beveridge Dream? The political mobilisation of the poor against contemporary welfare regimes. In: BURROWS, R.; LOADER, B. (Orgs.). *Towards a Post-Fordist Welfare State?* London: Routledge, 1994.

BALL, S. J. *Politics and policymaking in education*. London: Routledge, 1990.

______. *Education reform*: a critical and post-structural approach. Buckingham: Open University Press, 1994.

______. Intellectuals or technicians? The urgent role of theory in educational studies. *British Journal of Educational Studies*, v. 43, n. 3, p. 255-271, 1995.

BALL, S. J. Performativity and fragmentation in "postmodern schooling". In: CARTER, J. (Org.). *Postmodernity and the fragmentation of welfare*: a contemporary social policy. London: Routledge, 1996.

______. Good school/bad school. *British Journal of Sociology of Education*, v. 18, n. 3, p. 317-336, 1997a.

______. Markets, equity and values in education. In: WALFORD, G.; PRING, R. (Orgs.). *Affirming the comprehensive ideal*. London: Falmer Press, 1997b.

BASSEY, M. *Creating education through research*. Newark/Edinburgh: Kirklington Moor Press/British Educational Research Association, 1995.

BLACKMORE, J. Breaking out from a masculinist politics of education. In: LIMERICK, B.; LINGARD, B. (Orgs.). *Gender and changing educational management*. Sydney: Hodder, 1995.

BOTTERY, M. *The ethics of educational management*. London: Cassell, 1992.

BOWE, R.; BALL, S. J.; GOLD, A. *Reforming education and changing schools*: case studies in policy sociology. London: Routledge, 1992.

BROWN, P.; LAUDER, H. Education, globalisation and economic development. *Journal of Education Policy*, v. II, p. 1-25, 1996.

CLARKE, J.; NEWMAN, J. *The right to manage*: a second managerial revolution, unpublished paper. Milton Keynes: Open University, 1992.

______; COCHRANE, A.; McLAUGHLIN, E. Mission accomplished or unfinished business? The impact of managerialization. In: ______; COCHRANE, A.; McLAUGHLIN, E. (Orgs.). *Managing social policy*. London: Sage, 1994.

COOKE, P. *Back to the future*: modernity, postmodernity and locality. London: Unwin Hyman, 1990.

DALE, R.; OZGA, J. Two hemispheres — both New Right? In: LINGARD, R.; KNIGHT, J.; PORTER, P. (Orgs.). *Schooling reform in hard times*. London: Falmer Press, 1993.

DEEM, R.; BREHONY, K.; HEATH, S. *Active citizenship and the governing of schools*. Buckingham: Open University Press, 1995.

DU GAY, P. *Consumption and identity at work*. London: Sage, 1996.

EDWARDS, T.; FITZ, J.; WHITTY, G. *The state and private education*: an evaluation of the Assisted Places Scheme. Lewes: Falmer Press, 1989.

ELMORE, R. F. School reform, teaching and learning. *Journal of Education Policy*, II, p. 499-505, 1996.

FAY, B. *Social theory and political practice*. London: Allen & Unwin, 1975.

FRASER, N. From redistribution to recognition? Dilemmas of justice in a "post-socialist" age. *New Left Review*, n. 212, p. 68-93, 1995.

GEWIRTZ, S., BALL, S. J.; BOWE, R. *Markets, choice and equity in education*. Buckingham: Open University Press, 1995.

GILLBORN, D. *Racism and antiracism in real schools*. Buckingham: Open University Press, 1995.

GLATTER, R.; BAGLEY, C.; WOODS, P. *Modelling local markets in schooling*. Paper presented at conference Markets in Education: policy, process and practice. University of Southampton, 1996.

GRACE, G. *School Leadership*: beyond education management: an essay in policy scholarship. London: Falmer Press, 1995.

HALPIN, D.; TROYNA, B. The politics of education policy borrowing. *Comparative Education*, v. 31, n. 3, p. 303-310, 1995.

HARGREAVES, D. *Teaching as a research-based profession*: possibilities and prospects, Teacher Training Agency Annual Lecture. Cambridge: University of Cambridge, Department of Education, 1996.

HATCHER, R.; TROYNA, B.; GEWIRTZ, D. *Racial equality and local management of schools*. Stoke-on-Trent: Trentham Books, 1996.

HEELAS, P.; MORRIS, P. *The values of the enterprise culture*: the moral debate. London: Routledge, 1992.

HICKOX, M.; MOORE, R. Education and post-Fordism: a new correspondence? In: BROW, P.; LARDER, H. (Orgs.). *Education for economic survival*: from Fordism to Post-Fordism? London: Routledge, 1992.

HOGGETT, P. The modernisation of the UK welfare state. In: BURROWS, R.; LOADER, B. (Orgs.). *Towards a Post-Fordist Welfare State?* London: Routledge, 1994.

JESSOP, B. The transition to post-Fordism and the Schumpeterian workfare state. In: BURROWS, R.; LOADER, B. (Orgs.). *Towards a Post-Fordist Welfare State?* London: Routledge, 1994.

KIKERT, W. *Steering at a distance*: a new paradigm of public governance in Dutch higher education, European Consortium for Political Research. Colchester: University of Essex, 1991.

KIRKPATRICK, L.; MARTINEZ-LUCIO, M. Introduction. In: KIRKPATRICK, I.; MARTINEZ-LUCIO, M. (Orgs.). *The politics of quality in the public sector*. London: Routledge, 1995.

LE GRAND, J.; BARLETT, W. *Quasi-markets and social policy*. Basingstoke: Macmillan, 1993.

LIMERICK, B.; LINGARD, B. Breaking out from a masculinist politics of education. In: *The Yearbook of the Australian Council for Educational Administration*. Sydney: Hodder, 1995.

LINGARD, B. Education policy making in a post-modern state: an essay review of Stephen Ball's Education Reform: a critical and post-structural approach. *Australian Journal of Education*, v. 23, n. 1, p. 65-91, 1996.

LYOTARD, J.-F. *The post-modern condition*: a report on knowledge. Manchester: Manchester University Press, 1994.

MAC AN GHAILL, M. Public service in the market: the Birmingham Catholic Partnership. In: LAWN, M.; MAC AN GHAILL, M. (Orgs.). *Cooperating in the education marketplace*. Birmingham: Educational Review Publications, 1994.

McLAUGHLIN, R. Can the information systems for the NHS internal market work? *Public Money and Management*. Autumn, 1991. p. 37-41.

McLENNAN, G. Post-Marxism and the "four sins" of modernist theorizing. *New Left Review*, n. 218, p. 53-74, 1996.

MINTZBERG, H. *Structure in fives*: designing effective organizations. Englewood Cliffs, NJ: Prentice Hall, 1983.

MOORE, R. Back to the future: the problems of change and possibilities of advance in the sociology of education. *British Journal of Sociology of Education*, n. 17, p. 145-162, 1996.

MORELY, L. Empowerment and the New Right. *Youth and Policy*, n. 51, p. 1-10, 1995.

NAGAL, T. *Equality and partiality*. Oxford: Oxford University Press, 1991.

NESPOR, J. A review of: Stephen J. Ball, Education Reform. *International Journal of Qualitative Studies in Education*, v. 9, n. 3, p. 380-381, 1996.

NEWMAN, J.; CLARKE. J. Going about our business'? The managerialization of public services. In: CLARKE, J.; COCHRANE, A.; McLAUGHLIN, E. (Orgs.). *Managing social policy*. London: Sage, 1994.

NEWMAN, S. *Liberalism at wits end*. Ithaca, NY: Cornell University Press, 1984.

OAKLAND, J. *Total quality management*. London: Heinemann, 1991.

PLANT, R. Enterprise in its place: to moral limits of markets. In: HEELAS, P.; MORRIS, P. (Orgs.). *The values of the enterprise culture*: a moral debate. London: Routledge, 1992.

POPKEWITZ, T. Rethinking decentralisation and state/civil society distinctions: the state as a problematic of governing. *Journal of Education Policy*, v. 11, n. 1, p. 27-52, 1996.

POWER, S. Researching the impact of education policy: difficulties and discontinuities. *Journal of Education Policy*, v. 7, n. 5, p. 493-500, 1992.

PRUNTY, J. Signposts for a critical educational policy analysis. *Australian Journal of Education*, v. 29, n. 2, p. 133-140, 1985.

REAY, D. Intersections of gender, race and class in the primary school. *British Journal of Sociology of Education*, v. 12, 163-182, 1991.

ROSE, N. Governing the enterprising self. In: HEELAS, P.; MORRIS, P. (Orgs.). *The values of the enterprise culture*. London: Routledge, 1992.

______. *Governing the soul*: the shaping of the private self. London: Routledge, 1989.

SHERIDAN, A. *The will to truth*. London: Tavistock, 1980.

SINCLAIR, J.; SEIFERT, R.; IRONSIDE, M. Market-driven reforms in education: performance, quality and industrial relations in schools. In: KIRKPATRICK, I.; MARTINEZ-LUCIO, M. (Orgs.). *The politics quality in the public sector*. London: Routledge, 1995.

TAYLOR, S. *Critical policy analysis*: exploring contexts, texts and consequences, unpublished paper (Red Hill, School of Cultural and Policy Studies, Queensland University of Technology), 1995.

TESTER, K. *Civil society*. London: Routledge, 1992.

TROYNA, B. Critical social research and education policy. *British Journal of Educational Studies*, v. 42, n. 1, p. 70-84, 1994.

VANEGAS, P.; BALL, S. J. *The teacher as a variable in education policy*. Paper presented at the Annual meeting of the British Educational Research Association Lancaster, 1996.

VINCENT, C. *Events and teachers*: power and participation. London: Falmer Press, 1996.

WHITTY, G.; EDWARDS, T. *School choice policies in Britain and the USA*: their origins and significance. Paper presented at the Annual Meeting of the American Educational Research Association San Francisco, 1992.

______; GEWIRTZ, S. *Specialisation and choice in urban education*: the City Technology College experiment. London: Routledge, 1993.

WILLMOTT, H. Strength is ignorance: slavery is freedom: managing culture in modern organizations. *Journal of Management Studies*, n. 30, p. 215-252, 1993.

YEATMAN, A. *Bureaucrats, technocrats, femocrats*: essays on the contemporary Australian state. London: Falmer Press, 1990.

CAPÍTULO 2

O detalhe e o macrocontexto: o uso da teoria centrada no Estado para explicar práticas e políticas educacionais[1]

Sally Power

Introdução

Neste trabalho, procuram-se explicar aspectos da recente mudança ocorrida em escolas inglesas, tendo como referência uma estrutura macroanalítica. Em particular, discutimos a utilidade da teoria marxista centrada no Estado para a explicação de processos locais. O texto surge não somente da preocupação pessoal em compreender a pesquisa que foi realizada recentemente,[2] mas também de responder às críticas

1. Tradução do artigo The Detail and the Bigger Picture: the use of state-centred theory in explaining education policy and practice, publicado no *International Studies in Sociology of Education*, v. 5, n. 1, p. 77-92, 1995. Tradução de Thaisa de Andrade (UEPG). Notas explicativas (N.E.) de Jefferson Mainardes (UEPG). A versão em português foi publicada na revista *Olhar de Professor* (UEPG), v. 9, n. 1, p. 11-30, jan./jul. 2006.

2. A pesquisa citada no artigo e da qual o material de estudo de caso foi retirado foi realizada por John Fitz e David Halpin e financiada pelo *Economic and Social Research Council* (N.A.).

da pesquisa feita há cinco anos por Jenny Ozga (1990). Ozga argumenta que a política "Grant-maintained schools project" — GM Schools (Halpin; Fitz; 1990; Fitz et al., 1993),[3] assim como muitas outras pesquisas sobre política educacional, concentraram-se em detalhes, não considerando o macrocontexto. Um referencial mais amplo, tal como a abordagem centrada no Estado, poderia, segundo a autora, fornecer um sentido muito mais coerente sobre o que acontecia nas escolas.

No entanto, a partir de dados obtidos da pesquisa sobre GM Schools, é possível afirmar que formulações teóricas como as sugeridas por Ozga (Dale; Ozga, 1991; Ozga, 1993) oferecem poucos elementos para explicar processos locais. Além disso, constata-se que o problema de relacionar macro e micro está tanto no referencial que fundamenta uma análise do macrocontexto quanto na "descrição" das pesquisas. Longe de fornecer a chave para compreender o macrocontexto, a teoria centrada no Estado parece baseada em suposições não passíveis de ser demonstradas e em oposições não facilmente defendidas.

Antecedentes

Em 1990, David Halpin e John Fitz publicaram os resultados da pesquisa realizada com financiamento do Economic and Social Research Council (Conselho de Pesquisa Econômica e Social), cujo objetivo foi investigar a origem e impacto da política GM Schools (Halpin; Fitz,

---

3. Grant-maintained schools (escolas mantidas por subvenção) foi uma política introduzida no Reino Unido, pelo governo conservador, com a Reforma Educacional de 1988. As escolas poderiam optar por desligar-se da autoridade educacional local e tornarem-se GM Schools, diretamente vinculadas ao governo central. Na prática, as escolas poderiam tornar-se comunitárias, fundações ou escolas voluntárias. Seus defensores acreditavam que esse tipo de escola aumentaria as possibilidades de escolha dos pais e melhoraria o padrão de qualidade das escolas. O número de GM Schools cresceu gradualmente e, em 1996, havia 1.090 escolas, sendo que 60% delas eram escolas de ensino médio (alunos de 11 a 16 anos). Tal política foi encerrada em 1998, por um ato do Governo Trabalhista (N.E.). Ver a esse respeito o texto de Geoff Whitty (Controle do currículo e quase mercados: a recente reforma educacional na Inglaterra e no País de Gales), publicado no livro *Novas políticas educacionais*: críticas e perspectivas. São Paulo: Editora da PUC-SP, 1998; Mirian J. Warde (Org.) (N.T.).

1990). O artigo desencadeou uma resposta de Jenny Ozga, em que ela divulgava algumas preocupações sobre tendências atuais de análise de política e pesquisa educacional (Ozga, 1990, p. 359), argumentando que a referida pesquisa sobre o projeto GM Schools e sobre outros semelhantes não levava em conta a "necessidade de relacionar aspectos estruturais, macroanálise dos sistemas educacionais [...] e a investigação em nível micro". Com particular referência ao projeto GM Schools, Ozga (1990, p. 360), então, comenta:

> O conteúdo e estilo da discussão, e em particular o peso dado ao acúmulo de informação sobre GM Schools, me faz lembrar o caso de estudos sobre a formulação de políticas educacionais no período anterior a ERA (Education Reform Act).[4] A principal característica desses estudos era a riqueza do cenário apresentado e o detalhamento da descrição. Isto estava relacionado à limitada — ou totalmente ausente — consideração de questões mais amplas, tais como o papel que o relato detalhado de uma questão específica exercia na criação de um contexto mais amplo e a perspectiva teórica que subsidiava os seus estudos [...] Por nossas percepções daquele período serem tão imbuídas de interpretações pluralistas que parecem meras descrições, perdemos de vista a coerência da política educacional, sua natureza essencialmente diferenciada, suas funções consistentes e contradições associadas. Os perigos de uma ênfase demasiada na diversidade e devolução[5] são especialmente fortes agora, depois do ERA.

Embora reconhecendo a validade das críticas ao funcionalismo, a autora entende que "[...] há, talvez, o perigo de estamos indo longe demais em uma única direção, encorajados pelo clima para nos mantermos afastados das agendas que focalizam a teorização do papel do Estado na educação, preocupados em acumular descrições, sem pensar o suficiente na natureza do objeto a ser descrito" (p. 360). Para ela, isso levará a uma situação na qual "[...] continuaremos a desmontar e descrever todas as partes da engrenagem sem sermos capazes de explicar como ela funciona ou para que serve". A autora conclui sua resposta

---

4. Ato de Reforma Educacional, 1988 (N.T.).

5. Transferência de responsabilidade ou descentralização de uma esfera para outra (N.E.).

argumentando que sem uma estrutura explanatória mais ampla, tal como a que oferece a teoria centrada no Estado, "estaremos ocupados, mas cegos" (p. 361).

Agora que a política GM Schools chegou ao seu final, este artigo oferece a oportunidade de retornar à crítica de Ozga e de reexaminar a validade da sua afirmação de que a teoria centrada no Estado é capaz de prover explicações mais adequadas e coerentes sobre a textura e a direção das mudanças educacionais.

O questionamento crítico sobre as macroteorizações não é algo novo. Há muitos debates sobre o que é análise conjuntural e sobre quanto é determinante o que acontece "abaixo". Em relação a um modelo de política educacional centrada no Estado, Ball argumenta que este não explica adequadamente a mudança (Ball, 1990), enquanto Raab (1994) comenta que o Estado apenas incorpora uma leve noção de agência.[6] Bowe, Ball e Gold (1992) chamam a atenção para as consequências negativas de abordagens *top down*,[7] afirmando que teorias centradas no Estado servem a um "propósito ideológico poderoso" de tirar ainda mais o poder dos sujeitos. De modo especial, o trabalho de Ozga (assim como o de Dale) tem sido criticado pela sua definição arbitrária de Estado (Raab, 1994) e sua interpretação errônea de outras abordagens marxistas (Hatcher; Troyna, 1994).

Todavia, tais críticas são frequentemente relacionadas apenas a questões teóricas. Como Bernstein (1977) argumenta, os modelos tendem a se justapor continuamente em termos de suas suposições subjacentes de estrutura ou sujeito, em vez de serem examinados em termos de suas propriedades conceituais e empíricas. De fato, Bernstein sugere que "a forma que tal questionamento toma pode obscurecer nosso entendimento" (1977, p. 157). A adequação teórica não se baseia apenas em princípios

---

6. O termo *agency*, nesse contexto, significa as ações e motivações humanas. Os "agentes" possuem um potencial de mudar as estruturas. Estrutura, por sua vez, é o contexto social, econômico e político no qual as ações ocorrem. O debate entre "estrutura" (*structure*) e "sujeito" (*agency*) é um dos aspectos bastante debatidos nas Ciências Sociais (N.E.).

7. *Top down* ("de cima para baixo") refere-se à forma como as políticas podem ser implementadas ou analisadas (N.E.).

sólidos e consistência interna; também depende de testabilidade empírica (Saunders, 1986; Wright et al., 1992). Portanto, em vez de nos engajarmos, neste artigo, em debates sobre as premissas da teoria centrada no Estado, consideramos as dificuldades de usá-la.[8] Qual a utilidade de relacionar macro e microestruturas, detalhe e contexto mais amplo?

O macrocontexto

Em uma abordagem estadocêntrica, as teorizações sobre política educacional representam a tentativa de aderir a uma compreensão marxista das relações sociais e, ao mesmo tempo, reconhecer a complexidade dos processos sociais. Tendo como base os trabalhos de Poulantzas (1973) e de Offe (1975, 1984, 1985), entre outros, os teóricos que adotam uma perspectiva estadocêntrica procuram desvendar a relação emaranhada e contraditória entre Estado, classe e capital, relacionada às políticas educacionais e às práticas escolares. Na Grã-Bretanha (e na Nova Zelândia), os principais recontextualizadores são Jenny Ozga e Roger Dale, escrevendo individualmente (por exemplo: Dale, 1989; Ozga, 1993) e em parceria (Dale; Ozga, 1991). Apenas um breve esboço do referencial criado por eles pode ser apresentado aqui, baseado principalmente na "versão preliminar" apresentada à Open University sobre a elaboração de políticas em educação (Dale; Ozga, 1991; Ozga, 1993).

Teóricos da abordagem estadocêntrica, como Dale e Ozga, comentam que o ponto de partida para qualquer análise adequada de política e prática educacional deve envolver o reconhecimento do Estado e da sua relação com o capital. No entanto, na sua rejeição às simples teorias de correspondência (por exemplo, Bowles; Gintis, 1976), argumentam que a função do Estado não pode ser reduzida a aspectos ligados à economia. Entretanto, isso não significa que o Estado atue de forma autônoma,

8. O ideal, é claro, é que a relação entre os dados e o referencial teórico seja definida antes da coleta. No entanto, embora este seja o caso em que coleta e interpretação de "evidências" empíricas são indubitavelmente estabelecidas por valores, tais valores não precisam evitar o questionamento teórico dos dados de diferentes perspectivas. Nessa relação, Saunders (1986) faz uma importante distinção entre *dependência* teórica e *determinância* teórica (N.A.).

pois tem um conjunto permanente de problemas que surge da necessidade de capital. Entre eles, três, em particular, podem ser identificados: primeiramente, há a necessidade de apoiar o processo de acúmulo de capital; em segundo lugar, o Estado deve garantir um contexto para a sua expansão contínua; finalmente, o Estado precisa legitimar o modo capitalista de produção, incluindo a própria parte no processo.

No entanto, e novamente de forma diferente de teses de simples correspondência, a resolução desses problemas centrais não é simples, nem garantida. Primeiro, os problemas são inerentemente contraditórios, na medida em que não podem ser resolvidos simultaneamente. Em segundo lugar, o escopo das políticas é mediado pelo que é possível de ser atingido pelos sistemas educacionais. E enquanto amplos mandatos são identificados em conexão com, por exemplo, a provisão de uma força de trabalho adequadamente habilitada, qualificada e estratificada, o cumprimento desses mandatos não é automático.

Apesar dessa indeterminância, a fonte e escopo das políticas educacionais estabelecem os parâmetros que dão forma ao impacto e efeitos no micronível. De novo, embora Dale e Ozga evitem simples relações de causa e efeito, ao nível de processos locais, por exemplo, "Os parâmetros estabelecem o padrão, mas não o determinam, porque há discursos sobre currículo, pedagogia, avaliação e organização escolar não são redutíveis ao cumprimento das necessidades externamente geradas" (Ozga, 1993).

Resumindo, a teoria de Ozga e Dale (centrada no Estado) baseia-se numa afirmação, *a priori*, da centralidade do Estado na sua relação com o modo capitalista de produção e suas contradições inerentes, somado ao reconhecimento de uma relativa indeterminância como resultado de especificidades históricas e contextuais. Essas especificidades são aparentes nos detalhes dos estudos de caso apresentados a seguir.

O detalhe

Os estudos de caso apresentados compreendem quatro escolas envolvidas na pesquisa sobre GM Schools, as quais são citadas neste texto como Greenbank, Bellevue, Arneside e Northwood. Pelo fato de que apenas ideias gerais podem ser apresentadas aqui, inevitavelmente parecerão caricaturas e não as ricas descrições citadas anteriormente. No entanto, tais escolas oferecem um indicativo do alcance das respostas locais às reformas recentes em educação.

A Escola Greenbank, a primeira dos quatro estudos de caso, é frequentada por alunos de ambos os sexos. Nela não existe seleção para ingresso e é uma escola que se tornou uma GM School. Está situada em uma das áreas urbanas mais pobres na Inglaterra e atende a uma grande comunidade asiática, sendo 80% a 90% das matrículas de estudantes muçulmanos. Poder-se-ia imaginar que essa escola fosse favorecida com recursos pela autoridade educacional local, uma vez que possuía uma política explícita de expansão de oportunidades educacionais. Mas a sua campanha para tornar-se GM School baseou-se na negligência da autoridade local de educação. A necessidade da comunidade era entendida, pois, como forma de resposta à indiferença burocrática.

Ao rejeitar a autoridade local de educação, a Escola Greenbank fez várias tentativas de dar forma à sua identidade educacional. Construída na década de 1970, seus vidros simples e lisos e sua estrutura de concreto podem ser vistos como símbolo do otimismo modernista. Desde que se desligou da autoridade local de educação, distanciou-se do conceito de "escola comum" e optou pelo tradicionalismo do currículo inglês acadêmico, bem como pelo reconhecimento da identidade étnica e herança da comunidade local.

A promoção de valores tradicionais está simbolizada na beca pendurada na sala do diretor. Também fica evidente na estruturação da escola, que desenvolveu um sistema de organização para alunos "mais inteligentes e adaptáveis", denominado *A-stream*. Porém, em vários aspectos, o reconhecimento da herança cultural e de valores da comunidade é aparente. O festival islâmico do Ramadan, por exemplo, é reconhecido e celebrado oficialmente na escola. Informações sobre a escola são publicadas nas línguas da comunidade e o *background* étnico dos alunos é enfatizado nas fotografias dos prospectos da escola. Em uma fotografia, por exemplo, pode-se ver um menino lendo um livro sobre o Islã. Greenbank introduziu o bengali e o urdu como línguas modernas nos exames do GCSE[9] e ainda tem estudos islâmicos como uma das disciplinas optativas. Além disso, o estudo do urdu em nível de *A level* (nível avançado) será introduzido em breve no currículo do *Sixth Form*.[10]

A tensão entre essas duas dimensões do currículo e a sua resolução parcial é evidente no *status* diferenciado das escolhas oferecidas em termos de línguas. Alunos mais capazes (*A-stream*), por exemplo, têm permissão para estudar apenas francês: "a primeira língua moderna em algumas de nossas melhores escolas". Urdu e bengali são disponibilizados apenas para os alunos menos capazes academicamente. Da mesma forma, os estudos islâmicos, que não fazem parte das opções dos exames nacionais, não são disponibilizados para alunos mais capazes (*A-stream*).

Bellevue é uma escola para meninos de 11 a 18 anos na qual não há seleção para ingresso. Também é uma escola incluída no projeto *GM Schools*. Diferentemente da Escola Greenbank, Bellevue está localizada em uma cidade pequena e próspera. A escola optou por desligar-se da autoridade local de educação com o objetivo de evitar seu fechamento e transformação em um centro de *Sixth Form*. A maioria de seus alunos é de classe média.

Enquanto a Escola Greenbank tentou incorporar a tradição acadêmica e a diversidade cultural, Bellevue não teve tais dilemas. A escola alinhou-se de forma não ambígua a um modelo de educação tradicional. A defesa dessa imagem foi, em parte, uma resposta às vicissitudes do mercado.

A redescoberta da educação tradicional foi relativamente fácil, considerando-se que Bellevue era uma *Grammar School*.[11] Seu prédio

---

9. General Certificate of Secondary Education (GCSE) é o exame nacional para alunos de 16 anos (N.E.).

10. *Sixth Form* é termo utilizado no sistema educacional britânico para designar os estudos realizados pelos alunos após a escolarização obrigatória (5 a 16 anos). Esses estudos visam preparar os alunos para o exame nacional denominado *A level* (nível avançado). Os alunos precisam desses exames para ingressar na universidade (N.E.).

11. *Grammar Schools* são escolas secundárias (11 a 16 anos e 16 a 18 anos) que oferecem uma formação acadêmica para alunos que desejam ingressar na universidade. São destinadas para alunos considerados "mais capazes" (N.E.).

imponente de pedras e saguão revestido de carvalho representa um legado educacional um tanto quanto diferente, em virtude da criação de regras, rotinas e cerimônias "arcaicas". O código de vestimenta dos alunos é rigidamente reforçado, assim como determinadas formas de referência. Dois pequenos detalhes dão ideia de quanto a escola está redescobrindo tradição: ela investiu 10 mil libras esterlinas em um órgão de tubos para o saguão; os alunos não devem mais usar o termo "cantina" e, sim, "refeitório".

A Escola Arneside, vinculada à autoridade local de educação, é uma escola para crianças de ambos os sexos, de 11 a 18 anos. Nela também não há exame de seleção. Está localizada em uma pequena cidade social e economicamente mista. Uma proporção considerável de seus alunos vem de famílias de classe média. De fato, os alunos têm um histórico socioeconômico de condição mais elevada que os da *Grammar School* vizinha.

Em contraste com as escolas Greenbank e Bellevue, a resposta da Escola Arneside à recente política tem sido enfatizar sua lealdade aos princípios e práticas de controle democrático local. Na verdade, é a única escola na vizinhança que permaneceu vinculada à autoridade local. Duas escolas vizinhas (*Grammar Schools*), ambas destinadas a alunos do mesmo sexo, saíram cedo do projeto *GM Schools*. Outra escola secundária, ex-escola secundária moderna, optou por deixar de ser *GM Schools*, evitando assim ser "deixada para trás".

Ao reenfatizar sua lealdade a uma visão inclusiva e não seletiva, Arneside atrai um público de pais profissionais, em especial os da nova classe média, para os quais a escola seletiva e de valores evidentemente tradicionais como os divulgados pelas escolas da vizinhança é um anátema. A identidade de Arneside é, portanto, construída com base na educação não seletiva para ambos os sexos, e centrada na criança. Os alunos têm disciplinas eletivas, um código de vestimenta nada rígido e conselhos escolares. Diferentemente de Bellevue, há poucas regras e rituais. A hierarquia entre professores e alunos é menos visível. O calendário escolar da Escola Arneside é suspenso durante as semanas em que há projetos a serem desenvolvidos. Se Bellevue evoca uma imagem de meninos correndo por campos e estudando latim, a imagem de Arneside mostra alunos estudando disciplinas como psicologia e sociologia e participando na forte tradição escolar de arte e teatro.

Northwood é outra *GM School*. É uma escola para meninas de 11 a 18 anos, que optou por desligar-se da autoridade local de educação para evitar a junção com a escola de meninos, que estava em decadência. O grupo de alunos é de condição socioeconômica mista, embora a baixa classe média esteja fortemente representada.

Essa é a mais moderna "escola corporativa", Northwood Place. A entrada que dá acesso à escola parece um hotel. O saguão tem sofás novos e confortáveis e uma mesa de centro. Enquanto esperam por chá e biscoitos em louças que formam conjuntos completos, os visitantes podem sentar-se e admirar o conservatório e a piscina. Os funcionários da administração usam uniforme composto de camisa cinza e gravata vermelha. A consciência sobre as prioridades do mercado é evidente na justificativa do diretor para a nova pintura:

> Estou apostando comigo mesmo que, quando este prédio for remodelado, ficará irreconhecível: o concreto cinza ficará branco, aquelas colunas verdes ficarão amarelo-claras, a pintura será creme. Imagino que o prédio ficará em condições de aceitar a matrícula de pelo menos mais vinte alunos. Eu sinto que uma porção de bobagens é dita sobre a nota das crianças.

Por meio da sua aparência cuidadosamente polida e recursos ilimitados, Northwood oferece oportunidades educacionais que, segundo a escola, só podem ser encontradas lá. A escola promete às alunas a entrada em um mundo previamente dominado só por homens, "um mundo que exige cada vez mais das mulheres, e no qual a sua contribuição torna-se cada vez mais significativa". A escola chama a atenção para pesquisas que mostram que as meninas se saem muito melhor, acadêmica e socialmente, em um ambiente "que lhes permite ser livres de distrações e de pressões que escolas para ambos os sexos podem às vezes criar". Os folhetos promocionais da escola propagam suas extensivas vantagens — novas tecnologias, dois laboratórios de computação.

No entanto, havia em geral pouca evidência de que a escola teria sucesso em abrir o horizonte das alunas e em prepará-las para a prometida "realização na carreira para as mulheres no mundo do amanhã". As meninas ainda demonstravam aspirações fortemente relacionadas ao gênero quanto à carreira. Apenas algumas alunas pretendiam seguir carreiras ligadas à ciência. Da mesma forma, apesar da grande promoção da tecnologia pela propaganda e investimento em recursos, um número quatro vezes maior de alunas optou pelo exame GCSE em desenvolvimento infantil e apenas uma parte optou por tecnologia.

Localizando o detalhe dentro do macrocontexto

Para ir além das tendências descritivas da maioria das pesquisas sobre políticas educacionais, o que é censurado por Ozga, nesta seção procuramos localizar o detalhe dos quatro estudos de caso dentro do macrocontexto. De acordo com Ozga, o uso de uma análise conjuntural — tal como a teoria centrada no Estado — deveria capacitar-nos a enxergar através do "caos" e da "falta de lógica" (1990, p. 361) da política e prática e nos concentrarmos nas suas "funções consistentes" e "contradições associadas" (1990, p. 360).

A teoria centrada no Estado baseia-se na suposição de uma assimetria causal (Wright et al., 1992) que, em relação às práticas e políticas educacionais, reivindica a primazia causal do Estado. Embora Ozga e Dale resistam à sugestão de que todo fenômeno pode ser discutido em termos da agenda do Estado, este assume papel central no referencial analítico desses autores. O comentário de Ozga mostra que isso acontece sem que eles cheguem a compreender a centralidade do Estado: "Vamos continuar desmontando e descrevendo todas as partes da máquina sem sermos capazes de explicar tanto como ela funciona como para que ela serve" (1990, p. 361).

Para dar sentido aos quatro estudos de caso, precisamos ligar as respostas locais à agenda do Estado. Entretanto, fazer essas ligações é uma atividade difícil. Mesmo as feitas pelos principais seguidores da teoria são problemáticas. Dale e Ozga, por exemplo, afirmam que a intenção geral de recentes políticas na Grã-Bretanha é "restaurar o *status quo*" (1993, p. 77), no sentido de que pressagiam um retorno ao sistema educacional estratificado. Esse resultado é mais do que provável. As escolas dos estudos de caso indicam claramente a fragmentação dos sistemas locais de provisão e o aumento das diferenças entre as escolas. Em nível mais geral, dadas as diferenças em perfil socioeconômico e características materiais, combinados com as mudanças nos mecanismos de obtenção de fundos, há poucas dúvidas de que haverá uma polarização crescente entre escolas "bem-sucedidas" e escolas "fracassadas". No entanto, relacionar tais resultados com o macrocontexto requer mais do que simplesmente olhar para a maneira como as escolas articulam-se umas às outras. Envolve relacionar políticas e processos com os problemas centrais do Estado.

A conexão entre um sistema educacional estratificado e o Estado é relatada por Dale e Ozga (Dale, 1989; Dale; Ozga, 1993) em termos da necessidade de prover, de forma mais eficiente, uma força de trabalho estratificada adequada. Isso parece refletir uma crise de acúmulo de capital, na qual não há mais excedente suficiente para cumprir as funções legitimatórias. Mas, enquanto essa explicação faz sentido em um nível, em outro ela não é convincente. Por exemplo, onde está a evidência empírica que sugere que o *status quo* precisava ser restaurado? O que indica que a escola que não realiza seleção para ingresso de aluno é ineficiente em produzir uma força de trabalho estratificada adequada? Apesar de Dale e Ozga sugerirem o contrário, todas as evidências até agora indicam que os diferentes resultados das escolas que não fazem seleção para o ingresso de alunos são muito semelhantes aos das escolas do sistema tripartite[12] (por exemplo, Heath, 1987). Da mesma forma, parece-nos inadequado explicar os aspectos da educação progressista como legitimação. Seria a escola que não realiza seleção para ingresso de alunos simplesmente mais um exemplo de "compra de favores" (Dale, 1989)?

---

12. Sistema tripartite refere-se aos três tipos de escolas secundárias: *Grammar Schools*, *Technical* e *Modern*. As escolas que não fazem seleção para ingresso são chamadas *Comprehensive Schools* (N.E.).

Um argumento igualmente convincente sustenta que as reformas atuais fortalecem os processos de legitimação em vez de enfraquecê-los. Ball et al. (1994) defendem a ideia de que um fator-chave da mercantilização da educação é a tendência de colocar a culpa nos pais pelos resultados educacionais desiguais.

A dificuldade de relacionar problemas centrais aos processos e práticas escolares é particularmente séria quando se tenta compreender o que acontece nas escolas que fazem parte dos quatro estudos de caso. Greenbank e Bellevue, como muitas outras escolas (Power et al., 1994), comprometeram-se na vigorosa promoção dos valores acadêmicos tradicionais, o que pode ser interpretado, de um lado, como um retorno à educação elitista e seletiva. Mas, mesmo que isso contribuía para a formação de uma força de trabalho adequadamente estratificada, é difícil perceber como essas escolas respondem à necessidade de suprir os alunos com habilidades adequadas. Será que o tradicionalismo hierárquico da Escola Bellevue é mais relevante às necessidades da economia do que a aprendizagem autodirigida oferecida pela Escola Arneside? É possível sugerir que a educação progressista inculcará traços e disposições mais adequadas para uma economia pós-fordista.

Dilemas semelhantes também são experimentados quando se tenta localizar a promoção da educação técnica e científica para as alunas da Escola Northwood no macrocontexto. A "feminização" da força de trabalho (Bakker, 1988) pode nos levar a pensar que esse tipo de desenvolvimento seja diretamente responsável pelo acúmulo de capital, por aumentar o interesse em trabalho qualificado tecnologicamente, reduzir custos da força de trabalho e, ainda, rejeitar práticas coletivas (Sayer; Walker, 1992). Entretanto, o aumento de mulheres que saem da esfera doméstica pode reduzir a sua função de reproduzir um adequado e barato suprimento de trabalho pela prestação de serviços aos homens em relações patriarcais (Walby, 1986). Alternativamente, poder-se-ia afirmar que a defesa da Escola Northwood em formar mulheres com o domínio de conhecimentos científicos seria apenas um instrumento de legitimação, ou seria um exemplo de "atividade não relacionada" na qual o Estado age independentemente, "aprisionado na crença de que [...] a oportunidade educacional melhorada é um fim em si próprio"

(Ozga, 1993)? Se isso é verdadeiro, como entendemos os argumentos de que a adoção feminina da reforma individualista neoliberal é inevitável, mas no final das contas um subproduto improdutivo do capitalismo (Tilly; Scott, 1987; Charles, 1993)?

Todos esses argumentos relacionam o processo local com a agenda do Estado, embora muitos deles sejam mutuamente incompatíveis. No entanto, poderíamos argumentar que essas tensões não são problemas analíticos e sim problemas do capitalismo em si. A busca por conexões diretas e unidimensionais ignora a complexidade fundamental e a natureza contraditória do processo. Certamente a teoria centrada no Estado é vista como representativa de um melhoramento na teoria da correspondência por enfatizar a contradição e um grau de indeterminância. Como Ozga sugere, "a teoria centrada no Estado é perfeitamente capaz de acomodar complexidade e diferença" (1990, p. 361).

A noção de contradição é central na posição de Dale e Ozga, mas nem sempre fica claro que função ela tem. O próprio conceito de contradição pode ser usado de formas contraditórias. Wright et al. (1992) identificam pelo menos três formas presentes na exposição de Dale e Ozga. Às vezes, o termo refere-se a uma situação na qual há condições múltiplas para a reprodução de um sistema que não pode ser simultaneamente atendido. Outras vezes, aplica-se a uma situação em que consequências não intencionais de uma estratégia subvertem a realização dos objetivos pretendidos. Mas o termo pode também indicar um antagonismo social subjacente que produz conflito. Deixando de lado a confusão analítica que isso cria, o conceito de contradição oferece pouca ajuda para a compreensão da natureza dos processos que podem estar ocorrendo na base. Como argumentam Wright et al., o termo é usado "como uma forma de explicar as interações de um conjunto de mecanismos causais" (1992, p. 7), que são afirmações apriorísticas e não proposições empiricamente sustentáveis.

Na teoria centrada no Estado, é como se o conceito fosse usado para esconder a confusão, em vez de clarificar o processo. A preocupação de que as coisas não se encaixassem com a teoria somente indica quão complexos e contraditórios são os problemas do Estado. Tal fato permite a introdução de um forte elemento de indeterminância para apoiar a teoria. Com referência aos três problemas centrais do Estado, por exemplo:

> Dever-se-ia observar que a identificação de problemas não significa que a identificação automática da solução dos mesmos seja possível, nem tão pouco significa que o aparato do Estado é efetivamente elaborado para lidar com esses problemas. A atividade relacionada aos problemas centrais não dá conta de tudo que o Estado faz — atividade destinada a soluções ineficientes pode tornar-se um fim em si mesma [...]. (Ozga, 1993, p. 4)

Como comenta Saunders (1986, p. 356), ao se tratar de referenciais analíticos semelhantes, "mesmo que os eventos não pareçam sustentar a teoria, isso não a invalida, porque os eventos refletem condições contingentes enquanto a teoria diz respeito os mecanismos necessários, existentes mesmo que não se manifestem".

As implicações dessa posição para a elucidação empírica da teoria centrada no Estado são profundas. Requer distinções entre eventos que meramente refletem condições e os que são manifestações de mecanismos necessários. Mas a teoria prevê poucas pistas de como fazer isso. Como passo preliminar, seria possível considerar quais características são duradouras e quais são efêmeras. Mas mesmo isso pode ser problemático. Por exemplo, o que é normalmente considerado propriedade duradoura pode ter sido fabricado recentemente. O tradicionalismo reinventado de Bellevue é mais completo do que qualquer outro que a escola experimentou como uma autêntica *Grammar School*. Pelo fato de poder apoiar-se em um poderoso legado, o órgão de tubos da escola e o refeitório cujos azulejos foram trocados são mais novos do que seu laboratório de informática. O tradicionalismo revigorado de Bellevue é certamente mais recente que a adesão continuada de Arneside aos ideais da escola progressista não seletiva.

Outra estratégia para separar a superfície de propriedades mais profundas pode ser a comparação da "retórica" com a "realidade". Manifestações públicas da identidade educacional de uma escola certamente nunca deveriam ser consideradas de forma acrítica, mas precisariam ser questionadas de forma cética. Vejamos o exemplo da Escola Northwood: sua falta de sucesso em ampliar os horizontes das garotas pode sugerir que os ideais feministas são tão superficiais quanto a proposta de pintura. Da mesma forma, as tentativas da Escola Greenbank em celebrar diferenças culturais devem ser vistas com cautela. É pouco provável que o Urdu e o Bengali se igualam às línguas europeias, pois não estão disponíveis para a maioria academicamente mais capaz. Nem a introdução de estudos islâmicos pode ser vista como uma estratégia eficiente para a promoção de uma herança cultural alternativa, enquanto os estudos islâmicos não forem uma das opções de exames. No entanto, é difícil desconsiderar esses aspectos como meramente "retóricos". Como Bernstein argumenta, tais distinções pejorativas têm pouco valor: "aquilo que é superfície para uma pessoa pode significar princípio subjacente para outra e vice-versa" (1990, p. 167). A celebração de diferenças culturais na Escola Greenbank pode ser contraproducente, a filiação à ideia de mulheres "poderosas" na Escola Northwood pode não ser realizável. Mas isso não significa que esses desenvolvimentos não sejam importantes. Novamente Bernstein (1977, p. 160) diz: "Pelo fato de essas características serem superficiais não significa que não tenham uma considerável importância."

Em relação às mudanças educacionais, a atribuição de significado parece ter sido determinada tanto por valores quanto por evidências. Por exemplo, a importância atribuída a alguma coisa parece produzir uma proporção inversa ao resultado desejado (Power, 1992). Características que provavelmente aprovamos, tais como uma escola com maior envolvimento da comunidade ou mais "favorável às garotas", são consideradas contingências efêmeras e superficiais, enquanto aspectos que desaprovamos são vistos como mecanismos mais necessários. Essa tendência é particularmente forte quando se trabalha com processos educacionais baseados em uma teoria centrada no Estado. Esta tem, como já vimos, preferência inerente de enfatizar a continuidade em vez da mudança, a coerência em vez da incoerência.

No entanto, tanto é incorreto desconsiderar detalhes inconvenientes como sendo meramente superficiais ou contingentes, como sugerir que toda mudança representa uma reestruturação radical do cenário educacional. Os critérios de significância devem ser tanto uma questão empírica como uma afirmação *a priori*. Porém, é difícil ver como uma teoria centrada no Estado fornece os meios para lidar com o aspecto empírico. Embora uma relação causal entre propriedade essencial e manifestação superficial esteja no centro de teorias como essa, não há "indicações claras (a não ser os próprios interesses condicionados por valores do pesquisador) para determinar o que é necessário e o que é contingente" (Saunders, 1986).

Certamente, dentro de uma teoria centrada no Estado, estabelecer conexões entre o macrocontexto e os processos locais pode ser bastante arbitrário. Parece envolver um número de saltos conceituais que frequentemente se fundamentam em afirmações não examinadas e não examináveis, em vez de se basearem em raciocínio com base empírica e analiticamente consistente. Especificamente, a teoria centrada no Estado fornece poucos princípios para separar o que é superficial e efêmero do que tem propriedades mais profundas. A teoria centrada no Estado também não fornece diretrizes para relacionar uma agenda especificada pelo Estado com a prática local. Tais relações parecem constituir um grande trabalho de adivinhação. Se a maior parte da confusão for considerada no que se refere às propriedades irredutíveis, qual seria o valor de se fazer referência ao macrocontexto? Enquanto a afirmação sobre a importância do Estado sugere uma assimetria causal (Wright et al., 1992), a afirmação simultânea de indeterminância torna a manisfestação e as consequências dessa assimetria fora do alcance da validação empírica.

A teoria centrada no Estado não tem potencial para o que Saunders (1986, p. 361) chama de "contrafatualidade": "a necessidade de toda teoria apoiar a possibilidade de desconfirmar instâncias e de estipular critérios pelos quais tais instâncias sejam reconhecidas em pesquisas empíricas". De fato, cada exemplo de desconfirmação em potencial simplesmente confirma a teoria. A inconsistência é o resultado inevitável de contradições (em todas as suas facetas), dinâmicas intervenientes e propriedades irredutíveis.

Embora a teoria centrada no Estado ofereça uma explicação mais sofisticada da relação entre economia e educação do que outras teorias, faz isso à custa da possibilidade de ser testada. Pelo menos foi possível ter, empiricamente, um debate acerca das afirmações de Bowles e Gintis (1976). Os autores forneceram um referencial sustentável ou refutável, referencial amplo e conjuntural com o qual se pode relacionar o detalhe com o macrocontexto. De fato, a eventual rejeição da teoria da correspondência como uma descrição adequada foi baseada tanto em pesquisa empírica quanto em inconsistência teórica, ou na desaprovação da ideia de indeterminância (Hogan, 1981; MacDonald, 1988). A incorporação de contradição e indeterminância que Dale e Ozga fazem dentro de um referencial marxista da primazia causal do Estado torna a sua teoria empiricamente não demonstrável.

Resumindo, a teoria centrada no Estado não oferece um referencial adequado para descrever os detalhes. Se Bernstein está correto ao afirmar que "qualquer teoria é tão boa quanto os princípios de descrição que ela origina" (1992, p. 5-6), então é preciso dizer que a teoria centrada no Estado tem pouco a contribuir nesse sentido.

Reconceitualizando o macrocontexto

As dificuldades encontradas em relacionar a microinvestigação com a macroanálise levaram a questões não apenas relativas às especificidades da teoria centrada no Estado, mas também à forma como ela é construída.

As afirmações da teoria centrada no Estado são construídas com base em uma série de oposições, difíceis de ser defendidas e, em última instância, inúteis, na medida em que dificultam o diálogo. Teóricos que adotam uma abordagem estadocêntrica afirmam estar preocupados com "questões mais amplas", ou seja, com o macrocontexto. Eles identificam "coerência" e "consistência". Aqueles que tratam das microinvestigações, por outro lado, estão interessados nos "detalhes". O trabalho deles envolve "o acúmulo de informações" e a "coleta de descrições ricas". Longe de olhar propriedades duradouras, encontram "improviso", "acaso" e "confusão". É interessante observar que o antônimo de Ozga para "uma proposição sustentável *a priori*" é "explicação improvisada" (1993, p. 2).

Essa representação adversa de outras orientações ao estudo de política educacional é provavelmente resultado da "abordagem de paradigmas", à qual nos referimos anteriormente (Bernstein, 1977; Davies, 1994). Nesse caso, o pluralismo é comparado com as perspectivas marxistas. Tal justaposição frequentemente se baseia no exagero das diferenças entre os dois modelos. De fato, o comentário de Ozga de que interpretações pluralistas "parecem meras descrições" implica uma ausência de sofisticação teórica, o que passa a impressão de que macroanalistas detêm o monopólio da teoria. Como Whitty e Edwards (1994, p. 12) afirmam em relação às críticas de Grace (1991) e Ozga (1990) sobre pesquisas da área de políticas,

> [...] há uma implicação [...] de que ter base teórica significa ser orientado por uma forma de teoria particular [...] Há também uma tendência das críticas de tais trabalhos em considerar microestudos como descritivos e macroestudos como analíticos, quando na realidade ambos podem ser uma e outra coisa.

Em certos aspectos, o aumento dos macroestudos é pouco surpreendente. Como em outras explicações não convencionais, teorias centradas no Estado podem conter alegações mais amplas quanto à verdade do que perspectivas dispersas. Afinal, somente um ponto de vista "desmonta e descreve todas as partes da máquina", enquanto outra teoria pode explicar como ela funciona e para que serve" (Ozga, 1990). A crítica de Saunders ao realismo também se aplica à teoria centrada no Estado:

> [...] ela não somente torna as teorias existentes imunes à falsificação como permite pesquisas empíricas, mas ela também acrescenta a vantagem de que outras teorias (que podem ser refutadas com bases políticas) podem ser dispensadas como metodologicamente incorretas. Abordagens não marxistas podem ser condenadas como superficiais — se vistas apenas como acontecimentos notórios deixando de apreciar as causas reais que as apresentaram. (1986, p. 361)

Essa suposta superioridade não apenas leva os macroanalistas a se considerarem em vantagem teórica, mas também há uma crença implícita — e, às vezes, explícita — de que os seus argumentos são moralmente melhores, o que pode levar a uma "caça às bruxas e a acusações de heresia" (Bernstein, 1977, p. 158). Assim, fica-se com a impressão de que, mesmo que se chame atenção para a mudança em vez de continuidade, isso significa arriscar o preço do pluralismo por invocar o poder de intervenção sobre as estruturas de capital. Vista desse ângulo, a contribuição do pluralismo torna-se não somente uma acusação de cegueira teórica, mas de irresponsabilidade política. Nesse contexto, Dale (1994) e Ozga (1993) citam a distinção que Cox faz entre "a teoria de resolução de problemas" e a "teoria crítica": aqueles que se juntam à primeira ideia — que inclui qualquer um que poderia ser visto como propagador de ideais pluralistas — devem ser criticados não somente porque produzem "um resultado e relato superficial" (Ozga, 1993, p. 16), mas porque estão aparentemente menos interessados nas questões mais amplas e nas desigualdades de poder. Eles podem, portanto, servir para reproduzir e reforçar os processos que descrevem com isenção, aceitando os problemas de grupos dominantes (por exemplo, Gordon, 1989). Esse tipo de prática poderia não apenas levar a uma falsa representação do trabalho de outros, mas também contribuir para a estagnação da formulação de teorias. Sem dúvida, Saunders afirma que são afirmações espúrias e duvidosas para uma epistemologia "privilegiada" que tem "consistentemente enfraquecido, em vez de fortalecer o impacto político do marxismo nos últimos cem anos" (1986, p. 355). A importância de se posicionar além dessa justaposição tem sido amplamente expressa. McLennan (1989), por exemplo, sugere que a "oposição histórica" precisa ser revista para que sejam tratados assuntos contemporâneos. Wright et al. (1992) argumentam que abordagens marxistas devem ser reconstruídas para poderem sobreviver — tarefa que "vai inevitavelmente corroer as fronteiras que separam o marxismo de alguns de seus rivais".

Análises de outras abordagens, notadamente pós-estruturalistas, sugerem que a mera divisão de macro e micro é agora mais difícil de ser sustentada. A supremacia moral e teórica que coloca os referenciais macroanalíticos acima das microinvestigações é igualmente suspeita. A metáfora de Ozga sobre a máquina e seus componentes reflete a possivelmente ultrapassada crença na validade do argumento do tipo "soma" e "partes". Tal metáfora pode agora ser mais um impedimento do que uma fonte de conhecimento. Como Wright et al. (1992, p. 111-112) observam:

> A questão se avoluma no que significa "soma" e "partes". Uma maneira de entender a afirmação holística é a seguinte: as partes da sociedade são os indivíduos como propriedades de particulares, por exemplo, propriedades que podem ser definidas por cada indivíduo independentemente de todos os outros indivíduos. O todo, então, é maior do que a "soma" destas partes no sentido de que as propriedades do todo vêm de padrões sistemáticos de relações de interação entre estes indivíduos — as relações que os une — e não simplesmente do aglomerado de suas propriedades individuais (isto é, não dependentes de relações). Entretanto, se as propriedades relacionais são incluídas na descrição das partes em si, então não é verdade que o todo é mais do que a soma de suas partes. Tudo o que foi incluído na palavra "maior" na fórmula holística foi agora incluído na redescrição das "partes".

Para finalizar, talvez seja útil retornar à crítica original de Ozga. A autora argumenta que se não mostrarmos o papel da parte detalhada no macrocontexto, estaremos ocupados, mas cegos. Poderia, no entanto, ser mais apropriado partilhar o ônus da responsabilidade e sugerir que é tão importante para os teóricos da abordagem centrada no Estado demonstrar o papel que o macrocontexto exerce em relatos mais detalhados.

Agradecimentos

Agradeço a David Halpin e Geoff Whitty por seus comentários sobre a versão preliminar deste texto.

Referências

BAKKER, I. Women's employment in comparative perspective. In: JENSON, J.; HAGEN, E.; REDDY, G. (Ed.). *Feminisation of labour force*: paradoxes and promises. Oxford: Polity, 1988.

BALL, S. J. *Politics and policy-making in education*. London: Routledge, 1990.

______; BOWE, R.; GEWIRTZ, S. Market forces and parental choice. In: TOMLINSON, S. (Ed.). *Education reform and its consequences*. London: Institute of Public Policy Research/Rivers Oram Press, 1994.

BERNSTEIN, B. *Class, codes and control*. London: Routledge & Kegan Paul, 1997. v. 3

______. *Code theory and research*. v. 5, published in Spanish as Code Theory and Research for the Sociology of Education [1993]. Barcelona: El Roure, 1992.

______. *The structuring of pedagogic discourse*. London: Routledge, 1990.

BOWE, R.; BALL, S. J.; GOLD, A. *Reforming Education and Changing Schools*: case studies in policy sociology. London: Routledge, 1992.

BOWLES, S.; GINTIS, H. *Schooling in capitalist America*. London: Routledge & Kegan Paul, 1976.

CHARLES, N. *Gender divisions and social change*. Hemel Hempstead: Harvester Wheatsheaf, 1993.

DALE, R. *The state and education policy*. Milton Keynes: Open University Press, 1989.

______. Applied education politics or political sociology of education? Contrasting approaches to the study of recent education reform in England and Wales. In: HALPIN, D.; TROYNA, B. (Eds.). *Researching education policy*: ethical and methodological issues. London: Falmer, 1994.

______; OZGA, J. *Understanding education policy*: principles and perspectives. (E333 Module 1). Buckingham: Open University Press, 1991.

______; OZGA, J. *Two hemispheres, both new right?* 1980s education reform in New Zealand and Wales. In: LINGARD, J.; KINGHT PORTER, P. (Eds.). *Schooling reform in hard times*. London: Falmer, 1993.

DAVIES, B. Durkheim and sociology of education. *British Journal of Sociology of Education*, v. 15, n. 1, p. 3-25, 1994.

FITZ, J.; HALPIN, D.; POWER, S. *Grant-maintained schools*: education in the marketplace. London: Kogan Page, 1993.

GORDON, L. Review symposium on "Governing Education" (A. McPherson & C. D. Raab.) *British Journal of Sociology of Education*, v. 10, p. 105-109, 1989.

GRACE, G. *Welfare labourism versus the new right*: the struggle in New Zealand's education policy. Paper presented to the Era Research Network, University of Warwick, 28 Nov. 1991.

HALPIN, D.; FITZ, J. Researching grant-maintained schools. *Journal of Education Policy*, v. 5, n. 2, p. 223-242, 1990.

HATCHER, R.; TROYNA, B. The "policy cycle": a ball by ball account. *Journal of Education Policy*, v. 9, n. 2, p. 155-170, 1994.

HEATH, A. Class in the classroom. *New Society*, p. 13-15, 17 July 1987.

HOGAN, D. Capitalism, liberalism and schooling. In: DALE, R.; ESLAND, G.; FERGUSSON, R.; MacDONALD, M. (Eds.). *Education and the State*: schooling and the national interest. Lewes: Falmer, 1981. v. 1.

McDONALD, P. Historical school reform and the correspondence principle. In: COLE, M. (Ed.). *Bowles and Gintis revisited*: correspondence and contradiction in educational theory. London: Falmer, 1988.

McLENNAN, G. *Marxism, pluralism and beyond*. Cambridge: Polity, 1989.

OFFE, C. The theory of the capitalist state and the problem of policy-formation. In: LINDBERG, L.; ALFORD, R. (Eds.). *Stress and contradiction in modern capitalism*. Lexington Books, 1975.

______. *Contradictions of the welfare state*. London: Hutchinson, 1984.

OFFE, V. *Disorganized capitalism*. Cambridge: Polity, 1985.

OZGA, J. Policy research and policy theory: a comment on Fitz and Halpin. *Journal of Education Policy*, v. 5, p. 359-362, 1990.

______. *Theorizing education policy sociology*. Paper presented to the conference New Directions in Education Policy Sociology. Southampton, 30-31 Mar. 1993.

POULANTZAS, N. *Political power and social classes*. London: New Left, 1973.

POWER, S. Researching the impact of education policy: difficulties and discontinuities. *Journal of Education Policy*, v. 7, p. 493-500, 1992.

______; HALPIN, D.; FITZ, J. Underpinning choice and diversity? The Grant-Maintained Schools policy in context. In: TOMLINSON, S. (Ed.). *Educational reform and its consequences*. London: Institute of Public Policy Research/Rivers Oram Press, 1994.

RAAB, C. D. Theorising the governance of education. *British Journal of Educational Studies*, v. 42, n. 1, p. 6-22, 1994.

SAUNDERS, P. *Social theory and the urban question*. London: Unwin Hyman, 1986.

SAYER, A.; WALKER, R. *The new social economy*. Oxford: Blackwell, 1992.

TILLY, L.; SCOTT, J. *Women, work and family*. London: Methuen, 1987.

WALBY, S. *Patriarchy at work*. Oxford: Polity, 1986.

WHITTY, G.; EDWARDS, T. Researching thatcherite education policy. In: WALFORD, G. *Researching powerful in education*. London: UCL Press, 1994.

WRIGHT, E. et al. *Reconstructing marxism*: essays on explanation and the theory of history. London: Verso, 1992.

CAPÍTULO 3

Intelectuais ou técnicos? O papel indispensável da teoria nos estudos educacionais[1]

Stephen J. Ball

Abertura de jogo

Neste trabalho, apresento uma reflexão sobre minha prática como intelectual e pesquisador da área da educação e, em termos mais gerais, apresento algumas considerações sobre o estado atual dos estudos educacionais. Ao fazer isso, permito-me arriscar um pouco e até mesmo ser, por vezes, abusado. Não tenho a intenção de ser definitivo. O que apresento aqui está apenas próximo do que pretendo expressar mais claramente no futuro. O espírito do que tento dizer e um pouco do significado mais profundo de meus argumentos estão presentes no seguinte trecho de Michel Foucault:

1. Tradução do artigo Intellectuals or technicians? The urgent role of theory in educational studies, publicado no *British Journal of Educational Studies*, v. 43, n. 3, p. 255-271, 1995. Tradução de Márcia dos Santos Ferreira (UFMT), com revisão técnica de Maria Inês Marcondes (PUC-RJ). Segundo o autor, uma versão deste trabalho foi apresentada na *Standing Conference for Studies of Education, Royal Society of Arts*, realizada em Londres, em novembro de 1994.

> O que quer que eu tenha dito ou escrito não deve ser visto como dotado de qualquer pretensão à totalidade. Eu não pretendo universalizar o que eu digo. Por outro lado, tudo o que eu não tenha dito não pode ser desqualificado como sem importância. Meu trabalho localiza-se entre as fundações de uma edificação e seus pontos de suspensão. Eu quero inaugurar um espaço de investigação, experimentá-lo e, caso ele não funcione bem, tentar algum outro. Ainda estou trabalhando em diversas questões [...] e não sei se eu vou chegar em algum lugar. As coisas que digo devem ser tomadas como "proposições", como "aberturas de jogo" em que os interessados são convidados a participar. O que digo não pode ser tomado como afirmações dogmáticas que devem ser adotadas ou abandonadas em bloco [...]. (Foucault, 1991, p. 90-91)

Minha "proposição" — minha "abertura de jogo" — neste trabalho é que os estudos educacionais estão em estado desolador e prestes a se tornarem ainda piores. Ou seja: a gramática fraca[2] dos estudos educacionais, seus conceitos, relações e procedimentos tornam-se cada vez mais fracos. As estruturas segmentadas de conhecimento,[3] esses rituais de diferenciação que nos distinguem internamente e de outros campos do conhecimento, tornam-se cada vez mais separadas e isoladas. Como Basil Bernstein poderia dizer, a luz invisível que brilha timidamente no interior das estruturas de conhecimento dos estudos educacionais está prestes a se extinguir por completo.

Não é muito original sugerir que os discursos e as estruturas de conhecimento dos estudos educacionais mudam em resposta ao reposicionamento político e ideológico da academia e do conhecimento científico no Reino Unido. É importante deixar claro que o estado de

---

2. O autor faz referência ao conceito de "gramática fraca" elaborado por Basil Bernstein. No livro *Pedagogy, symbolic control and identity: theory, research, critique* (London: Taylor & Francis, 1996), Bernstein apresenta a Sociologia da Educação como uma estrutura de conhecimento horizontal e segmentada que possui uma gramática fraca, com uma sintaxe conceitual incapaz de gerar descrições empíricas precisas e sem ambiguidades. Segundo Rob Moore e Johan Muller (O crescimento do conhecimento e a lacuna discursiva, *Educação & Sociedade*, v. 24, n. 85, p. 1343-1360, dez. 2003), no entanto, a obra de Bernstein apresenta em seu interior um modelo normativo para a transição da Sociologia da Educação rumo a uma gramática forte (N.T.).

3. Mais uma vez, aqui, a referência é Bernstein e sua descrição dos campos intelectuais, na qual a Sociologia da Educação é descrita como uma estrutura de conhecimento horizontal e segmentada que possui uma gramática fraca (Bernstein, 1996, p. 163) (N.T.).

coisas que assinalo aqui é, ao menos em parte, sintomático de uma indiscriminada reestruturação das relações mantidas entre a educação superior, a pesquisa e o Estado. No entanto, as mudanças resultantes nas práticas acadêmicas parecem particularmente marcadas e paradoxais no campo dos estudos educacionais. Mais especificamente, o que eu tenho chamado de estado desolador dos estudos educacionais parece-me ter origem tanto na indiscriminada apropriação de linguagens utilitárias e "não reflexivas" como em uma ausência de dinamismo interno, exacerbadas pelo isolamento intelectual, na medida em que os estudos educacionais propositadamente ignoram o significativo desenvolvimento teórico em campos de conhecimento cognatos. Argumento que os estudos educacionais são, ao mesmo tempo, muito abertos e muito fechados em relação a outros discursos.

Esse estado de coisas é meu tema. Quero explorar os problemas com os estudos educacionais como os vejo. Considero o papel exercido pela teoria na construção de uma nova situação para as pesquisas educacionais e concluo com algumas considerações sobre a natureza da teorização e o problema da teoria. Sem esquecer a advertência inicial apresentada acima, terei de ser indulgente com algumas generalizações. Devo reconhecer, desde o início, que desenvolvo meu argumento apenas parcialmente e o deixo permeado por contradições. Por vezes, provavelmente, parecerei autodestrutivo e, talvez, intelectualmente esquizofrênico. Deixo ao leitor esse julgamento. Também reconheço que o que digo pode ter, em certo grau, menos relevância para algumas disciplinas dentro dos estudos educacionais do que para outras.

A Sociologia da Educação britânica em questão

Para começar, quero tomar como caso em pauta minha disciplina — a Sociologia da Educação —, mas pretendo que minha tese seja dotada de maior grau de generalização. Acredito que seja útil fazer uma espécie de ensaio de história geral da disciplina para definir o que chamo reintegração dos estudos educacionais.

A Sociologia da Educação britânica teve início e começou a ser disseminada a partir da London School of Economics. Os métodos e políticas de escolha de objetos foram, do final dos anos 1930 até a segunda metade dos anos 1960, orientados pelos métodos e políticas dessa instituição. Esse fato colocou a educação como parte tanto da reconstrução social britânica do pós-guerra como do estabelecimento do moderno Estado de Bem-estar. Inicialmente, as preocupações dos pesquisadores voltaram-se para os problemas da universalização do acesso ao sistema educacional e para os efeitos prejudiciais da privação econômica e material que afetavam algumas crianças. Supunha-se, muitas vezes de forma desarticulada, que a remoção ou o aperfeiçoamento das fontes extrínsecas de desigualdade levariam à ruptura dos estreitos vínculos existentes entre desempenho educacional e classe social. Fundamentalmente, a grande ênfase atribuída às diferenças de classe serviu para estabelecer a classe social como a maior, ou quase a única, variável dependente na pesquisa sociológica nos quarenta anos que se seguiram. Durante esse período, a Sociologia da Educação aspirou — e ocasionalmente obteve — a uma relação positiva e influente com os processos de elaboração de políticas. Buscaram-se soluções políticas baseadas em resultados de pesquisas empíricas, particularmente com respeito à elaboração de políticas pelo Partido Trabalhista. Tanto a disciplina e suas políticas quanto suas relações com a política foram colocadas nos esquemas de um modernismo utópico e progressivo. Esse foi um projeto iluminista em pequena escala. A pesquisa vinculada às políticas estatais de melhoramento focalizava a realização da igualdade e prosperidade — "quanto mais bem educados formos, em melhor situação estaremos, individual e coletivamente". O discurso desse otimismo político foi fundado em noções como a de "reserva desperdiçada de talentos" e de "educação compensatória".

Como se sabe, esse duplo otimismo (vinculado ao estado de bem-estar e inserido nas práticas e discursos da própria disciplina) não durou muito. Nos anos 1970, o otimismo programático do discurso acadêmico foi dramática e decisivamente substituído por um radical pessimismo. As interpretações das causas e soluções para a desigualdade dispersaram-se ao vento. A política tornou-se uma irrelevância quando a reprodução das desigualdades sociais foi descoberta obstinadamente escondida em cada recanto de sala de aula e em todas as conversas de sala de professores, bem como, ao mesmo tempo, enraizada nas necessidades do Estado e nas inevitáveis e inescapáveis exigências e tarefas da economia. A escolarização como entorpecente cultural foi, então, objeto de escárnio por falhar em entregar justiça e prosperidade. A relação entre pesquisa e política (ao menos no âmbito nacional) foi não apenas considerada como fora de propósito, mas também entendida como politicamente incorreta. Os pesquisadores do campo da educação encontraram-se presos entre a negatividade e a cumplicidade. Com o colapso das relações entre a pesquisa educacional e a política e com o crescimento da suspeita de existência de *expertise* liberal nas políticas educacionais, o vácuo na arena da elaboração dessas políticas foi habilmente preenchido por intelectuais orgânicos da nova direita.

Nos anos 1980, as coisas se complicaram quando a análise de classe perdeu seu lugar como variável primária para raça, gênero e, mais tarde, deficiência e orientação sexual. Essas variáveis ganharam destaque como perspectiva analítica e como nova ligação entre teoria e prática. Os estudos de raça e gênero, no entanto, eram apenas parte da minuciosa e total fragmentação da Sociologia da Educação, que ocorreu ao mesmo tempo que alguns pesquisadores começaram a vincular-se à indústria da reforma educacional. Enquanto alguns ultrapassados e pretensos sociólogos e outros pesquisadores educacionais passaram a reinventar-se como feministas ou antirracistas e realmente trouxeram para as pesquisas educacionais a muito necessária infusão de nova e revigorante teoria, outros começaram a assumir novas identidades, como "pesquisadores da eficácia escolar"[4] e "teóricos do gerenciamento". Foi criada, em torno deste último tipo de trabalho, uma nova rela-

4. O autor utilizou o termo *school effectiveness* em referência ao chamado Movimento das Escolas Eficazes, originado na década de 1960 e que ascendeu como discurso educacional dominante na Inglaterra a partir do final dos anos 1980 e início da década de 1990. Esse movimento preocupa-se com o retorno econômico e social do investimento educacional; atribuiu-se grande relevância à *performance* da escola, medida em termos do desempenho médio dos alunos ao final de cada período letivo; destaca aspectos utilitários sobre como as escolas poderiam melhorar seus resultados nos exames (N.T.).

ção com a política — ou um tanto dentro da política. Temas relacionados à organização dos sistemas, análises de oferta e justiça social foram substituídos pela implementação de estudos voltados a temas como "qualidade", "avaliação", "liderança" e "responsabilização".

Policy Science[5] e conhecimento político

Nos anos 1990, todas as áreas da Sociologia da Educação e a pesquisa educacional em geral têm sido inteiramente reintegradas ao projeto político e ao discurso da política e da reforma educacional. Em alguns aspectos, a disciplina completou um círculo completo. É tentador considerar esta reintegração recorrendo-se à distinção elaborada por Brian Fay (1975) entre *policy science* e conhecimento político. Essa é uma tentação à qual não vou resistir. Fay define *policy science* como "o conjunto de procedimentos que permitem determinar tecnicamente o melhor curso de ação a adotar para a implementação de uma decisão ou consecução de um objetivo. O *policy scientist*[6] não apenas esclarece os possíveis resultados de certas ações, como realmente escolhe a mais eficiente, baseando-se na informação científica disponível" (p. 14). Para Fay, esse é um tipo de "engenharia política": "o engenheiro político [...] é aquele que procura a resposta tecnicamente mais adequada para problemas políticos, de acordo com o conhecimento científico socialmente disponível" (p. 14). Nesse sentido, a política é tanto despolitizada como completamente tecnicizada. A previsibilidade do *policy scientist* é limitada a — e pela — agenda dos problemas políticos e sociais previamente definidos e por soluções já estabelecidas na prática científica. Fay chama isso de "sublimação da política" (p. 27).

Isso também produz outro efeito. Por uma combinação de reestruturação financeira e de negociações faustianas, a academia é domesti-

5. Optou-se por manter o termo *policy science* em inglês, pois o autor o define no item 3. Não ficaria adequado traduzi-lo como "ciência política" (*political science*) (N.T.).

6. Para manter a coerência com o termo *policy science*, o termo *policy scientist* foi mantido em inglês. Esse termo se refere a pesquisadores que trabalham no campo das *policy sciences* (N.T.).

cada. Como resultado, as perspectivas de pesquisa e seu financiamento são cada vez mais estreitamente vinculados às agendas políticas do governo. Além disso, a já fraca autonomia da educação superior é redefinida como um dos fatores envolvidos nos problemas econômicos da nação. Ademais, esse tecnicismo solucionador de problemas repousa sobre uma aceitação acrítica do consenso moral e político que opera dentro da hegemonia do racionalismo instrumental, ou, como Fay coloca, "os homens (*sic*) devem planejar e a função das ciências sociais é fornecer a fundamentação teórica que torne este planejamento possível" (p. 27). Nesse projeto científico e técnico para a pesquisa, os debates e conflitos que vinculam as políticas aos valores e à moral são substituídos por um empiricismo racionalista brando, e o melhor que se pode aspirar é ser um "crítico integrado" (Eco, 1994).

Mais uma vez, no entanto, outros efeitos são produzidos. Em primeiro lugar, esse empiricismo instrumental e racional é entrelaçado e interessado na construção social daqueles objetos aos quais se refere. Isso produz o que Donzelot (1979) chama de "paisagem social" dentro da qual ele, então, age (retornarei a este assunto mais tarde). Além disso, nessa "vontade de saber" e a interação complexa entre conhecimento e os objetos a ele relacionados, a verdadeira natureza do "social" é capturada e constrangida pelas classificações e nosologias das ciências sociais e pelo esforço para alcançar concepções totalizantes e econômicas das estruturas e processos sociais. Os pressupostos epistêmicos de ordem, estrutura, função, causa e efeito são mobilizados de várias formas para representar "o social" e, assim, funcionam para excluir muitas das qualidades mutáveis, complexas, *ad hoc*, desordenadas e transitórias da experiência de vida. Aprisionamo-nos no pressuposto simples — mas poderoso e muito produtivo — de que "o social" é suscetível a conceituações totalizantes, econômicas e ordenadas. Ou, para usar um léxico ligeiramente diferente, recorrendo novamente a Foucault, pode-se dizer que:

> Aparentemente, ou melhor, de acordo com a máscara utilizada, a consciência histórica é neutra, desprovida de paixão e comprometida exclusivamente com a verdade. Mas, se ela examina a si mesma e se, de forma

mais generalizada, interroga as várias formas de consciência científica em sua historicidade, ela descobre que todas estas formas e transformações são aspectos da vontade de saber: instinto, paixão, obstinação inquisidora, sutileza cruel e malícia [...] (Foucault, 1977, p. 162).

Teoria do gerenciamento e pesquisa sobre as escolas eficazes

Seria útil, neste momento, desenvolver um exemplo de *policy science* em funcionamento, de forma a ilustrar algumas variedades dos elementos acima indicados. A "teoria do gerenciamento" oferece um exemplo sobre o qual eu escrevi anteriormente (Ball, 1990, 1994). Então, afasto-me ligeiramente desse exemplo para considerar a relação entre a teoria do gerenciamento e a pesquisa sobre eficácia escolar. Mais uma vez, minha análise aproxima-se de Foucault. Emprego, especialmente, sua "inversão semântica". Buscarei, assim, a atividade negativa do discurso.

As teorias do gerenciamento, como mecanismo de objetivação, definem os seres humanos como sujeitos a serem administrados. Esse é um "discurso de direita", que legitima o exercício da autoridade. Seu instrumento principal é a hierarquia de controle contínuo e funcional. A pesquisa sobre eficácia escolar pode ser vista como tendo exercido papel crucial na elaboração de um esboço de reconceitualização da escola, no qual o discurso do gerenciamento funciona e tem cumprido sua parte em fornecer uma tecnologia de controle e de mensuração organizacional. Entendo essas tecnologias como "formas coerentes ou contraditórias de gerenciar e ativar uma população", as quais, como no panóptico de Bentham, prestam-se a três aplicações táticas específicas e polivalentes.

Em primeiro lugar, os estudos sobre eficácia e sobre as diferenças escolares recolocam a escola como fator causal em explicações sobre o desempenho dos estudantes e variações nos níveis de aproveitamento, substituindo ou emudecendo outras explicações relacionadas à inserção da educação nos contextos social e econômico. Assim como a observação da "eficácia" oferece uma base científica para a possibilidade de "culpar" a escola, ela ajusta-se perfeitamente (em termos de unidade teórica) aos discursos escarnecedores que taxavam as escolas como "causas" de problemas sociais e econômicos existentes na sociedade como um todo. Além disso, a ênfase nos resultados mensuráveis também se articulou diretamente com o processo político de comodificação da educação envolvido na criação de um mercado educacional.

Em segundo lugar, essa pesquisa ofereceu sustentação científica à nova ênfase política na excelência, na diversidade e na seleção, além da tentativa de desenvolvimento de métodos de avaliação que possam ser usados para identificar (e punir) professores "fracos" ou "inadequados", num processo que alimenta sistemas de incentivo e *performance* recompensada financeiramente. Em terceiro lugar, os estudos sobre eficácia desenvolveram uma tecnologia de controle que permite o monitoramento e a "direção" de escolas pela utilização de indicadores "neutros"; eles também "grampeiam informações" continuamente e medem mais do que a escolarização, incluindo "as 'estruturas profundas' das atitudes e percepções dos alunos" (Reynolds, 1990, p. 21). Assim, um significativo trabalho discursivo e disciplinador é feito pela pesquisa sobre a eficácia, ainda mais penetrante em suas implicações quando esta é vinculada a noções de responsabilização, avaliação escolar e planejamento de desenvolvimento escolar. Aqui, podemos ver o jogo e os efeitos do poder e da dominação em funcionamento nas relações diretas e nas estruturas imediatas da organização escolar. Esses são "os panopticismos de todo dia", construídos e desempenhados "abaixo do nível de surgimento dos grandes aparatos e das grandes lutas políticas" (Foucault, 1979, p. 223).

Assim, por meio desses esquemas, professores são apanhados em uma armadilha, assumindo a responsabilidade por sua própria "disciplinarização". De fato, professores são impelidos a acreditar que sua participação em tais processos os tornarão mais "profissionais". Além disso, a eficácia é uma tecnologia de normalização. Tal pesquisa tanto elabora um modelo normativo de escola eficiente como qualifica de anormal a escola "doente" ou ineficiente. Em relação aos conceitos de "revisão crítica", "desenvolvimento" e "autoavaliação", recorre-se à "técnica do confessionário" (uma admissão de transgressão e um ritual de reconciliação) com um significado de submissão e transformação. A confissão secular é baseada na noção de "normal" como contrário ao "anormal", transposta da oposição religiosa entre pecado e perdão. Essa transposição é mais claramente evidenciada nos métodos de "avaliação".

Os efeitos normalizadores da "eficácia" são apontados por Laurie Angus. Em recente revisão da literatura sobre a eficácia escolar, ele comenta que "previsibilidade e eficiência são medidas pelo grau de extensão em que as escolas tornam-se lugares dramaticamente mais monótonos do que elas já são" (Angus, 1993, p. 343). Ele segue sugerindo que

> não apenas há uma falta de compromisso com a teoria sociológica (ou qualquer outra teoria), mas o trabalho sobre eficácia também é, em grande medida, apanhado na armadilha da lógica do senso comum que possibilita sua apropriação pelo projeto hegemônico da Direita [...] que defende uma perspectiva isolacionista e apolítica para a educação, na qual supõe-se que os problemas educacionais podem ser resolvidos por meios técnicos e que a desigualdade pode ser administrada no interior das escolas e salas de aula, desde que professores e alunos sigam os procedimentos escolares "corretos" e efetivos.

Através desses meios, "julgamentos normalizadores" voltam-se sobre a escola como um todo, e cada escola é colocada em um campo de comparações — que novamente se articula com outros aspectos da política educacional. Uma ordem "artificial" é instaurada, "definida por processos naturais e observáveis" (Foucault, 1979, p. 179). As definições de comportamento e desempenho inseridas na ordem e na norma são alcançadas "na base dos valores opostos de bom e de mau" (p. 180). A boa escola e a má escola, práticas eficazes e ineficazes. Por meio de medidas de "atribuição de valor", o constrangimento a uma conformidade que deve ser alcançada é introduzido.

Se a autoavaliação falha, o *expert*, o consultor, o disciplinador moral está à mão para intervir com seus modelos de "prática eficaz". Nesse sentido, o científico e o moral são estreitamente entrelaçados. De fato, dada a lógica do gerenciamento, a ineficácia é vista como um distúrbio da razão e como suscetível à cura pelo uso de técnicas apropriadas de organização.

Repensando as pesquisas educacionais pela reflexividade crítica

Poderia prosseguir nessa argumentação, mas meu propósito aqui é começar a explorar um aspecto dos estudos e das pesquisas educacionais por meio do emprego de linguagem e de perspectiva teórica diferentes. Meus objetivos serão focalizar o não intencional e examinar as suas consequências, assim como problematizar criticamente as nossas práticas. Procuro também demonstrar algumas formas pelas quais nossa pesquisa e conceituações "científicas" podem ser inseridas em projetos políticos e processos sociais mais amplos e em funções de gerenciamento e de neutralização de problemas sociais. Uma fachada de objetividade obscurece esse processo e, ainda, empodera o empreendimento de pesquisa com a capacidade de categorizar, profissionalizar e conter um problema social específico.

Ao empregar esse tipo de reflexividade crítica, podemos repensar os estudos educacionais como um todo, enquanto tecnologia disciplinar que toma parte nas práticas do poder de disciplinarização. Gerenciamento, eficácia e avaliação, por exemplo, como tenho sugerido, colaboram para localizar os indivíduos no espaço de uma organização hierárquica e eficientemente visível. Dentro e através de nossa pesquisa, a escola e o professor são capturados em um perfeito diagrama de poder e as salas de aula são cada vez mais entendidas como um desses "pequenos teatros" nos quais "cada ator está sozinho, perfeitamente individualizado e constantemente visível" (Foucault, 1979, p. 200). Assim, a governamentalidade[7] é realizada mediante os minúsculos mecanismos da vida cotidiana e da aplicação de "progressistas" e eficientes soluções técnicas para problemas específicos. Governamentalidade é "o conjunto formado pelas instituições, procedimentos, análises e reflexões, os cálculos e táticas, que permitem o exercício desta muito específica, embora complexa, forma de poder, que tem a população como seu alvo" (Foucault, 1979, p. 20).

---

7. O termo *governmentality* tem sido traduzido para o português como "governamentalidade". Ver, por exemplo, a tradução de *Microfísica do poder*. 22. ed. Rio de Janeiro: Graal, 2006. (Tradução de Roberto Machado.)

É nesse sentido que o desenvolvimento epistemológico no interior das ciências humanas — como a educação — funciona politicamente e é intimamente imbricado no gerenciamento prático dos problemas políticos e sociais. O vocabulário científico pode distanciar o pesquisador (e o gestor) de sua temática, mas, ao mesmo tempo, cria um ponto de observação fixo que torna a "paisagem social" sempre mais visível. Pela observação metódica, os "objetos de interesse" identificados nessa paisagem são inseridos em uma rede de práticas terapêuticas ou de melhoramento. A ideia de que as ciências humanas — assim como os estudos educacionais — situam-se fora ou acima da agenda política de gerenciamento da população, ou que, de alguma forma, detêm um *status* neutro, incorporado em um racionalismo progressivo flutuante, é um pensamento débil e perigoso.

Agora, preciso me adiantar e me voltar para o trabalho de Fay, a fim de considerar as alternativas para a *policy science* mais detidamente. Fay (1975) apresenta duas alternativas para a *policy science*: a primeira é considerá-la uma ciência social explicativa; a outra, uma ciência social crítica. Ambas são suficientemente familiares e não exigem discussão extensiva neste momento, exceto para ressaltar o que Fay argumenta que "uma ciência social explicativa promete revelar aos atores sociais o que eles e os outros estão fazendo, e, através disso, restaura a comunicação, uma vez que corrige as ideias que têm sobre os outros e sobre si mesmos" (p. 90).[8] Essa pode ser uma supersimplificação, mas deixo isso de lado no momento e destaco a observação de Fay de que a ciência social explicativa é profundamente conservadora, no sentido de que "leva à reconciliação das pessoas com a ordem social em que vivem" (p. 91). Isso pode ser igualmente contestável, mas, novamente, deixo esse argumento para outra ocasião. A segunda alternativa de Fay — a ciência social crítica — repousa na proposição de que "a teoria social não oferece simplesmente uma representação da forma como a ordem social funciona. Em vez disso, a teoria social é, ela mesma, um agente catalisador da mudança no interior do complexo da vida social em análise" (p. 110). Essa é uma postura intelectual

8. Rorty (1989, p. xvi), por exemplo, define etnografia de forma um pouco diferente (N.A.).

atrativa e popular para os pesquisadores das políticas, a qual também considero, ao menos por algum tempo, pessoalmente confortável e conveniente. Mas será esta uma alternativa real para as falhas que Fay encontra na *policy science*? Penso que apenas parcialmente. É preciso pensar com cuidado sobre o uso e o sentido dos termos, em especial aqueles que compõem a frase final de Fay: "um agente catalisador de mudanças no interior do complexo da vida social em análise". Vejo três problemas relacionados a essa formulação. Em primeiro lugar, a ciência social, aqui, está colocada acima e contra o social — a vida social — sobre que age e elabora sua análise, mas de que não faz parte. O cientista social crítico não é visto como parte da luta pela "verdade", mas é colocado acima e fora dessa luta com as mãos e a consciência limpa, representando a "consciência da sociedade como um todo". Os cientistas sociais não são vistos como possuidores de interesses, carreiras ou identidades em jogo, mas como agentes livres de moral e de limitações ideológicas vulgares e ambições pessoais.

O segundo problema é que "a crítica", na ciência social crítica, é muito limitada e não se estende a considerações reflexivas sobre as formas pelas quais a ciência social constitui "o social" e o próprio substrato ético, nesse caso, o "falsamente consciente" e aqueles de "consciência elevada". Essa dualidade espartana e familiar, sobre a qual o cientista social crítico trabalha, comete uma significante injustiça ao "conjunto da vida social", ao qual Fay se refere e explora pela noção um tanto simplista de objetos sociais unificados e estáveis.

Em terceiro lugar, dentro do papel educativo e revelador que Fay atribui ao cientista crítico social, um racionalismo acrítico e um humanismo progressivo são reintroduzidos na prática do cientista social na forma de "consciência em elevação". Isso é alcançado oferecendo-se aos atores sociais "uma concepção alternativa [...] do que eles são", um essencialismo simples, em outras palavras. Não estou afirmando que o modelo de ciência social crítica de Fay é irremediavelmente inválido, mas suas ênfases epistemológicas correm o risco de fazê-lo recair justamente naquilo de que ele pretende se afastar. Cohen (1993, p. x) comenta esse fato mais dramaticamente:

> Eu proponho a retirada da automática "vantagem cognitiva" dos escritos críticos da universidade, pela razão que esta vantagem não é garantida: nossos escritos são equipados pelos esquemas das "causas", da "sociedade", da "necessidade" — cada qual é um cosmos de mitologia em si mesmo. Ao sugerir esta remoção, estou mais ou menos expressando minha "não confiança" nas atividades essenciais da universidade moderna.

Em direção a uma alternativa pós-estrutural

É possível perceber outra alternativa a tudo isso? Haveria um quarto caminho? Aceitando essa incumbência, farei minha tentativa de forma um tanto elíptica e, até mesmo, temerosa. Entretanto, antes de fazer isso, devo retornar ainda mais uma vez para a distinção elaborada por Fay.

Considerando minhas recentes visitas às conferências da British Educational Research Association, posso ampliar a nosologia de Fay. Ao lado do conhecimento político, da engenharia política e da *policy science*, pode-se reconhecer também o papel dos estudos educacionais para o *empreendedorismo político*. Esse é um termo que leva consigo uma variedade de sentidos. Parece-me claro que existem áreas de atividade que se utilizam de estudos educacionais, cujas bases são elaboradas em instituições de ensino superior e que estimulam a apresentação de trabalhos em conferências acadêmicas. Tais trabalhos, no entanto, revelam pequena ou nenhuma aspiração à erudição acadêmica ou científica. O propósito do empreendedorismo político não é a prática da pesquisa, mas sua transformação no sentido de elaborar uma representação de política, o que repousa no proselitismo e, em alguns casos, na oferta de "respostas tecnicamente corretas". Os interesses dos empreendedores, no que se refere à identidade e à carreira, são intimamente ligados ao sucesso de sua disseminação.

Podemos selecionar "a escola autogerenciada", "empreendimento em educação superior", "avaliação de professores", "orientação" e "coparticipação" como exemplos dessa ênfase na disseminação dos interesses dos empreendedores. O empreendedor político é comprometido com a aplicação de certas soluções, organizações ou contextos técnicos que são tomados *a priori* como necessários à mudança estrutural e/ou cultural. Nesse cenário, a investigação é substituída pela crença; os questionamentos, por objetos que se tornam resistentes; a pesquisa, pela experiência e pelo senso comum; os dados, por anedotas. Eu não posso fazer mais que lembrar o comentário de C. Wright-Mills em *A imaginação sociológica*:

> Não há necessidade de que os cientistas sociais permitam que o significado político de seu próprio trabalho seja moldado pelas "contingências do meio", ou que seu uso seja determinado pelos propósitos de outros homens (sic). Está perfeitamente dentro de seus poderes discutir seus significados e decidir sobre seus usos, como questões afeitas à sua própria política. (Wright-Mills, 1959, p. 198)

Seria possível situar tais desenvolvimentos em um contexto mais amplo? Na era da modernidade tardia, o anseio de representar beira a obsessão, e as certezas aparentes tornam-se mercadorias valiosas, sobretudo quando procuramos conhecer o mundo um pouco melhor do que aqueles com os quais competimos conhecem e, também, quando declaramos maior e mais detalhado controle sobre nosso meio. Conhecimento imediato tem seus atrativos e seu preço em diversos campos das ciências humanas (Beck, 1992).

Não é difícil prever a direção em que estou me movendo: para uma alternativa pós-estrutural e pós-epistemológica. A ausência de teoria deixa o pesquisador preso a ideias preconcebidas, não investigadas e imponderadas, bem como a colocações ontológicas e epistemológicas aprioristicamente ingênuas. Lamento e maldigo a ausência de teoria e a defendo como uma forma de proteger os estudos educacionais de si mesmos.

Como mais um aparte, é importante notar que o colapso ou abandono da teoria nos estudos educacionais tem paralelo em outras áreas do campo educacional, como, por exemplo, na retirada do trabalho teórico dos cursos de formação de educadores e na concomitante redução dessa formação ao desenvolvimento de habilidades e competências e ao treinamento para o trabalho. O ensino associado à pesquisa é, então, reconstituído e despolitizado. De esforço intelectual, passa a ser visto como processo técnico. Certamente, esta coincidência de modificações não é surpreendente para essas tecnologias presentes em toda parte do mesmo *dispositivo* contemporâneo: o discurso unitário em vigência por determinado período de tempo, "um espaço de comunicação limitado".

Manifestações desse dispositivo surgem de forma cada vez mais comum. Lembro-me de dois exemplos recentes. Primeiro, uma notícia anunciando a fundação da UK Evaluation Society, que pretende, em alguma medida, "representar [...] as visões e os interesses da profissão de avaliador".[9] Segundo, um convite para assinar uma nova publicação intitulada *Quality Assurance in Education* (Garantia de Qualidade em Educação). Publicações e associações são estratégicas no interior da academia, a partir das quais um léxico discursivo pode ser articulado e disseminado.

O papel da teoria

A teoria pode separar-nos das "contingências que nos fazem ser o que somos; ela abre possibilidades de não mais continuarmos vendo, fazendo ou pensando o que nós vemos, fazemos ou pensamos" (Mahon, 1992, p. 122). A teoria é um veículo para "pensar diferente", é uma arena para "hipóteses audaciosas" e para "análises provocantes". A teoria é destrutiva, disruptiva e violenta. Oferece uma linguagem para o desafio e formas de pensamento diferentes das articuladas para nós pelos dominantes. Oferece uma linguagem rigorosa e irônica para além do contingente. O propósito da teoria é desfamiliarizar práticas e categorias vigentes para fazê-las parecer menos evidentes e necessárias, abrindo espaços para a invenção de novas formas de experiência.

9. À luz de algumas de minhas discussões anteriores, é fascinante notar que a propaganda da UK Evaluation Society (Sociedade de Avaliação do Reino Unido) é divulgada pelo Social Science Forum, cujo lema é Compreender hoje para moldar amanhã (N.A.).

Registro, ainda, minha irritação em relação à audiência anglo-saxônica, marcadamente positivista e utilitária. Prezamos nosso intelectualismo, expresso em tons sóbrios e por meio de nuances de debates semânticos e de planejamento racional. No interior da tradição britânica, intelectualismo, ciência ou conhecimento acadêmico são considerados válidos e úteis apenas quando pesados e medidos por resultados concretos. Chris Shilling (1993) trabalha exatamente essa questão em uma revisão de artigos elaborados a partir de pesquisas recentes. Ele os considera sintomáticos dos tempos em que os editores "devem justificar a Sociologia da Educação — e, consequentemente, as coletâneas da área — através de uma postura altamente reflexiva sobre ela, que se desenvolve no interior de uma tradição essencialmente utilitarista de pesquisa, baseada na quantificação dos resultados sociais das políticas educacionais" (p. 103). Ele segue descrevendo a Sociologia da Educação como "uma disciplina que, no Reino Unido, está em declínio há muito tempo" (p. 103). Realmente, a Sociologia da Educação e os estudos educacionais estão em um estado de "estagnação intelectual". Estamos experimentando aquilo que Randall Collins chamou de "perda de capital cultural", fruto da negligência em relação a ideias, conceitos e teorias significativas. Ou como Shilling afirma: "De maneira um tanto simples, os colaboradores deste livro têm prestado pouca atenção não apenas às tradições existentes na Sociologia da Educação, mas também aos mais importantes desenvolvimentos da sociologia. As teorias sociológicas contemporâneas, que estão sendo desenvolvidas em áreas como modernidade, pós-modernidade, estruturalismo, identidade, processo civilizador, consumo e corpo, têm muito a oferecer para o estudo da educação" (p. 111). Esses exemplos colaboram para o retorno a meu ponto inicial sobre os perigos do isolamento. Também ilustram a transição básica, tanto cultural como estrutural, em andamento nos estudos educacionais: a transição do conhecimento intelectual para o racionalismo técnico.

Retornemos ao papel da teoria. O problema não é apenas o caráter crítico da teoria. Para ir além dos acidentes e contingências que nos envolvem, é necessário partir de outra posição e começar do que normalmente não é considerado. A teoria oferece essa oportunidade, a possibilidade de desidentificação: o efeito de trabalhar "sobre e contra" as práticas predominantes de sujeição ideológica. A questão da teoria e do esforço intelectual nas ciências sociais deveria ser, nas palavras de Foucault, "minar o poder", engajar-se na luta, revelar e descobrir o que é mais invisível e insidioso nas práticas dominantes. As teorias oferecem outra linguagem, distanciada, irônica, imaginativa. Parte importante dessa forma de conceber o papel da teoria é o que Sheridan chama de "um amor às hipóteses, à descoberta", que também pode ser admitido francamente como "um amor ao belo" (Sheridan, 1980, p. 223) — contrário, portanto, à linguagem amena, técnica e desoladora da *policy science* e do empreendedorismo político. Entretanto, ao assumir esse ponto de vista, os intelectuais não podem simplesmente voltar a habitar os velhos e redentores pressupostos. Estes se baseavam na identificação de um papel não problemático, para os intelectuais, no eterno processo de progresso, crescimento ordenado ou desenvolvimento conquistado por meio da "autoridade" científica e tecnológica, ou por meio do controle sobre os acontecimentos, ou, ainda, pela reciclagem assertiva de velhos dogmas e de cansadas utopias. "O regime de 'verdade' deu ao intelectual, cujo negócio era lidar com a verdade, um certo *status* 'universal'" (Sheridan, 1980, p. 222), algo que não está mais disponível nem é desejável. O processo de desidentificação também envolve uma transformação dos intelectuais e de suas relações com os "negócios da verdade". A teoria pós-epistemológica derrubará a pretensão científica em relação à originalidade, à descoberta e à melhoria da condição humana.

Estou tateando, aqui, em busca de um modelo de teoria educacional equivalente a uma crítica cultural, o qual, em vez da verdade, ofereça novas perspectivas. Essa teoria educacional está comprometida com o que Eco chama de "guerra de guerrilha semiótica" (Eco, 1994). Ou, para colocar de outra forma:

> A crítica é uma questão de retirar um pensamento (que estimula o comportamento cotidiano) do esconderijo à força e tentar transformá-lo: mostrar que as coisas não são evidentes como se acreditava, ver que o que é aceito como evidente não será mais aceito como tal [...] Tão logo não se possa continuar a pensar as coisas como antes se pensava, a transformação se torna muito urgente, muito difícil e, ainda assim, possível. (Foucault, 1988, p. 154)

Para Foucault, a liberdade repousa, sobretudo, em nossa habilidade de transformar nossas afinidades em relação ao passado, à tradição. Segundo ele, a liberdade pouco tem a ver com nossa capacidade de controlar a forma e a direção que o futuro assumirá. Na insana escalada da vida contemporânea, parecemos precisar nos agarrar em imagens enganosas de quem somos e do sentido de nossa existência. Mas, no lugar de normas e discursos pregressos e rígidos, devemos, como Richard Rorty sugere, estabelecer um campo em que se joga com as ideias e se exploram ironias radicais. Na visão pós-epistemológica de Rorty, a construção de diálogos, mais do que esforços epistemológicos criadores da verdade, deve ser a matéria-prima das ciências sociais pós-estruturais (Rorty, 1979). Para citar Foucault novamente: "Penso haver mais segredos, maiores liberdades possíveis e mais criatividade em nosso futuro do que podemos imaginar no humanismo, da forma como ele é dogmaticamente representado em cada lado do arco-íris político" (Foucault, 1988, p. 15).

Devemos considerar o "como" tanto quanto o "porquê" empregar as teorias. A teoria também pode trabalhar para proporcionar conforto e identidades aparentemente estáveis para acadêmicos resguardados em um mundo que vai se tornando crescentemente escorregadio. A teoria também pode servir para evocar normas e leis pregressas e oprimir mortalmente a criatividade intelectual. Nos estudos educacionais, com muita frequência, a teoria torna-se apenas uma reafirmação mântrica de uma crença, em vez de uma ferramenta para a investigação e para se pensar de outras maneiras. Tais usos mântricos da teoria envolvem, de forma característica, pouco mais que uma nominação de espaços. É o que Dale (1992) chama de "teoria métrica". O mapa precisa apenas ser colorido, em vez de pesquisado. Todos nos tornamos muito facilmente atados àquilo que Althusser (1975) chamou de "teoria descritiva", uma fase de transição no desenvolvimento teórico baseada em uma "forma especial de obviedade" (p. 133). "Toda teoria descritiva", afirma ele, "corre o risco de 'bloquear' o desenvolvimento da teoria [...]". O paradoxo da ciência crítica social é que nossas utopias humanistas e racionais são geralmente formadas no interior de discursos, dispositivos e epistemas dos quais buscamos escapar. Nesse caso, o passado é o problema, não o futuro.

Há outro sentido que precisa ser pensado sobre como teorizamos. Está relacionado à ambição de nosso empreendimento, assim como ao estilo e escopo de nossos esforços. Por um lado, há um tipo de teorização avara, convencida de sua validade e fechada. Esta é, também, uma forma tipicamente rígida e masculina de conhecimento. Frequentemente, a ciência social crítica assume essa forma e apresenta como resultado tanto uma excessiva certeza sobre si mesma quanto muita ambição. Por outro lado, há um tipo de teorização que repousa sobre a complexidade, a incerteza e a dúvida, além de basear-se na reflexividade sobre a própria produção e sobre suas pretensões de conhecimento do social. O que estou tentando transmitir aqui é expresso de uma bela forma por Teresa de Lauretis, que descreve a teoria feminista como aquela que procura:

> abandonar ou desistir de um lugar seguro, que é "sua casa" — física, emocional, linguística e epistemologicamente —, por outro lugar, que é desconhecido e arriscado, que não apenas é emocionalmente outro, mas conceitualmente outro; um lugar do discurso a partir do qual falar e pensar é, na melhor das hipóteses, incerto e sem garantias. (Lauretis, 1990, p. 138)

Assumir a desidentificação como uma prática para os estudos educacionais provavelmente envolverá perda de identidade, perda do prestígio universal. Ameaçará nossas certezas e nosso senso de utilidade. Mas, talvez, essas coisas fossem jogadas fora, de qualquer forma. As seguintes questões se colocam: repetir nossas teorias cansativas, precedentes, mântricas? Fazer o que temos de fazer para nos tornar úteis como técnicos do gerenciamento social? Reinventar a nós mesmos como intelectuais e críticos culturais?[10]

---

10. Uma das mais comuns reações à versão original deste texto foi se estou deixando a mim mesmo e aos estudos educacionais abertos à crítica de que o ponto central da Filosofia não é simplesmente descrever o mundo, mas ajudar a mudá-lo. Meu texto pode ser lido como deficiente nesses termos, mas procuro transmitir a mensagem oposta. Veria uma política específica e situada, uma política do imediato, do dia a dia, do pessoal, como logicamente concomitante a meus argumentos. Além disso, aconselho tanto ousadia quanto modéstia. Ousadia em relação aos poderes específicos, tanto em nosso próprio quintal quanto em nossos campos de pesquisa. Modéstia em nossas reivindicações normativas e em nossas ambições políticas gerais. Essa é, contudo, uma política perigosa, muito diferente do revolucionarismo seguro e fictício que persiste *a la mode* em algumas partes da academia. (N.A.).

Com essas considerações, entendo que oscilo entre fatalismo e ceticismo (Sawicki, 1991). Talvez esteja tratando daquilo que De Lauretis chama perspectiva "excêntrica". Apesar disso, sinto-me encorajado pelo seguinte comentário de André Gorz: "O começo da sabedoria é a descoberta de que há contradições permanentemente tensas, com as quais é necessário conviver e que, acima de tudo, não precisam ser necessariamente resolvidas."[11]

Referências

ALTHUSSER, L. *Lenin and philosophy and other essays.* London: Verso, 1975.

ANGUS, L. The sociology of school effectiveness. *British Journal of Sociology of Education*, v. 14, n. 3, p. 333-345. 1993.

BALL, S. J. *Education reform*: a critical and post-structural approach. Buckingham: Open University Press, 1994.

______. Management as moral technology: a luddite analysis. In: BALL, S. J. (Ed.). *Foucault and education*: disciplines and knowledge. London: Routledge, 1990.

BECK, U. *Risk society*: towards a new modernity. Newbury Park (CA): Sage, 1992.

COHEN, S. *Academia and the luster of capita.* Minnesota: Minnesota University Press, 1993.

DALE, R. Recovering from a pyrric victory? Quality, relevance and impact in the Sociology of Education. In: ARNOT, M.; BARTON, L. (Eds.). *Voicing concerns.* Wallingford: Triangle, 1992.

DONZELOT, J. *The policing of families.* London: Hutchinson, 1979.

ECO, U. *Apocalypse postponed.* LUMLEY, R. (Ed.). London: BFI Publishing and Indiana University Press, 1994.

11. Sou grato a Jo Boaler, Alan Cribb, David Halpin, Iram Siraj-Blatchford, Maria Tamboukou e Jack Whitehead por seus comentários às versões preliminares deste texto. Alguns comentários geraram modificações no texto, outros contribuíram para nutrir pensamentos, futuros trabalhos e futuras discussões (N.A.).

FAY, B. *Social theory and political practice*. London: Allen and Unwin, 1975.

FOUCAULT, M. *Language, counter-memory, practice*: selected essays and interviews. Ithaca (NY): Cornell University Press, 1977.

______. On governmentality. *Ideology and Consciousness*, v. 6, n. 1, p. 5-22, 1979a.

______. *Discipline and punish*. Harmondsworth: Penguin, 1979b.

______. *Michael Foucault*: politics, philosophy and culture — interviews and other writings 1977-1984. New York: Routledge, 1988a.

______. Truth, power, self: an interview with Michel Foucault. *Technologies of the self*. Amherst: The University of Massachusetts Press, 1988b.

______. Questions of method. *The Foucault effect*: studies in governmentality. Brighton: Harvester/Whetsheaf, 1991.

LAURETIS, D. Eccentric subjects: feminist theory and historical consciousness. *Feminist Studies*, v. 16, n. 1, p. 133-146, 1990.

REYNOLDS, D. Research on school/organizational effectiveness: the end of beginning. In: SARAN, R.; TRAFFORD, V. (Eds.). *Management and policy*: retrospect and prospect. London: Falmer, 1990.

RORTY, R. *Philosophy and the mirror of nature*. Oxford: Basil Blackwell, 1979.

SAWICKI, J. *Disciplining Foucault*: feminism, power and the body. New York: Routledge, 1991.

SHERIDAN, A. *Michel Foucault*: the will to truth. London: Tavistock, 1980.

SHILLING, C. The demise of the Sociology of Education in Britain. *British Journal of Sociology of Education*, v. 14, n. 1, p. 105-121, 1993.

WRIGHT-MILLS, C. *The sociological imagination*. Harmondsworth: Penguin, 1959.

CAPÍTULO 4

O que fazer a respeito de valores na pesquisa social:

o caso da reflexividade ética na Sociologia da Educação[1]

Sharon Gewirtz
Alan Cribb

Introdução

Os sociólogos, ao avaliar o trabalho de seus colegas, tendem a focar — explicitamente, pelo menos — sobre o rigor descritivo ou explanatório. Ao analisar artigos submetidos à publicação, por exemplo, tendem a fazer perguntas como: as evidências que dão base às afirmações são sólidas? As interpretações das evidências são plausíveis? Foram levadas em consideração interpretações alternativas? O autor demonstra apreciação pelas sutilezas do processo que está descrevendo ou explicando? No

1. Tradução do artigo What to do about values in social research: the case for ethical reflexivity in the sociology of education, publicado no *British Journal do Sociology of Education*, v. 27, n. 1, p. 141-155, 2006. Tradução de Verônica van Wilpe. Revisão técnica e notas de Márcia dos Santos Ferreira (UFMT) e Jefferson Mainardes (UEPG).

entanto, os sociólogos não estão envolvidos *somente* em descrever e explicar. Eles também fazem julgamentos e escolhas ao mesmo tempo valorativos e políticos. Na verdade, julgamentos de valor (ou valorativos) são feitos a cada estágio do processo de pesquisa — para decidir perguntas a serem feitas, evidências a serem registradas ou coletadas, maneiras de interpretar essas evidências e que descobertas e interpretações enfatizar ao relatar o trabalho e ao pensar sobre as implicações práticas ou políticas da pesquisa. Inevitavelmente enraizados em todo trabalho sociológico estão pontos de vista a respeito de quais questões devem ser consideradas proveitosas para a pesquisa, quais processos ou resultados devem ser considerados desejáveis e como a responsabilidade por determinados resultados é ou deveria ser distribuída. Porém, esses pontos de vista são raramente — e muitas vezes nem mesmo explicitamente — articulados, defendidos ou problematizados de forma rigorosa. Isso acontece a despeito do fato de existir atualmente um contingente substancial da literatura debatendo o "problema dos valores" na pesquisa social.

Neste texto, queremos explorar a relação existente entre esses dois tipos de preocupação; isto é, a preocupação com o rigor descritivo e explicativo, por um lado e, por outro, a preocupação com o rigor no tratamento de julgamentos valorativos e políticos na pesquisa. Nosso argumento central é que a dificuldade em tratar do problema dos valores na pesquisa social pode ser mais bem explicada pelo persistente fracasso em reconhecer que, na prática, esses dois tipos de preocupação são inseparáveis. Por isso, argumentamos que os sociólogos precisam encontrar maneiras de, conscientemente, empregar rigor na descrição e na explicação bem como nos valores, e damos algumas sugestões sobre o que implica fazer isso sistematicamente. Em grande parte, estruturamos nosso argumento em um debate com a posição contrastante que Martyn Hammersley elaborou e defendeu em vários textos.[2] Começamos com um exemplo para ilustrar a natureza inerentemente valorativa da Sociologia da Educação. Em seguida, defendemos o que

2. Somos muito gratos a Martyn Hammersley pela forma construtiva pela qual adentrou ao diálogo sobre as questões consideradas neste trabalho e também por permitir-nos citar trechos de correspondência pessoal.

chamamos de reflexividade ética[3] pelo contraste e comparação com argumentos de Hammersley. Finalmente, refletimos sobre alguns desafios gerados pelo nosso posicionamento.

Valores e política na pesquisa social: um exemplo

Com a finalidade de ilustrar as conexões inextricáveis entre descrição/explicação e valoração, tomaremos como exemplo pesquisas a respeito de desigualdades de desempenho escolar de alunos. Meninos em geral, e meninos negros em particular, foram objeto de especial atenção em recentes debates públicos sobre desempenho escolar, nos quais frequentemente se diz que meninos negros têm maior probabilidade de serem excluídos da escola ou de deixarem a escola com baixa ou nenhuma qualificação acadêmica formal do que outros alunos. O debate acadêmico sobre essa questão — bem como o debate público mais amplo — tende a ser um pouco polarizado. Falando de modo geral — e correndo o risco de incorrer em supersimplificação[4] — existem,

---

3. Para maiores detalhes sobre o conceito e aplicações da reflexividade ética, ver o texto A reflexividade ética na análise de política, de Sharon Gewirtz, publicado na revista *Práxis Educativa*, v. 2, n.1, p. 7-12, 2007. Disponível em: <http://www.revistas2.uepg.br/index.php/praxiseducativa>. A questão da reflexividade ética tem gerado um produtivo debate entre acadêmicos britânicos. Em 2008, foram publicados artigos no *British Journal of Sociology of Education* (v. 29, n. 5, Sept. 2008) que debatem com o texto What to do about values in social research: the case for ethical reflexivity in the sociology of education, de Gewirtz e Cribb, publicado em 2006:

ABRAHAM, John. Politics, knowledge and objectivity in sociology of education: a response to the case for ethical reflexivity by Gewirtz and Cribb. p. 537-548.

HAMMERSLEY, Martyn. Reflexivity for what? A response to Gewirtz and Cribb on the role of values in the sociology of education. p. 549-558.

GEWIRTZ, Sharon; CRIBB, Alan. Differing to agree: a reply to Hammersley and Abraham. p. 559-562.

Além desses textos, destaca-se o capítulo 8 (Extending reflexivity in Sociology of Education) do livro *Understanding education*: a sociological perspective, de Sharon Gewirtz e Alan Cribb (Polity, 2009) (N.R.).

4. Reconhecemos que os autores que citamos adiante e outros trabalhando nessa área, como os de Mac An Ghaill (1988), Mirza (1992), Wright (1992) e Phoenix (2000), têm posições mais complexas e dotadas de nuances do que podemos fazer jus aqui, mas nossa preocupação é primariamente ilustrar os tipos de posições valorativas envolvidas na pesquisa social, em vez de descrever posições valorativas exatas de autores específicos. Não obstante, é importante

de um lado, os pontos de vista representados por pesquisadores como David Gillborn (Gillborn, 1990; Gillborn; Youdell, 2000). Esses pesquisadores tendem a enfocar o racismo institucional nas escolas, chamando a atenção para como processos escolares sistematicamente resultam o fracasso escolar e em exclusão de um número desproporcional de meninos negros. Ao enfocar basicamente essas situações, tendem a deixar o peso da responsabilidade pelo baixo desempenho acadêmico de meninos negros nas mãos do sistema escolar.

Entretanto, há o ponto de vista menos convencional, mais precisamente associado, no Reino Unido, ao trabalho de Tony Sewell, cujo enfoque básico recai sobre a identidade dos alunos e sobre o funcionamento de grupos de iguais (*peer groups*) (Sewell, 1997; Sewell; Majors, 2001). Sewell escreve sobre racismo nas escolas, mas sua análise enfoca particularmente a necessidade de tentar lidar com uma cultura de grupos de iguais que se mostra contrária à escola. Enquanto para Gillborn a solução reside em erradicar práticas racistas das escolas, para Sewell a solução está, num grau significativo, em ajudar meninos e meninas contrários à escola a mudar suas atitudes e comportamentos e ajudá-los a transitar com sucesso na cultura dominante.[5]

Existem evidências claramente persuasivas que apoiam ambos argumentos; isto é, por um lado, alguns meninos negros (bem como outros jovens) ficam presos a uma cultura contrária à escola e, por outro lado, há práticas racistas profundamente enraizadas nas escolas, que contribuem para o fracasso acadêmico de muitos meninos negros. Entretanto, o trabalho de Gillborn, Sewell e outros especialistas dessa área mostra que a interação entre as culturas de grupos de iguais e os

---

perceber que, embora existam nuances entre as posições, algum grau de polarização persiste no sentido de que os autores enfatizam, seja primária, seja secundariamente, algumas leituras explicativas em detrimento de outras.

5. Como veremos, pode ser argumentado que ambos, Gillborn e Sewell, oferecem soluções, e que, ao fazer isso, deixam para trás o campo próprio da Sociologia. Em contraste, argumentaremos que provocar conclusões práticas deveria ser parte importante da Sociologia. Mas, em qualquer caso, para o propósito de nosso argumento aqui, o que importa é que os trabalhos de Gillborn e Sewell têm implicações práticas que apontam para certas direções, estejam ou não explicitamente manifestadas ou defendidas. Retornaremos a esse ponto mais tarde como parte de nosso debate com Hammersley.

processos escolares na produção de fracasso na escola é complicada. Não há fórmula matemática para demonstrar quanto pode ser explicado por efeitos dos processos escolares e quanto por efeitos de grupos de iguais, ou como, na verdade, os dois tipos de efeito se inter-relacionam. Por esse motivo, o/a analista precisa escolher onde colocar a ênfase. Ele/ela pode enfatizar um ou outro, ou ambos. Porém, seja qual for a escolha feita, trará implicações para a maneira em que a responsabilidade pelo problema será construída e, por isso, acarretará implicações políticas. Sob a perspectiva de Sewell, a implicação política de superestimar a extensão do racismo institucional é o risco de cultivar uma cultura de "vitimação", em que meninos podem livrar-se da responsabilidade, caso falhem na escola, culpando escolas e professores racistas. Presumivelmente, para Gillborn, a implicação política de atribuir a responsabilidade do fracasso escolar sobre os meninos é isentar as escolas e o sistema educacional de responsabilidade e legitimar argumentos de grupos de direita que querem que acreditemos que o racismo institucional é um mito. Uma posição alternativa às representadas por Sewell e Gillborn é enfatizar tanto explicações relativas às instituições quanto aos grupos. Tal posição também tem implicações políticas, e pode ser vista como a desafiar os termos dualísticos *ou* [isto] *ou* [aquilo] e, portanto, a exigir soluções políticas mais complexas.

Outra preocupação-chave dos sociólogos que trabalham nessa área é a maneira pela qual o debate é muitas vezes enfocado — a forma pela qual o suposto problema do baixo nível de desempenho escolar de meninos negros foi identificado e o modo como o questionamento foi feito — pode ter implicações éticas ou políticas potencialmente danosas. Há dois aspectos nessa preocupação. Primeiramente, enfatizar uma interpretação de cunho racial de diferenças de desempenho pode desviar a atenção daquilo que talvez seja, parcialmente ou em grande parte, a "verdadeira" questão (isto é, variações de desempenho por diferenças de classe). Em segundo lugar, essa interpretação de cunho racial pode, ela mesma, criar ou reforçar representações depreciativas ou humilhantes sobre os meninos negros e produzir, precisamente, as formas de desigualdade aqui discutidas.

Usamos esse exemplo para ilustrar como a pesquisa sociológica está inevitavelmente ligada a considerações éticas e políticas. No restante deste texto queremos nos dedicar a responder à pergunta sobre o que os sociólogos deveriam fazer a respeito disso. Em outras palavras, como os sociólogos deveriam lidar com considerações e compromissos éticos e políticos.

Existe, é claro, um debate de longa data na pesquisa social exatamente sobre essa questão. Por um lado, há os que argumentam que os pesquisadores sociais deveriam se empenhar em permanecer neutros em relação aos valores em seu trabalho e, por outro lado, há os que argumentam a favor de pesquisas politicamente comprometidas. A primeira postura é classicamente representada por Weber (1949[6]) e a segunda por Gouldner (1962). Não há espaço aqui para revisar a história desses dois debates, então vamos tomar como ponto de partida uma relativamente sofisticada articulação da linha weberiana recentemente apresentada por Martyn Hammersley (Hammersley, 2000; Foster et al., 1996). A postura de Hammersley é útil não apenas porque define muitas das questões-chave sobre a relação entre Sociologia e valores sociais, mas também porque representa uma alternativa plausível e bem justificada à posição que defendemos, e vamos utilizar seus argumentos para introduzir e elaborar nossas preocupações centrais. Ao mesmo tempo que estamos de acordo com muito da postura de Hammersley, também somos críticos quanto a alguns aspectos de seu posicionamento. A seguir, revisaremos o que entendemos como pontos fortes e fracos da linha de Hammersley e usaremos essa revisão como trampolim para propor uma abordagem alternativa.

A linha de Hammersley

O ponto crucial da postura de Hammersley é que a pesquisa politicamente comprometida é incompatível com rigor acadêmico. A tarefa da pesquisa social, como Hammersley a vê, mesmo quando relacionada

6. O leitor brasileiro pode consultar as seguintes obras sobre a questão da neutralidade das ciências em Weber: *Metodologia das ciências sociais* (São Paulo: Cortez, 2001) e *Ciência e política*: duas vocações (São Paulo: Cultrix, 2004) (N.R.).

a debates sobre importantes políticas públicas, deveria ficar confinada à produção de conhecimentos factuais relevantes para esses debates. Como ele diz: "O crucial é que, como pesquisadores, tratamos a produção de conhecimentos sobre algum assunto como sendo a exclusiva meta imediata" (Hammersley, comunicado pessoal, 22 de março de 2004). Embora Hammersley reconheça que os julgamentos de valor sejam inevitáveis dentro do processo de pesquisa, tal como Weber, ele argumenta que pesquisadores sociais devem se empenhar para manter uma separação entre fatos e valores e evitar que seus valores distorçam os fatos. Hammersley não argumenta que pesquisadores sociais não deveriam pensar a respeito de valores sociais ou ser influenciados por eles. Na verdade, ele argumenta que há no mínimo três maneiras pelas quais os valores entram na pesquisa. Primeiramente, aponta que o compromisso com o objetivo da produção de conhecimento é, em si, um compromisso valorativo. Em segundo lugar, aceita que os valores pessoais do pesquisador, inclusive suas crenças quanto ao que é benéfico para a sociedade, devem influenciar sua seleção de tópicos e questões de pesquisa. Em terceiro lugar, argumenta que os pesquisadores devem conduzir a pesquisa de modo a proteger os interesses e o bem-estar dos que estão estudando, e que isso os leva a fazer uma série de julgamentos éticos e valorativos enquanto coletam e analisam os dados e escrevem sobre eles.

Então, a quais aspectos Hammersley se opõe? Parece haver no mínimo três coisas principais às quais ele se opõe. Em primeiro lugar, Hammersley é contra pesquisadores que deixam seus valores moldarem a forma de os dados serem coletados e analisados. Ele argumenta que a organização dos fatos sobre um tópico não deve ser afetada por considerações políticas. Entretanto, o apelo de Hammersley para uma pesquisa neutra em relação a valores não se baseia num ponto de vista ingênuo, no qual a pesquisa neutra em relação a valores é plenamente realizável. Sua opinião é simplesmente que, "quanto mais próximos chegarmos [da neutralidade de valores], menor será o risco de nossos valores políticos ou práticos enviesarem os nossos resultados" (Hammersley, 2000, p. 33). Em segundo lugar, Hammersley argumenta que, ao formular suas perguntas de pesquisa, os pesquisadores deveriam evitar fazer suposições e julgamentos sem reconhecer que isso é o que estão fazendo e/ou sem defender seu posicionamento valorativo. Em terceiro lugar, Hammersley é contrário aos pesquisadores que fazem prescrições políticas. O modo exato como ele chega a esse ponto varia, mas ele aponta inúmeras razões para o seu ceticismo quanto a isto. Particularmente, ele é contra qualquer pretensão, por parte dos pesquisadores, de que sejam mais bem qualificados do que os que estão sendo estudados para tomar as decisões morais cotidianas que tais pessoas precisam tomar. Ele também é contra a tendência que os pesquisadores têm de recomendar formas de ação impraticáveis, ou de tornarem as coisas piores do que já são. Acima de tudo, Hammersley é contra os pesquisadores prescreverem formas de ação, como se essas prescrições fossem decorrência de suas descobertas de pesquisa e não de suas crenças políticas e éticas precedentes.

De acordo com Hammersley, a pesquisa não pode fornecer uma base adequada para políticas ou práticas por dois motivos: primeiro, porque a política e a prática dependem de julgamentos de valor, os quais ele acredita estarem fora do âmbito da pesquisa; e, segundo, porque as decisões de formuladores de políticas e dos profissionais da educação dependem de julgamentos práticos baseados em conhecimentos e experiências locais — o conhecimento e a experiência, por exemplo, do que é possível ou provável que seja eficaz sob as circunstâncias específicas nas quais eles estão trabalhando.

Como apontamos anteriormente, há muitos na postura de Hammersley com que concordamos. Particularmente, concordamos que os pesquisadores precisam ser conscientes quanto ao modo pelo qual os seus julgamentos de valor moldam suas pesquisas, que eles precisam ser especialmente cautelosos em relação ao perigo de que seus julgamentos de valor os impeçam de investigar com afinco e de levar em consideração evidências que possam desafiar suas crenças e valores, e que, quando necessário, os pesquisadores devem estar preparados para articular e defender as posições valorativas que informam seu trabalho.

Divergimos de Hammersley em relação a uma distinção muito forte que ele quer fazer entre a produção de conhecimento e seu uso. Como destacamos anteriormente, para Hammersley é crucial que a pesquisa tenha como meta exclusiva e imediata a produção de conhecimento, e isto quer dizer que, quando pesquisadores se envolvem em escrever sobre implicações práticas ou políticas, distanciam-se dos limites apropriados da pesquisa. Essa forte distinção desempenha papel importante no argumento de Hammersley, na medida em que evidencia sua ênfase sobre o rigor descritivo e explanatório na produção de conhecimento, isolando a produção de conhecimento dos debates sobre o que deveria acontecer. Entretanto, estamos céticos sobre até que ponto é possível, ou até significativo, fazer a distinção entre o pesquisador como produtor de conhecimento e o pesquisador como cidadão interessado na maneira como o conhecimento é usado. Parece-nos que a ênfase colocada por Hammersley na dissociação entre a produção de conhecimento e seu uso mantém isoladas de exame e reflexão questões que poderiam ser de interesse vital para sociólogos.[7] Em particular, a postura de Hammersley impede a discussão de dilemas práticos de atores que precisam tomar decisões.[8] Aqui nos referimos a dilemas práticos tanto de pesquisadores quanto das pessoas pesquisadas.

Para falar primeiro da situação dos pesquisadores, eles fazem parte do mundo que estão pesquisando, e o trabalho de pesquisa está inevitavelmente ligado a inúmeras escolhas éticas e políticas. Exemplos de questões ético-práticas que dizem respeito a pesquisadores que operam dentro do mundo real são: de quem recebemos o dinheiro para financiar nossa pesquisa? Quais limitações permitimos que os patroci-

---

7. Outros autores têm feito fortes apontamentos análogos aos que fazemos aqui. Em particular, Paul Connolly (2001), em sua crítica da posição de Hammersley, apresentou o que ele vê como base e implicações práticas da responsabilidade política dos pesquisadores por seu trabalho. Como nós, ele também é feliz em endossar a importância do rigor metodológico de Hammersley e, bem apropriadamente, aponta que é um componente necessário à responsabilidade política e que o partidarismo na pesquisa, sem rigor, é autodestrutivo. Devemos também reforçar o ponto, indicado anteriormente, de que a linha que Connolly toma e que tomamos aqui se coloca na tradição do trabalho em defesa da pesquisa "que toma partido" (Gouldner, 1962).

8. Isso também tira de discussão a forma pela qual a produção do conhecimento é transformada pela ação coletiva em contextos práticos. Isto é, pesquisadores não produzem conhecimento por eles mesmos, mas por formarem conclusões derivadas de seu engajamento com outros que estão fora das práticas de pesquisa formalizadas (Jones, 2004). Essa é outra perspectiva sob a qual a distinção entre produção do conhecimento e uso do conhecimento pode ser extrapolada.

nadores imponham a respeito das perguntas que elaboramos, dos dados que coletamos e do modo como vamos escrever sobre nossa pesquisa? Com quem colaboramos? Hammersley não nega que estas escolhas e preocupações existam, mas parece argumentar que precisam ser negociadas e resolvidas *fora* do âmbito da prática de pesquisa e não *dentro* dela.

A posição de Hammersley também parece excluir da discussão questões sobre como as pessoas que estamos pesquisando navegam e como deveriam navegar pelo terreno político e ético no qual *eles* operam. Para Hammersley, a função do pesquisador é produzir conhecimento factual. Então, cabe aos profissionais ou aos formuladores de políticas decidir o que fazer com esse conhecimento. Dessa forma, defensavelmente, as perguntas mais cruciais e difíceis em relação ao que deveria ser feito são deixadas para os formuladores de políticas, aos profissionais ou aos cidadãos. Contudo, Hammersley reconhece que pesquisadores também são cidadãos tanto quanto pesquisadores, mas ele argumenta em favor de uma clara demarcação entre esses dois papéis. É somente enquanto cidadãos que pesquisadores devem se preocupar com a questão do que deveria ser feito, não enquanto pesquisadores. Consequentemente, mais uma vez, essas questões sobre o que deve ser feito estão localizadas fora do âmbito da prática de pesquisa e não dentro dela. Na verdade, é fundamental, no argumento de Hammersley, que os dilemas práticos dos pesquisadores e das pessoas que estudam, embora importantes, não deveriam interferir no objetivo da produção de conhecimento.

Desse modo, se voltarmos ao exemplo com o qual começamos, para Hammersley, pesquisadores, enquanto pesquisadores, não devem se preocupar com o que os formuladores de políticas ou professores deveriam fazer com o conhecimento que têm a respeito das causas do número desproporcional de meninos negros que obtêm notas baixas nos exames e são excluídos da escola. Se os julgamentos práticos ficam fora do âmbito da pesquisa, devemos deixar que os formuladores das políticas e os professores continuarem com a difícil tarefa de praticamente avaliar o que é desejável e possível fazer em determinados contextos nacionais ou locais dentro dos quais trabalham. Como pesquisadores, de acordo com o modelo de Hammersley, fazemos nossa pesquisa de campo e, então, devemos nos retirar para o nosso gabinete e escrever relatórios, isolados do mundo exigente da prática e a salvo, junto à convicção de que as difíceis decisões sobre o que deve ser feito é de responsabilidade de outros e não nossa.

Ao contrário de Hammersley, que quer deixar o mundo confuso da política, da prática e das perguntas sobre o que fazer a uma boa distância, argumentamos que o envolvimento com aquele mundo deveria ser tarefa fundamental da Sociologia. Existem duas razões para tanto. Primeiro, enquanto aceitamos os riscos quanto ao rigor descritivo e explanatório que Hammersley enfatiza, não estamos convictos de que pesquisadores, enquanto pesquisadores, podem e devem se eximir de participar de debates a respeito do que deve ser feito. Embora não queiramos exagerar a utilidade do conhecimento sociológico nas tomadas de decisão práticas e políticas, parece estranho negar a possibilidade ao sociólogo de fazer qualquer outra contribuição para a vida pública que não seja a produção de conhecimento. Segundo, parece-nos que a distinção entre produção de conhecimento e seu uso é uma abstração que não pode, no final de contas, ser mantida na prática. Se pesquisadores sociais devem ou não expor explicitamente ou se dedicar às implicações políticas e práticas de seu trabalho, toda pesquisa social traz implicações práticas enraizadas em si. Isso significa que a maneira pela qual as constatações são construídas, a linguagem é usada, os fatores em primeiro plano e os modelos de explicação são invocados, todos têm enraizados em si julgamentos quanto ao que é praticável e desejável. Em outras palavras, as análises das pesquisas sociais podem não *afirmar* implicações práticas ou políticas, mas até certo ponto *apontam para* elas. Sendo esse o caso, argumentaríamos que os pesquisadores sociais não têm escolha a não ser aceitar a responsabilidade para com as implicações práticas de seu trabalho. O exemplo citado anteriormente da estrutura discursiva sobre o suposto problema de baixo rendimento escolar de meninos negros servirá para ilustrar esse ponto. Simplesmente falar de tal "problema" implica que algo deve e pode ser feito a respeito. No entanto, questionar se algo deve ou pode ser feito, isso se de fato existir um problema, é moral e politicamente controverso.

Por todos esses motivos, lidar com exigências práticas, dilemas éticos e considerações políticas enraizadas na política e na prática forma um elemento fundamental na posição que queremos defender aqui — à qual nos referimos inicialmente como eticamente reflexiva. Agora vamos expor os elementos do que tal Sociologia eticamente reflexiva na educação poderia envolver.

Uma Sociologia da Educação eticamente reflexiva

Ao defender uma Sociologia da Educação eticamente reflexiva, usamos o conceito de reflexividade de maneira a refletir, mas também estender, seu uso bastante comum em pesquisa social; isto é, certo rigor leva os pesquisadores a estar preparados para prestar contas pela maneira de seu envolvimento pessoal em relações sociais e de trabalho de campo, como configuram sua coleta de dados, sua análise e sua escrita. Ao falar sobre reflexividade *ética*, enfatizamos que não somente os relacionamentos sociais dos pesquisadores moldam a direção e os produtos de sua pesquisa, mas também suas crenças éticas e políticas.[9]

Não desejamos afirmar que a reflexividade ética exija uma determinada abordagem, estilo ou conjunto de métodos, nem mesmo buscamos estabelecer um vínculo consciente à ideia de reflexividade ética. Entretanto, a nosso ver, a reflexividade ética deve englobar os seguintes elementos:

- Primeiro, ser explícito, tanto quanto possível, sobre os pressupostos de valor e os julgamentos valorativos que fundamentam ou que estão incorporados em cada estágio da pesquisa.

---

9. Talvez devêssemos deixar claro que nossa defesa da reflexividade não implica uma adesão àquilo que Hammersley chama de "epistemologia expressivista, pela qual qualquer relato do mundo produzido pela pesquisa simplesmente reflete as características pessoais e sociais da pessoa que o produziu e que, portanto, não pode ser tomado objetivamente como representante dos aspectos relevantes da realidade" (Hammersley, comunicação pessoal, 22 de março de 2004). Vemos a reflexividade não como manifestação de uma concepção de conhecimento relativa à pessoa, mas como uma dimensão de rigor no contexto de uma concepção realista de conhecimento.

- Segundo, estar preparado para oferecer uma defesa dos pressupostos e julgamentos valorativos, na medida em que eles possam não ser compartilhados por outros ou, inversamente, que eles possam não ser suficientemente problematizados pelos outros.
- Terceiro, reconhecer e, se possível, responder às tensões entre os diversos valores incorporados em nossas pesquisas.
- Quarto, levar a sério os julgamentos práticos e os dilemas das pessoas que estamos pesquisando.[10]
- Finalmente, assumir a responsabilidade pelas implicações éticas e políticas de nossa pesquisa.

Alguns desses elementos repetem a linha seguida por Hammersley, e alguns discordam do que acabamos de identificar como limitações de seu posicionamento. Em particular, os três primeiros elementos podem ser encarados como um resumo do tipo de linha seguida por Hammersley no que se refere à importância de admitir a influência dos valores sobre a pesquisa social, enquanto o quarto e quinto elementos explicitamente dão peso às dimensões valorativas do uso do conhecimento, o que Hammersley coloca fora do domínio da pesquisa social.

O que devemos enfatizar nesse ponto é que, ao argumentar em favor de maior reflexividade ética na pesquisa social, não queremos dizer que ninguém a utilize. Tampouco sugerimos que todos deveriam fazer Sociologia dessa forma o tempo todo. Além do mais, mesmo para os que estão comprometidos em prestar contas de seu trabalho de forma eticamente reflexiva, há importantes limites práticos com relação à definição de até que ponto é possível distanciar-se e explicar o alcance dos comprometimentos e julgamentos inerentes a esse trabalho.[11] Contudo,

---

10. Este enfoque que coloca a produção de juízos práticos no centro da pesquisa em ciências sociais é um exemplo do que Flyvberg (2001), seguindo a tradição aristotélica, chama de ciência social fronética e que ele sugere dever ser a *raison d'etre* de todas as pesquisas em ciências sociais. A ciência social fronética envolve a descrição finamente minuciosa e a análise da atividade prática e dos meios pelos quais o conhecimento prático é usado em situações cotidianas, com os propósitos específicos de compreender o que acontece em uma instância particular, na qual surge o interesse e se verifica se é desejável e o que pode ser feito para melhorar as coisas.

11. Um bom exemplo disso é o relato de Walford (1994) sobre os juízos de valor feitos em um estudo etnográfico no Kingshurst City Technology College (Walford; Miller, 1991), no qual

o que argumentamos é que coletivamente, como sociólogos, precisamos ser mais eticamente reflexivos.

O problema para o qual estamos tentando chamar a atenção aqui é o que vemos como uma tendência dentro da Sociologia da Educação de não levar os valores suficientemente a sério. No caso de pesquisadores que aderem ao modelo de Hammersley, a reflexividade sobre valores é encorajada em relação à produção de conhecimento, mas não em relação ao uso do conhecimento (uma distinção, sobre a qual argumentamos anteriormente, difícil de manter na prática). Portanto, enquanto tais pesquisadores podem sair-se bem em termos dos três primeiros elementos que destacamos, tendem a negligenciar os outros dois. Para pesquisadores sociais críticos, por outro lado, compromissos políticos e valores são fundamentais para o processo de pesquisa.[12] Tais pesquisadores muitas vezes procuram defender valores que adotam e são conscientes quanto às implicações políticas de seu trabalho (primeiro, segundo e quinto elementos). No entanto, argumentaríamos que há uma tendência, nesse gênero crítico, de ignorar ou de passar por cima das tensões entre diferentes valores defendidos, deixando de tratar dos dilemas práticos das pessoas pesquisadas[13] (terceiro e quarto elementos). Pesquisadores sociais críticos muitas vezes escrevem, por exemplo,

---

apenas alguns poucos e breves exemplos obtidos dos dados coletados geraram muitas páginas de reflexão ética, ilustrando como o processo pode ser estendido indefinidamente.

12. É muito importante distinguir entre a reflexividade ética e uma reflexividade mais geral sobre valores, comum na pesquisa social crítica, especialmente nos trabalhos feministas e pós-estruturalistas. Essa reflexividade geral sobre valores, elemento importante do rigor metodológico, envolve tipicamente reflexões sobre a identidade do pesquisador, como um meio de indicar a natureza socialmente construída do processo de pesquisa e a parcialidade e a contingência do relato de pesquisa. Reflexividade ética, por outro lado, no sentido mais completo no qual está sendo defendido aqui, requer que o pesquisador ligue essas reflexões numa tentativa de justificar tanto as posições valorativas que são adotadas como as variabilidades e praticabilidades de perceber os mundos alternativos, mais desejáveis, implicados nessas posições.

13. Somos gratos a um dos revisores anônimos por nos lembrar das muitas dificuldades inerentes à interpretação e operacionalização do quarto item da reflexividade ética (levar a sério os juízos práticos e os dilemas das pessoas que estamos pesquisando). Em particular, devemos destacar que "levar a sério" pode significar o envolvimento daqueles que estamos pesquisando tanto no projeto como na condução da pesquisa (como em movimentos recentes na direção a um maior "engajamento do usuário" ou movimentos mais radicais em torno da pesquisa democrática), bem como dos pesquisadores, de alguma forma, "colocando-se no lugar" dos participantes da pesquisa enquanto produzem seu trabalho.

como se formuladores de políticas e profissionais da educação devessem ser capazes de solucionar todo tipo de injustiça de uma só vez, sem parecer notar que as diferentes facetas da justiça que defendem em sua pesquisa possam ser incompatíveis na prática. Um exemplo típico disso acontece quando pesquisadores promovem os valores de reconhecimento cultural e de democracia associativa, ao mesmo tempo. Para fazer uma colocação mais concreta disso, sociólogos críticos frequentemente deduzem que as escolas deveriam respeitar e validar a identidade cultural dos alunos e dos pais, enquanto ao mesmo tempo argumentam que, nos processos de tomada de decisão, deveriam dar mais voz aos alunos e a seus pais. Nessas circunstâncias, é claro, esses dois valores não são necessariamente incompatíveis, mas poderiam ser; por exemplo, no caso de alguns dos pais e alunos em questão serem machistas, racistas, homofóbicos ou portadores de necessidades especiais, ou uma combinação de todas essas coisas. Nessa situação, os profissionais precisam decidir a qual valor dar apoio (ou melhor, voz ou reconhecimento) — bem como estabelecer quais são os limites desse reconhecimento[14]. Tipicamente, o fracasso dos sociólogos críticos em reconhecer e discutir as implicações das tensões entre os diferentes valores é decorrente de uma tendência de os sociólogos utilizarem uma "sociologia vinda de cima" (Gewirtz; Cribb, 2002); isto é, o fracasso em engajar-se com as demandas da vida real, no sentido de entender como os valores que eles estão apoiando podem ser realizados na prática. Por essa razão, o terceiro e o quarto elementos de reflexividade ética, na prática, muitas vezes estão estreitamente ligados.

Em resumo, argumentamos que existem "perigos éticos" contrastantes vinculados tanto ao modelo de neutralidade da pesquisa social — até mesmo a versão altamente qualificada e sofisticada desenvolvida por Hammersley — quanto a um posicionamento de pesquisa social crítica. Para o primeiro, existe o perigo da incapacidade de reconhecer a extensão na qual a análise inevitavelmente implica determinados posicionamentos éticos e políticos dentro de debates sobre política e

---

14. É claro que eles também precisam decidir quais vozes escutar em determinados casos, por exemplo, em que as visões expressas por pais e estudantes divergem.

prática[15], e por isso os pesquisadores deixam de assumir a responsabilidade por seu papel como agentes políticos e sociais. Para o pesquisador social crítico, por outro lado, há o perigo de confiar em um compromisso político mais ou menos explícito, muitas vezes acompanhado pela insinuação de que as coisas deveriam ter sido feitas de maneira diferente, com insuficiente atenção dada ao esclarecimento ou à defesa dos julgamentos de valor realizados ou — mesmo quando isso tenha sido feito — ao trabalho com a possibilidade de, e com os dilemas associados às alternativas possíveis (Sayer, 2000).

Desafios-chave para a sociologia eticamente reflexiva

Mesmo já tendo argumentado que é necessária maior reflexividade ética, não queremos dar a impressão de que seja fácil fazê-lo. Ao longo deste trabalho, surgiram inúmeras complexidades e problemas associados à reflexividade ética e, nesta seção, gostaríamos de voltar aos três desafios que consideramos principais.

O primeiro desafio é o de como reagir ao aparente caráter ilimitado da reflexividade ética. Há dois aspectos relacionados a esse desafio: a que ponto chegar e quem deve fazê-lo. Não há limite óbvio de até onde os pesquisadores podem mostrar, analisar e defender os julgamentos de valor implícitos em seu trabalho; se esse processo de reflexão fosse levado a extremos, parece que toda a pesquisa entraria em colapso em meio à análise de valores, à custa de questões substanciais que são o foco da pesquisa. Mesmo reconhecendo que esse é um problema a princípio, sugerimos que, em essência, não é diferente de outros aspectos da reflexividade tomados como certos sem questionamento pela maioria dos pesquisadores sociais. Por exemplo, seria perfeitamente possível mostrar a influência do trabalho de campo e de outras relações

15. Esse ponto é claramente ilustrado no estudo de Chris Bailey (2004) sobre o papel da interpretação na pesquisa de leitura social, na qual extratos de estudos de pesquisa qualitativa são descobertos para trazer o alcance de significados que se escondem por trás do significado superficial, incluindo as implicações éticas e políticas do que é dito.

sociais envolvidas na coleta e análise de dados e refletir indefinidamente sobre ela; como acontece com as demais formas de reflexividade, a solução para o problema de abertura para novas ideias reside em fazer julgamentos sobre o que é significativo enfocar e o que é prático fazer dentro do tempo e espaço disponíveis. De fato, o que será significativo obviamente dependerá da natureza dos propósitos da pesquisa realizada e dos contextos sociais, políticos e organizacionais dentro dos quais o pesquisador trabalha. Aqui apenas gostaríamos de destacar os dois critérios gerais significativos que indicamos em nossa formulação do segundo elemento de reflexividade ética (ver acima), ou seja: "estar preparado para oferecer uma defesa dos pressupostos e julgamentos valorativos, na medida em que eles possam não ser compartilhados por outros ou, inversamente, que eles possam não ser suficientemente problematizados pelos outros". Em outras palavras, dentro de qualquer comunidade específica de pesquisa haverá valores considerados contenciosos ou controversos que, consequentemente, podem precisar de algum esclarecimento ou justificativa. Entretanto, é igualmente importante que, pelo menos em algum momento, os pesquisadores se empenhem em tornar explícitos e em realizar um exame minucioso dos compromissos de valor que fazem parte da visão de mundo "tomada como certa" pela comunidade de pesquisa da qual eles fazem parte.

A respeito da questão de quem deveria "fazer" a reflexividade ética, em termos práticos, fica claro que nem todos podem empregá-la o tempo todo. Da mesma forma que alguns pesquisadores se prestam a fazer um exame minucioso dos princípios metodológicos, procedimentos ou instrumentos que outros, um tanto irrefletidamente, utilizarão como "ferramentas da profissão", também é necessário que alguns pesquisadores tomem para si o trabalho de examinar minuciosamente os julgamentos éticos, muitas vezes considerados não problemáticos, que fundamentam a análise da pesquisa social. Da mesma forma, seria de se esperar que todos os pesquisadores estivessem preparados para levar a sério a importância desse trabalho, mesmo que não o estejam fazendo eles mesmos, em nível significativo. Na verdade, veríamos uma forte analogia, e mesmo uma continuidade, entre a reflexividade ética e a reflexividade metodológica como modelos de rigor. O segundo desafio é de que modo reagir à necessidade de combinar reflexividade em relação a valores e tensões entre valores de maneira abstrata com a preocupação com a realização prática dos valores, pois, em uma perspectiva eticamente reflexiva, tornar visíveis nossas crenças e julgamentos de valor não é simplesmente uma questão abstrata de alguém escolher o que acredita ser desejável e por quê. Para escolher aquilo em que acreditamos, devemos ter em mente a relevância de nossas crenças para os contextos práticos que pesquisamos. Fazer isso é muito mais difícil do que fazer "Sociologia vinda de cima", na qual os valores tendem a ser articulados de forma abstrata, independentemente de serem realizados de maneira plausível. Em termos concretos, a reflexividade ética requer que os pesquisadores sociais estejam preparados para desenvolver julgamentos de valor, de maneira a reagir aos dilemas práticos encarados pelos que atuam nos contextos sociais estudados e a aprender com eles (Cribb; Gewirtz, 2005). Reagir a esse desafio significa que pesquisadores sociais às vezes precisam sujar as mãos e possivelmente parecer se afastar de "ideais" abstratos tão importantes para eles e para os que os rodeiam. Embora essa atenção às implicações práticas pareça exigir demais dos pesquisadores, na realidade implica somente que assumam a mesma dose de responsabilidade em seus julgamentos valorativos, os quais profissionais atuantes no nível da prática rotineiramente precisam assumir ao decidir o que fazer no dia a dia.

O desafio final que vamos considerar aqui é, defensavelmente, a mais importante consequência de levar o modelo de Hammersley a sério. Ou seja, como pesquisadores sociais que se sentem responsáveis pelas implicações práticas de seus escritos podem evitar que tal senso de responsabilidade comprometa outros aspectos do rigor metodológico, particularmente a abertura a alegações de falsificação ou a leituras alternativas de dados? É esse desafio por trás do que anteriormente chamamos de "caráter intratável" do problema de valores em pesquisa social. A questão é como os pesquisadores podem deixar seu compromisso com os valores influenciar sua pesquisa e, ao mesmo tempo, ser escrupulosos em não descobrir simplesmente o que gostariam de encontrar. No que diz respeito a esse desafio, Hammersley (em comunicado pessoal, 22 de março de 2004) alerta a respeito do perigo de fazer "autocensura ou mesmo a reconstrução de descobertas para torná-las mais apropriadas". A solução de Hammersley para esse problema, como já discutimos, é fazer uma distinção clara entre produção de conhecimento e uso de conhecimento, com o pesquisador, enquanto pesquisador, tendo responsabilidade somente pela primeira e procurando evitar qualquer envolvimento com o último. No entanto, como já argumentamos (e ilustramos em nossa discussão sobre pesquisa com meninos negros e seu desempenho escolar), não acreditamos ser possível fazer uma clara distinção, porque cada formulação de conhecimento usará categorias e possuirá ênfases repletas de implicações práticas. Assim, o grau de autocensura em nossos escritos, estando cônscios disso ou não, é inevitável. Não podemos negar esse fato simplesmente deixando de dar atenção a ele. Entretanto, reconhecer as ligações inextricáveis entre produção de conhecimento e uso de conhecimento não diminui a preocupação subjacente ao desejo de Hammersley de separar os dois. É possível reconhecer que exista o problema real de os pesquisadores adotarem uma abordagem partidária deliberada e negligente para com a coleta e análise de dados, na qual os dados são procurados e usados seletivamente para apoiar compromissos anteriores ou metas políticas. O desafio, como nós o vemos, requer que o pesquisador esteja pronto para assumir a responsabilidade pela importância prática de seu trabalho, de modo a minimizar os tipos de ameaça ao rigor com os quais Hammersley se preocupa.

De fato, poderíamos argumentar que assumir a responsabilidade pelas implicações práticas de nosso trabalho representa uma extensão das preocupações a respeito de rigor salientada por Hammersley. Se nossa preocupação for explicar como nossos valores ajudam a estruturar práticas e análises de campo para a produção de conhecimento, como parte disso precisamos estar conscientes da maneira de nossos interesses nas potenciais aplicações ou interpretações de nossa pesquisa e de nossas preocupações com elas influenciarem seu processo e resultado. Dessa maneira os imperativos que sustentam o posicionamento de Hammersley e o modelo "que toma partido" se completam: isto é, o objetivo de isolar o processo de pesquisa do "vieses de valor" de um lado e, por outro, o objetivo de contribuir para mudanças sociais e políticas por meio da pesquisa. Além disso, tal consciência sobre a influência dos valores na produção de conhecimento nos capacitará a sinalizar ao leitor qualquer influência em potencial. Também exigirá de nós uma diferenciação mais cuidadosa na maneira de escrevermos. Particularmente, precisamos saber diferenciar entre interpretações mais ou menos controversas de nosso conjunto de dados e fazer a distinção entre as recomendações e prescrições que acreditamos estar baseadas, pelo menos parcialmente, em nossas análises de pesquisa e as que derivam de nossas crenças e compromissos prévios. Embora aceitemos que esses processos para explicar e diferenciar serão inevitavelmente limitados e parciais, controlá-los só pode ajudar a realçar o rigor na pesquisa. Resumindo, não acreditamos que a necessidade de rigor seja melhor amparada ao se tentar colocar de lado interesses para uso da pesquisa — porque isso é simplesmente impossível —, mas sim que é melhor sustentada ao incorporarmos a reflexividade sobre o uso da pesquisa em nosso modelo de rigor metodológico.

Conclusões

A principal preocupação que tratamos neste trabalho é a de que pesquisadores sociais não levam os valores suficientemente a sério, seja porque seu trabalho se baseia num modelo ingênuo de neutralidade de valores, seja porque seu trabalho não questiona suficientemente as relações entre seu posicionamento diante de seus valores e as maneiras pelas quais eles conduzem e escrevem sobre sua pesquisa. Nossa reação a essa preocupação é lutar por aquilo que chamamos de maior reflexividade ética.

Ao longo deste texto, elaboramos nossa posição, comparando-a e contrastando-a com a de Hammersley. A posição de Hammersley pode, ela própria, ser vista como uma resposta atenta e confiável a essa necessidade de levar os valores a sério, e não ficaríamos tristes em ver sua posição etiquetada como uma forma de reflexividade ética. A resposta dele, tal como a nossa, é procurar evitar as armadilhas da ingênua neutralidade em relação a valores e a potencial fraqueza de tomar partido irrefletido dentro da pesquisa. Seu posicionamento fundamenta-se em uma articulação cuidadosa da natureza "carregada de valores" da pesquisa e coloca especial ênfase sobre o conhecimento como valor central e constitutivo da pesquisa, um valor que precisa ser "resguardado" de outros que possam minar sua centralidade. Nossa reação à questão de levar os valores a sério se baseia numa análise diferente da relação entre produção de conhecimento e uso de conhecimento e do papel desempenhado pelo pesquisador que simpatiza mais com o projeto de uma pesquisa comprometida. A princípio, não vemos motivos para que não se possa fazer uma boa e rigorosa pesquisa baseada em um compromisso de trazer mudanças sociais e políticas (embora prontamente reconheçamos que existem inúmeros riscos nesse caminho). De fato, argumentamos que os pesquisadores têm a responsabilidade de pensar sobre o papel que sua pesquisa desempenha ou poderá vir a desempenhar dentro dos contextos éticos e políticos das lutas nas quais está inserida.

Para finalizar, concordamos com Hammersley em que devemos ser cautelosos para que nosso compromisso com os valores não solape o rigor e a independência de nosso trabalho. Mas também queremos cerrar fileiras com aqueles que, dentro da tradicional Sociologia crítica, vêm seu trabalho de pesquisa como tendo compromisso político. A tarefa, tal como a vemos, é prestar atenção tanto ao rigor e aos valores quanto aos meios que — entre outras coisas — visam ao rigor na maneira como lidamos com os valores em nossa pesquisa. Na verdade, defendemos que prestar atenção aos valores deve se tornar um componente constante do rigor metodológico.

Agradecimentos

Os autores são gratos aos dois pareceristas anônimos pelos comentários úteis sobre um esboço anterior deste trabalho. Também agradecem a Martyn Hammersley e a Ken Jones pelo seu característico *feedback* perceptivo.

Referências

BAILEY, C. *Sentimental education*: recovering strong evaluation in qualitative nursing research. Unpublished PhD Thesis, King's College London, 2004.

CONNOLLY, P. Review symposium: taking sides in social research: essays on partisanship and bias. *British Journal of Sociology of Education*, v. 22, n. 1, p. 164-169, 2001.

CRIBB, A.; GEWIRTZ, S. Navigating justice in practice: an exercise in grounding ethical theory. *Theory and Research in Education*, v. 3, n. 3, p. 327-342, 2005.

FLYVBJERG, B. *Making social science matter*: why social inquiry fails and how it can succeed again. Cambridge: Cambridge University Press, 2001.

FOSTER, P.; GOMM, R.; HAMMERSLEY, M. *Constructing educational research*: an assessment of research on school processes. London: Falmer, 1996.

GEWIRTZ, S.; CRIBB, A. Plural conceptions of social justice: implications for policy sociology. *Journal of Education Policy*, v. 17, n. 5, p.499-509, 2002.

GILLBORN, D. *"Race", ethnicity and education*: teaching and learning in multi-ethnic schools. London: Unwin Hyman, 1990.

______; YOUDELL, D. *Rationing education*: policy, practice, reform and equity. Buckingham: Open University Press, 2000.

GOULDNER, A. Anti-minotaur: the myth of value-free sociology. *Social Problems*, v. 9, n. 3, p. 199-213, 1962.

HAMMERSLEY, M. *Taking sides in social research*: essays on partisanship and bias. London & New York: Routledge, 2000.

JONES, K. *In the destructive element immerse? Research/activism, paper presented at the 'Really Useful Knowledge?* Qualitative research, policy and practice' Seminar Series, Centre for Public Policy Research, King's College London, 9 Feb. 2004.

MAC AN GHAILL, M. *Young, gifted and black.* Buckingham: Open University Press, 1988.

MIRZA, H. *Young, female and black*. London: Routledge, 1992.

PHOENIX, A. Constructing gendered and racialized identities: young men, masculinities and educational policy. In: LEWIS, G.; GEWIRTZ, S.; CLARKE, J. (Eds.). *Rethinking social policy*. London: Sage, 2000. p. 94-110.

SAYER, A. *Realism and social science*. London: Sage, 2000.

SEWELL, T. *Black masculinity and schooling*: how black boys survive modern schooling. Stoke-on-Trent: Trentham Books, 1997.

______; MAJORS, R. Black boys and schooling: an intervention framework for understanding the dilemmas of masculinity, identity and underachievement. In: MAJORS, R. (Ed.). *Educating our black children*: new directions and radical approaches. London & New York: Routledge/Falmer, 2001.

WALFORD, G. Political commitment in the study of the City Technology College, Kinghurst. In: HALPIN, D.; TROYNA, B. (Eds.). *Researching education policy*: ethical and methodological issues. London: Falmer Press, 1994. p. 94-106.

______; MILLER, H. *City Technology College*. Milton Keynes: Open University Press, 1991.

WEBER, M. *The methodology of the social sciences*. Glencoe, ILL: Free Press, 1949.

WRIGHT, C. *Race relations in the primary school*. London: David Fulton, 1992.

CAPÍTULO 5

Concepções plurais de justiça social: implicações para a sociologia das políticas[1]

Sharon Gewirtz
Alan Cribb

Introdução

A maioria dos escritos atuais sobre justiça social ou questões relacionadas à justiça social na sociologia das políticas baseia-se numa concepção de justiça social como algo plural. Em outras palavras, a justiça social é vista como tendo uma variedade de facetas, por, exemplo, como simultaneamente relacionada à distribuição de bens e recursos materiais, por um lado, e à valorização de uma variedade de coletividades sociais e identidades culturais, por outro. Enquanto queremos apoiar o uso dessas concepções plurais de justiça social, sugerimos que

1. Tradução de Plural conceptions of social justice: implications for policy sociology, publicado no *Journal of Education Policy*, v. 17, n. 5, p. 499-509, 2002. Verônica van Wilpe. Revisão técnica de Márcia dos Santos Ferreira e Jefferson Mainardes.

muitos desses trabalhos fracassam na apreciação completa das implicações para a análise sociológica de tais noções plurais de justiça. Isso se reflete em duas tendências sobre as quais temos algumas preocupações.

A primeira tendência é a dificuldade comum de tratar adequadamente as tensões que podem surgir entre as diversas facetas da justiça social ou afirmações a ela relacionadas (embora, obviamente, existam exceções, como Carspecken, 1991). Assim, por exemplo, modelos de gestão educacional participativa são muitas vezes defendidos simultaneamente com currículos que promovem respeito e reconhecimento de identidades culturais diversas. Porém, conflitos potenciais entre os dois posicionamentos são frequentemente ignorados ou encobertos, de maneira que há dificuldade em abordar a questão do que acontece quando modelos de gestão participativa produzem políticas curriculares que deixam de reconhecer ou que depreciam identidades culturais específicas. Esse é apenas um exemplo da tensão que pode surgir entre as diferentes facetas de justiça. É claro que existem muitas outras igualmente ignoradas ou encobertas em muitas ocasiões.

A segunda tendência é o que chamamos "crítica vinda de cima". É a tendência de tratar o trabalho de análise sociológica como algo que acontece a distância ou acima da prática. Nessa perspectiva, o papel do analista consiste em oferecer uma avaliação crítica das políticas e práticas educacionais de fora do sistema educacional. Na medida em que tais analistas veem seu trabalho como fonte de informações para a prática, essa tarefa é limitada a apontar aos profissionais que estão na prática os contextos sociais, econômicos e políticos que moldam ou restringem seu trabalho, ou os mecanismos de reprodução social dos quais tomam parte. Os comprometidos com a "crítica vinda de cima" não acreditam que seja parte de seu trabalho considerar como resolver, principalmente num contexto hostil, dificuldades práticas que os professores enfrentam ao tentar implementar práticas socialmente justas. A "crítica vinda de cima" está muitas vezes ligada a um posicionamento político que Michael Apple descreveu como fatalista: a ideia de que "é impossível mudar escolas a não ser que as relações econômicas e sociais da sociedade em geral sejam transformadas primeiro" (Apple,

1996, p. 107). Entretanto, essa posição não é muito útil para os que se esforçam nas escolas para, por exemplo:

> Criar uma educação que reconheça e se oponha na prática às desigualdades sociais diversas, que ajude os alunos a investigarem como seu mundo e as suas vidas tornaram-se o que são e que considere seriamente o que pode ser feito para a alteração substancial disso tudo. (Apple, 1996, p. 108)

Neste texto, pretendemos argumentar que, ao levar a sério a natureza plural da justiça social, é preciso encontrar meios de tratar adequadamente as tensões entre as diversas facetas e afirmações da justiça social, de forma a contribuir para o trabalho dos que se esforçam, dentro e em torno das escolas, para criar políticas e práticas socialmente mais justas.

Começamos por explicar o que queremos dizer com natureza plural da justiça social. Em seguida, indicaremos algumas implicações de concepções plurais de justiça para análise sociológica. Finalmente, consideraremos o que pode ser feito a respeito dessas implicações. Nosso objetivo é contribuir para o desenvolvimento de uma forma de análise que capacite os sociólogos a fornecer uma perspectiva crítica sobre as políticas e práticas educacionais e, ao mesmo tempo, considerar seriamente e contribuir para o trabalho dos que estão envolvidos na criação dessas políticas e práticas.

Modelos plurais de justiça: dimensões do pluralismo

A Tabela 1 reúne e apresenta um breve sumário de seis dimensões de pluralismo nos modelos de justiça social. A coluna à esquerda representa a tendência direcionada para o monismo e, a da direita, a tendência para o pluralismo. Não pretendemos sintetizar essas diversas dimensões numa única teoria ou modelo; aqui estamos meramente listando as dimensões e, por meio disso, indicando algumas das complexidades nessa área. A primeira linha relaciona-se ao *tipo de preocupação* representado pela justiça social. Ela é tratada como um único tipo de preocupação, por exemplo, com a distribuição de bens (alternativamente, com os procedimentos justos para a troca de bens) — ou se relaciona a um conjunto de preocupações não redutíveis, inclusive à distribuição de bens, mas também abrangendo zonas e processos de relações sociais e associação política? A segunda linha, intimamente ligada à primeira, relaciona-se ao *tipo de bem* incluído dentro dos modelos de justiça social. Os bens são tratados como se formassem uma única moeda, representada por rótulos como "bens materiais" ou "bens de primeira necessidade", ou procedemos como se um conjunto de diferentes tipos de bens, algumas vezes competitivos, devam ser considerados juntos?

Tabela 1

Seis dimensões de pluralismo em modelos de justiça social

Monismo	Pluralismo
Concepções unificadas de justiça (distributiva ou procedimental etc.).	Justiça como algo multidimensional (distributiva e cultural e associacional).
Conjunto único de bens relevantes.	Diferentes tipos de bens, possivelmente incomensuráveis.
Cálculo único de critérios relevantes para reivindicar justiça (necessidades OU méritos OU habilidade para beneficiar-se).	Modelo "pluralista" de reivindicações (necessidades E mérito E habilidade para beneficiar-se).
Modelo transcontextual de justiça (ou seja, um modelo de justiça para todos os bens e contextos).	Modelo dependente do contexto — modelo depende da natureza do bem e do contexto.
Modelo universal — "receptores" de justiça são tratados com igualdade.	Modelos diferenciados — diferenças entre receptores são relevantes para a justiça.
Modelo centralizado de justiça — um agente central com responsabilidade por arbitrar e administrar a justiça.	Modelo difuso e centralizado — ou seja, ação e responsabilidade partilhada entre todos, incluindo centro e periferia.

A terceira linha relaciona-se ao *tipo de reivindicação* que fundamenta os modelos de justiça. Prendemos-nos a um único critério relevante para reivindicações de justiça, tal como necessidades, ou reconhecemos que critérios diversificados e algumas vezes incompatíveis para reivindicações podem ser todos relevantes para a justiça? A quarta linha — de novo intimamente ligada às outras — relaciona-se ao *escopo dos modelos de justiça*, principalmente se os critérios relevantes para justiça, ou o modelo apropriado de justiça, são dependentes do contexto. Um modelo de justiça é adequado para cada setor e cada tipo de bem ou os modelos poderiam mudar entre os contextos e os bens a ele relacionados? A quinta linha, que poderia ser chamada de *escopo de princípios de distribuição*, levanta a conhecida distinção entre tendências direcionadas ao universalismo e a diferenciação no que diz respeito aos beneficiários da justiça. A sexta e última linha levanta a talvez menos familiar, mas igualmente importante, questão do *escopo de responsabilidade*. Nossos modelos presumem a existência de alguma real ou hipotética ação central (como a do Estado) sustentando a responsabilidade por arbitrar e encontrar reivindicações de justiça social, ou essa responsabilidade é distribuída entre uma pluralidade de agências, inclusive, por exemplo, a todos os indivíduos em posição de fazer relevante diferença?

Implicações das concepções plurais de justiça social para a análise sociológica

Parece-nos que há, no mínimo, três implicações significativas das concepções plurais de justiça para análise sociológica: primeiro, a agenda da justiça social é ampliada; segundo, as tensões dentro e entre as diferentes facetas da justiça precisam ser reconhecidas e enfrentadas; e terceiro, a distinção entre valoração e ação entra em colapso.

A agenda da justiça social é ampliada

Em primeiro lugar, os modelos pluralistas de justiça social aumentam, de modo substancial, a agenda de atribuição de valor. Muito do que poderia tradicionalmente ser considerado fora do escopo de interesse da justiça passa a ser encarado pertinente a ela. Isso levanta a questão de se esses modelos mais "compreensivos" de justiça são, na realidade, completamente compreensivos — ou seja, seria um modelo adequadamente construído de "justiça compreensiva" o único eixo necessário de defesa pelo qual educadores críticos devam pautar suas avaliações ou existem outras considerações moralmente relevantes que ficam de fora da justiça social? Não levaremos adiante essa questão no momento, mas simplesmente oferecemos um breve informe da justiça social que indica o que, para os propósitos desta discussão, consideramos ser seu escopo e parâmetros gerais: preocupação com justiça social é preocupação com princípios e normas de organização social e de relacionamento necessários para alcançar e atuar sobre uma consideração igual para todas as pessoas, em seus aspectos em comum e em suas diferenças.[2]

Tensões dentro e entre diferentes facetas de justiça precisam ser reconhecidas e enfrentadas

Segundo, se aceitarmos que a justiça social possui várias facetas, então devemos também aceitar que essas facetas às vezes podem estar em tensão uma com a outra. Enquanto há muitas maneiras de conceituar o que são categorias significativas de justiça social, aqui queremos utilizar um referencial analítico que um de nós usou no passado (Gewirtz 2000, 2002; Power; Gewirtz, 2001). Esse referencial, que se baseia e estende os modelos desenvolvidos por Fraser (1997) e Young (1990), identifica três preocupações de in/justiça: distributiva, cultural e associacional.

A justiça distributiva refere-se aos princípios pelos quais os bens são distribuídos na sociedade. Este é o conceito convencional de justiça, definido por Rawls (1972, p. 7) como relacionado "ao modo pelo qual as principais instituições [...] distribuem direitos e deveres fundamentais e determinam a distribuição de vantagens da cooperação social". A

2. Esta explicação é oferecida como uma "definição" relativamente aberta e será interpretada de maneiras muito distintas por pessoas diferentes. Por exemplo, para alguns, "considerações iguais" serão entendidas como exigindo resultados iguais; para outros, serão interpretadas de maneira mais conservadora.

justiça distributiva inclui preocupações que Fraser (1997, p. 13-14) chama de justiça econômica, definida como sendo a ausência de:

- exploração (ter os frutos de seu trabalho apropriados/confiscados para o benefício de outros);
- marginalização econômica (ser coagido a trabalho indesejado e mal remunerado ou não ter acesso ao trabalho);
- privação (ter negado um padrão material de vida adequado).

Porém, isso também pode incluir preocupações sobre a distribuição dos recursos culturais e sociais (ou, nos termos da teoria de Bourdieu, capital cultural e capital social).[3]

A segunda forma de justiça — a justiça cultural — é definida por Fraser (1997, p. 14) em termos da ausência de:

- dominação cultural (estar sujeito a padrões de interpretação e comunicação associados à outra cultura e hostis à cultura própria do sujeito);
- não reconhecimento (ser considerado invisível quanto às práticas de representação oficial, comunicativa e interpretativa);
- desrespeito (ser rotineiramente ultrajado ou depreciado em representações culturais públicas estereotipadas e/ou em situações da vida cotidiana).

A terceira forma de justiça nessa estrutura é associacional. Pode ser definida pela ausência de "padrões de associação entre indivíduos e entre grupos que impedem algumas pessoas a participarem plenamente nas decisões que afetam as condições nas quais elas vivem e atuam" (Power; Gewirtz, 2001, p. 41).

A justiça associacional pode ser vista tanto como um fim em si mesma como um meio para fins de justiça econômica e cultural. Isto é,

---

3. Estamos abertos à sugestão de que a concepção distributiva de justiça social pode ser construída de tal maneira que também abranja o que aqui delineamos como sendo as outras facetas da justiça. Nossa preocupação aqui é menos com rótulos do que com as diferentes facetas que os rótulos denotam.

para que a justiça econômica e cultural seja atingida, torna-se necessário que grupos anteriormente subordinados participem plenamente de decisões sobre como os princípios de distribuição e reconhecimento devem ser definidos e implementados.

A maior parte dos trabalhos da sociologia das políticas opera implicitamente com o entendimento de que a justiça social apresenta as três facetas. No entanto, tentativas de tratamento, tanto explícito quanto implícito, das tensões entre essas facetas da justiça social são raras. No máximo, as tensões são reconhecidas, mas as tentativas de lidar com suas consequências práticas são poucas e esparsas. Assim, por exemplo, enquanto o conflito que Fraser (1997) identifica entre uma política de redistribuição e uma política de reconhecimento pode ser aceito como válido, parece haver relutância em lidar com a questão a respeito da maneira como tais tensões são resolvidas ou acomodadas na prática. Existem, no entanto, algumas exceções notáveis, e destacamos dois exemplos de trabalhos que tratam seriamente dessas tensões. O primeiro é o de Jones e Franks sobre abordagens progressistas do ensino da língua inglesa, que implicitamente procura resolver tensões entre as injustiças distributivas e culturais. O segundo é um artigo de Gandin e Apple (2002), que lida com tensões de um programa em implementação em Porto Alegre (Brasil), o qual simultaneamente tenta promover formas de justiça econômica, cultural e associacional. Porém, para o momento, para ilustrar os tipos de tensão sobre os quais falamos, queremos usar um terceiro exemplo, com base no trabalho de Alastair Bonnet e Bruce Carrington sobre monitoramento e classificação étnica.

A decisão de apoiar e implementar ou não políticas de monitoramento étnico é problemática para os que se empenham em desafiar tanto a injustiça distributiva quanto a cultural. Sob a perspectiva da justiça distributiva, o monitoramento étnico pode ser visto como tendo um papel vital em fornecer a informação necessária para combater discriminação baseada na raça. Dessa forma, em educação, isso vem sendo historicamente apoiado pelos que estão preocupados com super-representação de grupos étnicos minoritários em alguns contextos educacionais, como escolas para os "educacionalmente subnormais", e a sub-representação de grupos étnicos minoritários em outros contextos, por exemplo, nas universidades (Bonnet; Carrington, 2000, p. 491). Sob essa perspectiva:

> As políticas para aumentar o acesso e conseguir uma entrada mais balanceada de estudantes, as políticas para melhorar o atendimento, orientação e aconselhamento, ou as políticas para aumentar oportunidades iguais para funcionários deveriam ser informadas por dados confiáveis, em vez de dados intuitivos ou estimados. (Bonnet; Carrington, 2000, p. 499)

Do ponto de vista de justiça cultural, entretanto, o monitoramento étnico pode ser visto como problemático. Desse ângulo, frequentemente embasado em uma inspiração foucaultiana, as preocupações com governamentalidade, produção e uso de estatísticas e o monitoramento étnico devem ser desencorajados, por atuar como uma forma de classificação ou de discurso normalizador, racializador e essencializador:

> A coleta de estatísticas e a proliferação de registros, com suas tecnologias para classificação e enumeração, tornam-se técnicas eficientes de governamentalidade, permitindo que os domínios civis possam se tornar visíveis, calculáveis e, consequentemente, governáveis. [...] a enumeração requer categorização, e [a] definição [de] novas classes de pessoas para os propósitos estatísticos traz consequências para a maneira como concebemos o outro e pensamos sobre nossas próprias possibilidades e potencialidades. (Hacking, 1990, p. 6, citado por Bonnet; Carrington, 2000, p. 489)
>
> A "contagem" leva à articulação de "normas" através das quais as pessoas são consideradas "normais" se em suas características elas estão em conformidade às tendências centrais ou leis estatísticas; aquelas que não estão em conformidade, são consideradas "patológicas". (Murdoch; Ward, 1997, p. 312, citado por Bonnet; Carrington, 2000, p. 489)

Embora Bonnet e Carrington não articulem as questões que envolvem monitoramento étnico em termos de facetas conflitantes da justiça, essa é a questão-chave com a qual eles lidam. Também é importante reconhecer que tais tensões não são somente expostas ou articuladas dentro de análises sociológicas, mas também refletem debates que aconteceram dentro do movimento negro desde a década de 1970.

A distinção entre a valoração e a ação entra em colapso

Como se percebe acima, uma das implicações em aceitar que a justiça social apresenta facetas culturais e associacionais bem como redistributivas, é que a responsabilidade pela justiça social é difusa. A promoção da justiça social não pode mais ser vista como responsabilidade exclusiva do Estado. Se aceitarmos, por exemplo, que a justiça social requer o reconhecimento de diversas identidades e modos de associação inclusivas e não marginalizadoras, somos, de fato, todos responsáveis pela promoção de justiça social. Em nossa vida cotidiana devemos lutar para assegurar que nossas relações pessoais sejam baseadas nos princípios de justiça social e que as instituições nas quais atuamos considerem seriamente as preocupações com a justiça social. Isso traz consequências para o trabalho dos sociólogos. Se todos nós somos responsáveis por promover a justiça social, não podemos deixar de nos envolver de forma construtiva com dilemas práticos enfrentados pelos que lutam pela justiça social dentro e em torno de espaços educacionais. Em outras palavras, a posição da "crítica vinda de cima" que apontamos na introdução deste texto torna-se indefensável. Não basta simplesmente identificar tensões ou dilemas embutidos no trabalho dos profissionais que atuam na prática, ou os fatores contextuais que configuram ou limitam o que eles fazem para documentar processos de reprodução social e cultural. Se considerarmos seriamente as concepções plurais de justiça, precisamos assegurar que nosso trabalho seja um auxílio prático para os que estão lutando para fazer o melhor possível na causa da justiça social em circunstâncias desafiadoras. Esta é a posição adotada em determinadas tradições de estudos culturais e práticas acadêmicas feministas. Esta também é a posição implicitamente adotada por Bonnet e Carrington com relação à pesquisa sobre monitoramento étnico aludida anteriormente. Eles concluem por sua análise que o monitoramento étnico é uma "necessidade problemática" e que há necessidade de desenvolver abordagens de monitoramento que evitem os piores excessos do essencialismo. Fundamentados em sua pesquisa sobre atitudes de alunos em relação ao monitoramento étnico, eles fazem algumas recomendações construtivas a respeito de como sistemas de monitoramento étnico poderiam ser aprimorados.

Na medida em que considerarmos seriamente as concepções pluralistas de justiça social, afastaremos nosso enfoque empírico de uma perspectiva predominantemente comprometida com mecanismos de reprodução social e cultural. Em vez disso, precisamos adotar uma perspectiva de "política cultural", que se preocupa não somente em documentar e explicar a reprodução social e cultural, mas também em documentar, analisar e contribuir para as lutas envolvidas no desafio e interrupção desses processos. Se nos concentrarmos somente em exemplos de reprodução e injustiça, isso pode por si só atuar para inibir a causa da justiça, por apresentar a reprodução como algo inevitável. Somente analisando exemplos de práticas que têm como alvo a promoção da justiça social é que será possível explorar maneiras pelas quais tensões e conflitos podem ser superados ou resolvidos na realidade.

O restante deste texto preocupa-se em abrir como campo de investigação a tarefa de reunir uma perspectiva sociológica valorativa com uma perspectiva prática. Em outras palavras, como os sociólogos da educação conseguirão realizar uma forma de análise sociológica que considere seriamente e ajude a informar lutas locais pela justiça social e, ao mesmo tempo, ofereça uma perspectiva crítica sobre o contexto em que essas lutas acontecem?

Seguindo em frente

O método que recomendamos e que estamos enfatizando neste texto é análogo ao método aplicado ao que os filósofos chamam de "equilíbrio reflexivo", seguindo os argumentos éticos de Rawls (1972) no livro *Theory of justice*. O equilíbrio reflexivo é uma tentativa sistemática de mover-se "para frente e para trás" entre nossas teorias éticas presumidas e nossas intuições consideradas em questões da prática. O objetivo é "testar" os princípios contra os julgamentos intuitivos particulares e vice-versa e, na medida do possível, revisar ambos até atingir-se o máximo de coerência entre eles (coerência como aspecto de rigor na teoria ética). Estamos interessados no mesmo movimento entre o geral e o particular — nesse caso, entre os modelos plurais de justiça e as complexas tensões e julgamentos inerentes às "práticas justas". A justificativa subjacente a esse tipo de trabalho é reconhecer que existem vantagens e desvantagens nas perspectivas epistemológicas tanto na teoria quanto na prática — tanto na análise abstrata como nas formas incorporadas de especialização. Essa mudança epistemológica, pois, reflete as mudanças em direção a concepções mais plurais de justiça. A meticulosidade nas distinções abstratas é útil, mas torna-se insuficiente na proporção em que a justiça é plural, múltipla, difusa e diferenciada. Distinções abstratas necessitam ser complementadas por um entendimento mais fundamentado das possibilidades de efetivar a justiça.

Podemos ilustrar a inadequação de um embasamento exclusivo em distinções abstratas observando a argumentação de Fraser sobre o "dilema redistribuição-reconhecimento". Em poucas palavras, Fraser argumenta que as políticas de redistribuição e as políticas de reconhecimento muitas vezes têm fins contraditórios:[4]

> As reivindicações de reconhecimento muitas vezes tomam a forma de chamar a atenção para, se não efetivamente criar, a presumida especificidade de algum grupo e então atestar a sua validade. Desse modo, elas tendem a criar a diferenciação do grupo. Reivindicações de redistribuição, ao contrário, frequentemente pedem pela abolição de arranjos econômicos que baseiam a especificidade do grupo [...] Dessa maneira, tendem a promover diferenciação de grupos. (Fraser, 1997, p. 16)

4. No livro *Justice interruptus*, Fraser (1997) argumenta que as classes trabalhadoras sofrem injustiças econômicas de exploração, marginalização, carência etc. Além disso, sofrem injustiças culturais. Isso exige políticas redistributivas (redistribuição de renda e mudanças na divisão do trabalho). Os grupos discriminados, em virtude de características de raça, sexualidade, gênero, entre outras, sofrem injustiças culturais. As políticas de reconhecimento buscam incorporar movimentos de revalorização de identidades injustiçadas e discriminadas, tais como feminismo, movimentos negros, movimentos homossexuais, políticas raciais críticas etc. As análises de Fraser demonstram que as injustiças não são todas da mesma ordem e que cada uma das suas formas demanda intervenções específicas. A situação mais complicada, entretanto, é a dos que sofrem tanto injustiças materiais quanto culturais (N.R.).

Com a finalidade de explorar e procurar resolver tais tensões, Fraser toma alguns exemplos do que ela chama "aplicações da vida real relacionadas a diferentes casos de grupos oprimidos". Uma dessas aplicações para a "vida real" é o caso de pessoas da classe trabalhadora sem profissão. Ela argumenta que esse é um grupo de afinidade baseada em experiência compartilhada de impotência e não respeitabilidade, e que esse grupo não sobreviveria como tal se a opressão econômica fosse solucionada pela redistribuição:

> Suponhamos, por exemplo, que a divisão de trabalho entre trabalho "definido por tarefa" e trabalho de "execução de tarefas" fosse abolida. Nesse caso todas as funções abrangeriam os dois tipos de trabalho e a divisão de classes entre profissionais e não profissionais seria abolida. As afinidades culturais que diferenciam profissionais de não profissionais provavelmente também desapareceriam, já que elas não parecem ter outra base de existência. Assim uma política de redistribuição que combatesse com sucesso a opressão político-econômica de impotência iria efetivamente destruir esse grupo como tal [...] as políticas de diferença, ao contrário, não fomentariam a supressão da opressão nesse caso. Pelo contrário, ao estabelecer as especificidades que a redistribuição eliminaria, iria agir contra a supressão da opressão. (Fraser, 1997, p. 200-201)

Entretanto, como um de nós já argumentou anteriormente, Fraser está trabalhando aqui com uma noção de cultura de classe reducionista e economicista:

> Na verdade, Fraser admite tal coisa numa nota de rodapé, quando argumenta que ela está "concebendo classe de forma altamente estilizada, ortodoxa e teórica a fim de aguçar o contraste com outros tipos de coletividades tipicamente ideais' que ela está discutindo. Ela argumenta que ela própria prefere 'uma interpretação menos economicista, uma que dê maior peso ao tipo de dimensões culturais, históricas e discursivas de classe enfatizadas por escritores como E.P. Thompson" (nota 15, p. 34). Porém, a apreciação de Fraser sobre a complexidade da cultura de classe parece estar confinada àquela nota de rodapé. Ela não aparece em seu discurso de classe no "mundo real".

> [...] O ponto fraco da interpretação economicista de cultura de classe de Fraser torna-se aparente quando se tenta aplicar sua análise ao campo da educação. A lógica do argumento de Fraser é que o sistema educacional, professores e escolas não deveriam celebrar ou afirmar afinidades culturais da classe trabalhadora porque isso iria interferir na política de redistribuição. Se as identidades da classe trabalhadora podem realmente ser reduzidas a uma sensação de impotência e não respeitabilidade como Fraser sugere, então, realmente seria inapropriado para currículos e pedagogias afirmá-las. No entanto, existem poucos que aceitariam essa caracterização negativa e estreita de afinidades culturais da classe trabalhadora e existem claramente dimensões de subjetividades na classe trabalhadora que poderiam ser afirmadas e celebradas sem interferir com uma política de redistribuição. (Gewirtz, 1998, p. 481, 483)

Então como abordaríamos o "dilema redistribuição reconhecimento" com nossa perspectiva modificada de "equilíbrio reflexivo"? Nossa abordagem baseia-se no ponto de vista que as tensões entre as diversas facetas da justiça social necessitam ser *compreendidas* concretamente e *gerenciadas* concretamente; isto é, elas não podem ser resolvidas simplesmente *a priori* ou a um elevado nível de abstração. Portanto, devemos nos movimentar entre o debate de princípios e exemplos reais do mundo real (ao contrário dos tipos de exemplos pretenso-imaginários ou idealizados de mundo real que Fraser usa no exemplo identificado acima).

Queremos começar a ilustrar nossa abordagem observando exemplos reais da prática pedagógica dados por Jones num artigo escrito com Franks que critica aspectos do ensino oficial de Inglês nos anos 1990 (Jones; Franks, 1999). Embora não apresentado explicitamente como tal, Jones e Franks descrevem, mediante o uso de exemplos reais da "vida real", uma abordagem de ensino da língua inglesa que reconcilia as exigências da justiça distributiva e cultural — exigências que Fraser sugere ser irreconciliáveis. É o que Jones e Franks chamam uma abordagem "brechtiana" do ensino. Um de seus aspectos é a visão de que

> as formas de arte deixam as plateias mais cônscias de que arranjos sociais mais amplos [...] podem ser transformados: estes arranjos não duram para sempre, e a atividade humana proposital pode mudá-los [...]. No âmago

> do projeto [de Brecht] existe a crença de que os membros da plateia são produtores de significado e agentes de mudança social [...]. O propósito de tal projeto é claro: desenvolver uma espécie de conhecimento de mundo que permita um senso de sua transformabilidade e desenvolver as habilidades que capacitem as pessoas a participarem nesta mudança. (Jones; Franks, 1999, p. 43, 45)

Transferida para o ensino, essa abordagem envolve a redistribuição das ferramentas culturais necessárias para a decodificação e envolvimento crítico com as formas dominantes de cultura. Ao mesmo tempo "a experiência imediata e os interesses sociais dos alunos têm a permissão de ficar a favor, ou ficar contra, formas culturais familiares e 'oficiais' — os textos recomendados do Currículo Nacional" (1999, p. 50). Assim, essa abordagem de ensino baseia-se numa política de reconhecimento bem como de redistribuição. Ela coloca os alunos em "posições poderosas", porque:

> Afirma seu conhecimento e experiência e, ao mesmo tempo, pede que os questionem, no processo de fazer sentido e reagir a um texto em particular. Baseia-se na experiência, porém não hesita em cruzar suas fronteiras. (Jones; Franks, 1999)

Entretanto, os exemplos que Jones e Franks usam só funcionam para reconciliar duas ou três das facetas de justiça descritas acima. Como já frisamos, pode haver outras tensões entre duas facetas da justiça — redistribuição e reconhecimento — que eles procuram conciliar, e ainda a da justiça associacional. A associacional pede uma consideração do contexto social e político dentro do qual a escolarização se desenvolve e as possibilidades de edificar níveis mais elevados de participação dentro desses contextos. Não fica claro, de modo algum, se maior participação de pais e alunos na construção curricular levaria à abordagem "brechtiana" defendida por Jones e Franks, e em que medida, se isso não acontecesse, as práticas justas que defendem seriam impedidas. Reconciliar as três facetas de justiça — redistribuição, reconhecimento e associação — é o desafio enfrentado por aqueles que se engajam nas reformas políticas que constituem nosso segundo exemplo.

Este se refere às políticas educacionais que estão sendo desenvolvidas e implementadas na cidade de Porto Alegre e descritas e analisadas num artigo por Gandin e Apple (2002). Porto Alegre é a capital do estado do Rio Grande do Sul, no Sul do Brasil, que foi governada por uma coligação de partidos de esquerda comandada pelo Partido dos Trabalhadores. A administração da cidade, desde que assumiu o poder em 1989, instituiu políticas de redistribuição que resultaram em "'melhorias materiais significativas para os cidadãos mais carentes da cidade", inclusive numa cobertura mais ampla de serviços sanitários básicos e da educação (Gandin; Apple, 2002, p. 261). Os princípios de redistribuição foram comandados por um sistema de orçamento participativo, que possibilitou "a participação ativa e deliberativa no processo de tomada de decisões na distribuição dos recursos para investimento na cidade" (2002, p. 261).

Ao mesmo tempo, um projeto educacional para a cidade foi implementado sob a forma do Projeto Escola Cidadã. A Escola Cidadã está explicitamente direcionada para a transformação social. De acordo com um ex-prefeito da cidade citado por Gandin e Apple, "institui a possibilidade aos cidadãos de se reconhecerem como portadores de dignidade, de rebelarem-se contra a 'mercantilização' da vida" (Silva, 1999, p. 10, citado por Gandin; Apple, 2002, p. 263).

Não temos o espaço aqui para entrar em detalhes sobre o funcionamento da Escola Cidadã, mas chamaremos a atenção sobre os quatro aspectos-chave da política:

- Primeiro, a organização e o gerenciamento das escolas, bem como a construção de políticas e do currículo, estão totalmente baseados em modelos fortemente participativos e democráticos de tomada de decisões. Os Conselhos Escolares, responsáveis por estabelecer metas e prioridades da escola, incluem a representação de professores, alunos e pais, também supridos com oportunidades de aprender as habilidades de participação. O diretor é diretamente eleito por todos os membros da escola.
- Segundo, as escolas são financeiramente autônomas e capazes de administrar seus recursos "de acordo com as metas e priori-

dades estabelecidas pelo Conselho Escolar" (2002, p. 269). Em outras palavras, a responsabilização, bem como a responsabilidade financeira, é da escola: "Nesse sentido, o que a Administração Popular está evitando é uma prática comum no Brasil e em muitos outros países onde o poder é transferido para unidades locais, mas estas são consideradas responsáveis por critérios que não são baseados em decisões democráticas" (Gandin; Apple, 2002, p. 272).

- Terceiro, uma das aspirações organizativas é estruturar a organização da aprendizagem de modo a eliminar a experiência de fracasso.
- Quarto, o currículo construído como consequência desses processos ecoa o modelo "brechtiano" descrito por Jones:

> O ponto de partida para a construção do conhecimento curricular é a cultura(s) da própria comunidade, não somente em termos de conteúdo, mas também em termos de sua perspectiva [...]. Os alunos não estudam história ou estudos sociais ou culturais por meio de livros que nunca falam dos problemas e interesses reais que eles têm [...]. Os alunos aprendem história começando com a experiência histórica de suas famílias. Eles estudam importantes conteúdos sociais e culturais focalizando e valorizando suas próprias manifestações culturais. Uma verdadeira mudança está ocorrendo porque o enfoque não é sobre o conhecimento "oficial" organizado em torno de classes dominantes e visões racistas do mundo, mas em problemas e interesses reais dos alunos e da comunidade. É importante notar que esses estudantes, afinal de contas, ainda irão aprender a história do Brasil e mundial, "alta" cultura etc., mas isso será visto sob lentes diferentes. Sua cultura não será esquecida a fim de que aprendam cultura de "*status* elevado". Ao contrário, ao entender sua situação e sua cultura e valorizá-la, esses alunos serão capazes de, simultaneamente, aprender e ter a oportunidade de transformar sua situação de exclusão. (Gandin; Apple, 2002, p. 267-268)

Gandin e Apple relatam uma história admirável de preocupação e relativo sucesso em conciliar a implementação de diferentes facetas de justiça social. No entanto, também enfatizam a contínua necessidade de avaliar e de repensar e apontam potenciais áreas de preocupação. Por exemplo, um problema que identificam é a possibilidade de uma das políticas projetadas para eliminar o fracasso — a criação de "turmas de progressão", em que alunos que experimentaram múltiplos fracassos no passado recebem atenção mais próxima — corra o risco de criar um grupo de "segunda classe". Esse problema procede da possível colisão das preocupações com a distribuição e reconhecimento. Outro exemplo de um problema potencial que Gandin e Apple discutem é a preocupação de que a opressão baseada em raça e gênero seja encarada dentro das escolas como menos importante que a opressão de classe. Um último problema que levantam é o possível perigo de que grupos poderosos dominem os processos deliberativos. Entretanto, também indicam não haver evidências disso até o presente momento. Os autores concluem afirmando que, apesar dos potenciais problemas, "estão otimistas a respeito do impacto duradouro das iniciativas de democratização [do Projeto Escola Cidadã] e de construção de uma educação mais diversificada e inclusiva" (2002, p. 277-228).

Parece-nos que a lição da pesquisa de Gandin e Apple é que, para se tomar seriamente as práticas justas, é necessário tanto celebrar o que foi feito e o que pode ser feito como questionar teoricamente a prática, com a perspectiva de aperfeiçoar essas práticas. Em certo sentido, a abordagem analítica de Gandin e Apple é um modelo do método que defendemos aqui.

Conclusão

Sugerimos enfaticamente que o foco sobre tentativas concretas para promover justiça social dentro e em torno de contextos educacionais é importante para o futuro da sociologia das políticas. Neste texto, fomos capazes somente de ilustrar esse potencial de forma breve e geral. Entretanto, procuramos articular bases substancial e metodológica para que esse enfoque seja encarado seriamente. A Sociologia tem papel importante e crítico, porém existe o perigo dessa criticidade levar a um igualmente poderoso papel de "distanciamento" — por meio do qual a perspectiva sociológica acabe sendo encarada inerentemente diversa da perspectiva do ator prático. No caso da justiça social, isso leva à possibilidade de o trabalho sociológico abraçar construções plurais e contestadas de justiça em nível analítico e, ao mesmo tempo, confiar implicitamente em uma posição valorativa totalizante. Essa possibilidade é negada ao professor ou administrador educacional, que simplesmente precisa encontrar a melhor maneira possível de gerenciar as tensões que discutimos. Questionar práticas educacionais socialmente justas requer que a sociologia das políticas combine perspectivas orientadas para a ação e para a crítica. Exige respeito pela prática e disposição para encarar as práticas sociais como locais de justiça e não meramente de injustiça. Também requer que os sociólogos vejam as próprias práticas educacionais não somente pela incorporação de concepções específicas de justiça, mas também por seus efeitos diretos sobre a possibilidade de essas concepções se realizarem.

Referências

APPLE, M. *Cultural politics and education*. Buckingham: Open University Press, 1996.

BONNETT, A.; CARRINGTON, B. Fitting into categories or falling between them? Rethinking ethnic classification. *British Journal of Sociology of Education*, v. 21, n. 4, p. 487-500, 2000.

CARSPECKEN, P. Parental choice, participation and working-class culture: an analysis of power and secondary schooling. In: BIRMINGHAM EDUCATION GROUP II (Ed.). *Education limited*: schooling and training and the new right since 1979. London: Unwin Ilyman, 1991.

FRASER, N. *Justice interruptus*: critical reflections on the "postsocialist" condition. New York/London: Routledge, 1997.

GANDIN, L.; APPLE, M. Challenging neo-liberalism, building democracy: creating the citizen school. *Journal of Education Policy*, Porto Alegre (Brazil), v. 17, n. 2, p. 259-280, 2002.

GEWIRTZ, S. Conceptualizing social justice: mapping the territory. *Journal of Education Policy*, v. 13, n. 4, p. 469-484, 1998.

______. Bringing the politics back in: a critical analysis of quality discourses in education. *British Journal of Educational Studies*, v. 48, n. 4, p. 352-370, 2000.

______. *The managerial school*: post-welfarism and social justice in education. London: Routledge, 2002.

HACKING, I. *The taming of chance*. Cambridge: Cambridge University Press, 1990.

JONES, K.; FRANKS, A. English. In: HILL, D.; COLE, M. (Eds.). *Promoting equality in secondary schools*. London: Cassell, 1999.

MURDOCH, J.; WARD, N. Governmentality and territoriality: the statistical manufacture of Britain's "national farm". *Political Geography*, v. 16, n. 4, p. 307-324, 1997.

POWER, S.; GEWIRTZ, S. Reading education action zones. *Journal of Education Policy*, v. 16, n. 1, p. 39-51, 2001.

RAWLS, J. *A theory of justice*. Oxford: Clarendon Press, 1972.

SILVA, L. H. (Ed.). *Escola cidadã*: teoria e prática. Petrópolis: Vozes, 1999.

YOUNG, I. M. *Justice and the politics of difference*. Princeton (NJ): Princeton University Press, 1990.

CAPÍTULO 6

Análise de políticas:
fundamentos e principais debates teórico-metodológicos

Jefferson Mainardes
Márcia dos Santos Ferreira
César Tello

Introdução

O objetivo deste capítulo é apresentar um panorama dos principais debates teórico-metodológicos relacionados à análise de políticas educacionais destacando, de modo mais específico, as contribuições e os limites de alguns dos principais referenciais pós-estruturalistas e pluralistas que têm sido empregados em pesquisas sobre políticas educacionais. A discussão sobre tais questões mostra-se relevante uma vez que, no Brasil, até o presente, poucos trabalhos enfocam aspectos teórico-metodológicos das pesquisas desse campo.

Tanto no cenário nacional quanto internacional a pesquisa sobre políticas educacionais vem se constituindo em um campo de investigação distinto e em permanente busca de consolidação. Nos Estados

Unidos, os estudos de políticas estão bastante alinhados ao campo da administração educacional (gerenciamento e liderança). No Reino Unido, as pesquisas sobre políticas enquadram-se no campo da Sociologia da Educação (Lingard; Ozga, 2007). Na América Latina, entre as décadas de 1950 e 1960, surgiu o campo das políticas educacionais com o *status* epistemológico oferecido pela ciência política. Desse modo, começa a ser incorporada no currículo dos cursos de formação de professores em nível superior como Política e Administração da Educação, em congruência com os enfoques de planejamento que estavam presentes na América Latina naquele período.

Atualmente, no Brasil, observa-se um aumento significativo de pesquisas, publicações, grupos de pesquisas e eventos específicos de políticas sociais e políticas educacionais. A pesquisa de políticas educacionais vem se configurando no Brasil como um campo distinto e em busca de consolidação. Nesse contexto, defendemos que se faz necessário discutir os referenciais teórico-metodológicos das pesquisas que têm sido desenvolvidas, bem como os referenciais teórico-metodológicos que têm sido propostos para a análise de políticas, principalmente na literatura internacional.

Inicialmente, apresentamos um breve percurso histórico da análise de políticas. Em seguida, indicamos as principais perspectivas teóricas que têm fundamentado as pesquisas sobre políticas educacionais e, em particular, apresentamos contribuições e limites de referenciais pós-estruturalistas e pluralistas que têm sido empregados nas pesquisas atuais.

Policy sciences[1] e análise de políticas

O termo *policy sciences* foi inserido no universo acadêmico europeu e norte-americano logo após a Segunda Guerra Mundial, com o propósito

1. Tal como a tradução do texto Intelectuais ou técnicos, de Stephen J. Ball (capítulo 3), optamos por manter a expressão *policy sciences* em inglês. Uma possível tradução deste termo, em sua acepção original (Lasswell, 1951), para a língua portuguesa é "pesquisa orientada para a elaboração de políticas". Atualmente, no entanto, admite-se sua utilização num escopo mais amplo, que envolve a análise de/sobre políticas (Deleon; Vogenbeck, 2007, p. 5).

de caracterizar os elementos das ciências sociais que deveriam ser mobilizados para retomar e revigorar, naquele novo contexto histórico, a ideia de compromisso com o aumento da racionalidade envolvida no enfrentamento dos problemas sociais característicos da vida urbano-industrial (Wagner et al., 1991, p. 2). Presente no contexto de surgimento das ciências sociais, no final do século XIX, esta ideia passou a ser relacionada, cerca de cinquenta anos mais tarde, à de planejamento de políticas públicas, outra ideia marcante nos meios acadêmicos e políticos do pós-guerra.

Durante a Segunda Guerra, experimentos analíticos e organizacionais promovidos principalmente pelo governo dos Estados Unidos representaram um estímulo importante para o surgimento da proposta de realização sistemática de pesquisas orientadas para a formulação de políticas (Deleon, 1991, p. 89). Os defensores das *policy sciences* distinguiam-nas das ciências mais tradicionais, como a ciência política (*political science*), administração pública, comunicação, psicologia, jurisprudência e sociologia, caracterizando-as como dotadas de três elementos principais: a orientação para a solução de problemas, a multidisciplinaridade e o caráter normativo ou orientado por valores (Deleon; Vogenbeck, 2007, p. 4-5).[2]

Para Harold Lasswell (1951), um dos precursores das *policy sciences*, a orientação para a solução de problemas relacionava-se à necessidade de utilização de todos os meios disponíveis para a elaboração de conhecimento capaz de enfrentar a "gigantesca crise" de seu tempo (p. 7). As *policy sciences*, portanto, voltavam-se aos problemas das políticas públicas e à formulação de recomendações para o seu enfrentamento. DeLeon e Vogenbeck (2007) explicam que os problemas relativos às políticas públicas eram vistos em seu contexto específico, um contexto que deveria ser cuidadosamente considerado em termos de análise, metodologia e subsequentes recomendações.

A multidisciplinaridade das *policy sciences*, por sua vez, relacionava-se à necessidade de "contra-atacar os efeitos deletérios da excessiva atomização do conhecimento" (Lasswell, 1951, p. 3). Segundo Lasswell, o campo da pesquisa e o campo da política deveriam cooperar entre si,

2. É interessante destacar que estas três características ainda são debatidas no campo da análise de políticas.

de forma que, no primeiro, equipes multidisciplinares trabalhassem conjuntamente para resolver problemas comuns, ao mesmo tempo que, no segundo, maior atenção deveria ser dada ao planejamento e ao aperfeiçoamento das informações que serviriam de base à tomada de decisões. Finalmente, o caráter normativo ou orientado por valores das *policy sciences* era identificado, por Lasswell, com a defesa de ideais democráticos e comprometidos com a dignidade humana (1951). Segundo De Leon e Vogenbeck (2007), essa ênfase na orientação por valores era uma reação ao behaviorismo e ao objetivismo nas ciências sociais, pelo reconhecimento de que todo problema social, assim como toda abordagem metodológica, são dotados de componentes valorativos.

Com essas três características principais, as *policy sciences* surgiam, nos anos 1950, com a proposta de superar os estudos sobre a vida política tradicionalmente elaborados, criticando seu caráter moralizante ou excessivamente especializado (Howlett; Ramesh, 2003). Em virtude disso, De Leon (1994) afirma que os estudos sobre políticas têm uma longa história e passado curto, pois as ações do governo têm sido alvo de inúmeras críticas ao longo dos séculos, mas a sua análise sistemática como ciência conta apenas com algumas décadas.

Após as contribuições de Lasswell, as pesquisas e análises orientadas para subsidiar a formulação de políticas prosseguiram e têm acumulado um conjunto significativo de estudos teóricos e empíricos que oferecem fundamentos importantes para a realização de pesquisas e obtenção de avanços nesse campo. Além de destacar a importância da Segunda Guerra Mundial para o surgimento das *policy sciences*, DeLeon (1991, 2007) indica que alguns eventos políticos específicos das décadas de 1960 e 1970 foram decisivos para formar o perfil que as *policy sciences* assumiriam nas décadas seguintes. Conforme explica DeLeon, a política de combate à pobreza, a guerra do Vietnã, o escândalo de Watergate e a crise do petróleo trouxeram várias "lições" que mudaram a visão dos analistas políticos. A partir dessas experiências, as análises políticas passaram a considerar, entre outras coisas, a complexidade das variáveis envolvidas na definição de estratégias para o combate à pobreza e ao desemprego, os diferentes tipos de racionalidade que tomam parte no processo de tomada de decisões políticas, a inadequação da adoção de medidas exclusivamente quantitativas para os propósitos de planejamento e a natureza dinâmica dos cenários políticos (Deleon, 1991). Essas "lições" mostraram, principalmente, que as análises políticas requeriam o emprego de abordagens multidisciplinares e que a comunicação entre analista e "cliente" precisava ser muito aprimorada para que as recomendações fossem colocadas em termos adequados ao contexto político no qual os formuladores de políticas (*policy makers*) tomavam suas decisões.

A produção de conhecimentos de/sobre políticas

Segundo Trow (1997), foi a partir do final da década de 1970 e início da década de 1980 que, nos Estados Unidos e em outros países, emergiu e se fortaleceu a profissão de analista político, com o objetivo de diminuir a distância entre os pesquisadores e os formuladores de políticas, bem como trazer conhecimento sistemático para lidar mais rapidamente com as questões da política pública. No contexto do desenvolvimento das *policy sciences*, analistas políticos e pesquisadores de políticas passaram a ocupar posições distintas. Os chamados analistas políticos vincularam-se, sobretudo, a agências governamentais ou a organizações privadas, enquanto o trabalho dos pesquisadores de políticas vinculou-se a tarefas acadêmico-profissionais nas universidades ou centros de pesquisa.

Para Botto (2008), há dois paradigmas básicos vigentes para compreender a relação entre a produção de conhecimento e seu vínculo com os gestores: um apoiado em uma visão linear e racional do processo de elaboração de políticas, e outro sustentado pela visão incrementalista das políticas educacionais, na qual o conhecimento científico possui peso secundário.[3] A proposta de Botto (2008) está

3. O primeiro paradigma se expressa na teoria do Bridging Research & Policy (construindo pontes entre a investigação e a política), a qual coloca que existe a necessidade de melhorar a articulação e a comunicação entre produtores de conhecimentos e gestores. O segundo paradigma está ligado ao enfoque Embbeding Research & Policy (incorporando a investigação à política), que

relacionada com as mudanças de paradigmas de produção de conhecimento no sentido atribuído por Gibbons et al. (1997), ou seja, a nova produção de conhecimento que se conhece como Modo II de produção de conhecimento e que se aproxima mais ao estilo da produção dos "intelectuais-consultores" apontado por Miñana Blasco (2002) e Tenti Fanfani (2007). Mas, para além de suas limitações, esses dois paradigmas básicos servem como ponto de partida para a busca de mecanismos que conduzam a uma inter-relação mais forte entre a pesquisa e a política. Dentro do campo da educação se verifica o desenvolvimento de enfoques de pesquisa que sejam relevantes para a formulação de políticas (Coleman; LaRocque, 1983) ou orientada em direção à resolução de problemas públicos (Latapí, 2004) e às prioridades dos gestores (Cooley; Bickel, 1986), distinta da investigação acadêmica clássica que está preocupada com o avanço do conhecimento disciplinar. Mais recentemente, surgiram propostas que defendem um envolvimento ativo dos atores educativos (professores, pais, diretores, gestores de nível médio e central) nas decisões sobre a produção e seleção de conhecimentos para a elaboração de políticas educacionais (Reimers; McGinn, 1997), assim como têm sido chamados para melhorar as capacidades e disposições dos gestores em direção à pesquisa científica e para facilitar a difusão de seus resultados (Biddle; Anderson, 1991; Husen, 1986; Postlethwaite, 1991). Entretanto, Trindade et al. (2006) assinalam que na América Latina, nos últimos anos, a dimensão utópica das ciências sociais se debilitou, e há "menos reflexão sobre a disciplina e mais sobre o uso que a sociedade faz dos conhecimentos das ciências sociais" (p. 51). Desse modo, pesquisadores destacados têm-se transformado em consultores de centros estabelecidos na América Latina ou em centros regionais e, assim, segundo Borón (2006), "o panorama da sociologia latino-americana tem sido a transformação de alguns antigos centros de pesquisa em empresas de consultoria, fenômeno que ocorre em quase todos os países da região" (p. 5).

---

critica a visão anterior, uma vez que complexifica a relação, entendendo que aqui entram em jogo diversos atores de um processo de gestão e tomada de decisões. Ao não ficar restrita às redes acadêmicas, existe maior possibilidade de intercâmbio entre visões e saberes, consolidando democracias pluralistas e abertas (Botto, 2008).

Brunner (1993) menciona a existência da categoria de analista simbólico, assim como fazem Braslavsky e Cosse (1997). Suasnabar (2008) indica as categorias de "intelectual-funcionário", "intelectual-investigador", "intelectual dissidente" e "*experts* em educação" como forma de classificar a intervenção intelectual e o compromisso político.

Para alguns autores, a aparição dos "analistas simbólicos" ocorreu em virtude da demanda do mercado, o qual requer pessoas com capacidade de "produzir, transportar, usar e aplicar conhecimentos" (Brunner, 1993, p. 14) para identificar problemas da gestão e resolvê-los mediante a produção de conhecimento validado cientificamente. Para Braslavsky e Cosse (1997), os analistas simbólicos se diferenciam dos funcionários tradicionais pela capacidade de compreender a relação existente entre conhecimento e poder. Mantendo, desse modo, uma atitude crítica em relação aos funcionários tradicionais, que também constituem as esferas de gestão estatal, porém considerando que estes últimos — distintamente dos analistas simbólicos — não possuem conhecimentos específicos nos campos de aplicação em que desenvolvem suas tarefas. Nesse sentido, sua relação com as estruturas hierárquicas está fundamentada mais em uma lógica de "lógica de interação" que em uma "lógica de subordinação" (Braslavsky; Cosse, 1997, p. 10). Os autores colocam que essa incorporação de investigadores às estruturas estatais "com margens relativamente significativas de liberdade e de recursos" implicou um movimento em direção à "inovação e criatividade", baseado no uso de investigação empírica e comparação internacional (p. 2). Finalmente, Brunner (1993) argumenta que os analistas simbólicos têm gerado mudanças importantes no que se refere à produção de conhecimento, pois diminuem a distância entre a produção de conhecimentos e sua aplicação, oportunizando a presença do prático na produção do conhecimento. Segundo o autor, os intelectuais tradicionais encontram-se em desvantagem em relação aos analistas simbólicos, que estão em lugares vinculados ao mercado de circulação de conhecimentos.

A categoria e a presença de analistas simbólicos têm gerado um debate na própria esfera acadêmica. Nesse sentido, para Tenti Fanfani (1994), é necessário "assumir uma posição crítica de certas pretensões excludentes, tais como as que se expressam em certos discursos celebratórios dos intelectuais, agora transformados em 'analistas simbólicos' das sociedades contemporâneas" (p. 19). O autor denuncia que o conhecimento "útil" é aquele que serve para ganhar nas transações e negociações das quais se desenham as decisões. O velho critério de verdade que orientava a ciência clássica é substituído pelo critério de utilidade. Em outro trabalho, Tenti Fanfani (2007) assinala que, "além dos impactos efetivos sobre os processos decisórios, na maioria das vezes se trata de trabalhos feitos para legitimar políticas utilizando para isso o poder e a autoridade da ciência" (p. 217). Nesses casos, mais que de trabalho científicos, trata-se de simples racionalizações de senso comum que, muitas vezes, terminam como simulacros que parodiam supostas características da cientificidade. Sustenta que é possível ver um certo anti-intelectualismo por trás dessa posição, nesse nova versão do binômio teoria-prática, o que permite pensar e explicar as articulações entre essas duas formas de saber, sem que se limite a comprovar e a consagrar a hegemonia de um modo de conhecimento sobre o outro.

Para Bell e Stevenson (2005), a análise de políticas pode tomar uma série de formas, tais como o desenvolvimento de modelos analíticos mais amplos por meio dos quais as políticas podem ser compreendidas e interpretadas; a análise de uma série de aspectos relacionados à política (formulação, implementação, avaliação etc.) ou a análise crítica de políticas específicas. Gordon e colaboradores (1993), por sua vez, distinguem um *continuum* de diferentes tipos de análises, conforme a identificação de sua finalidade e/ou clientela. Tais tipos foram classificados em análises *para* políticas e análises *de* políticas e encontram-se representados na Tabela 1.

Tabela 1
Análises para políticas e análises de políticas

Análises para políticas			**Análises de políticas**	
Defesa de políticas (*policy advocacy*)	Informação para políticas	Monitoramento e avaliação de políticas	Análises da formulação de políticas	Análise do conteúdo de políticas

Fonte: Gordon et al., 1993, p. 5.

Mais do que servirem para a elaboração de categorizações, as distinções apresentadas na Tabela 1, bem como os paradigmas de produção de conhecimentos discutidos por Botto, a categoria de "analista simbólico" — originalmente desenvolvida por Reich (1992) e discutida por Brunner, Braslavsky e Cosse, Tenti Fanfani, entre outros — e os modos I e II de produção de conhecimento propostos por Gibbons et al. (1997) podem ser úteis para identificarmos as finalidades das pesquisas realizadas nesse campo. Além disso, auxiliam-nos na compreensão de que as pesquisas do campo das políticas podem servir a diferentes propósitos.[4] Com relação à Tabela 1, consideramos que esse *continnum* poderia incluir outros tipos de pesquisas, bem como alguns tipos de pesquisas poderiam ser colocadas em ambos os tipos de análise. Consideramos, além disso, que os pesquisadores, de modo geral, desenvolvem pesquisas com o objetivo de compreender uma determinada política ou um conjunto de políticas e, ao fazerem isso, oferecem ideias e elementos que poderiam ser úteis na formulação ou reorientação de políticas. No entanto, a realização de pesquisas com o objetivo específico de instrumentalizar decisões políticas pode restringir a autonomia dos pesquisadores acadêmicos. A esse respeito, Paiva (1998) faz um alerta relevante ao indicar que o tempo, intenções e finalidades são diferentes para os gestores do sistema e para pesquisadores. As discussões acerca das finalidades das pesquisas sobre políticas e do seu possível impacto estão relacionadas à questão da reflexividade ética (Gewirtz, 2007; Gewirtz; Cribb, no capítulo 4 deste livro). Gewirtz e Cribb (2006) defendem que os pesquisadores desse campo precisam refletir sobre as possíveis consequências éticas das suas pesquisas uma vez que elas, por exemplo, podem legitimar ou intensificar situações e condições de opressão e desigualdade ou, ao contrário, desvelá-las e problematizá-las.

4. No Reino Unido, tem havido nos últimos anos um intenso debate sobre as políticas e práticas baseadas em evidências. O governo britânico acredita que as pesquisas podem oferecer informações relevantes para os implementadores de políticas, bem como podem avaliar as iniciativas implementadas e encorajar um debate mais amplo de ideias a respeito das políticas (Munn, 2005). Em geral, acredita-se que as pesquisas têm oferecido subsídios para as práticas, mas raramente têm conseguido influenciar a formulação de políticas (Taggart et al., 2007). A ideia de que as pesquisas precisam estar relacionadas à prática e aos interesses dos implementadores de políticas não tem sido aceita pacificamente, gerando intenso debate em torno das finalidades da pesquisa de/sobre políticas.

No contexto da discussão sobre fundamentos teórico-metodológicos da pesquisa em políticas educacionais, a categoria "posicionamento epistemológico", que vem sendo desenvolvida por Tello (2009), adquire uma especial relevância. Tomando por base a ideia de que todo trabalho de pesquisa repousa sobre certa visão de mundo e vincula-se a determinadas concepções epistemológicas (Martinet, 1990), Tello (2009) indica a possibilidade de identificar nos trabalhos de pesquisa uma perspectiva teórica, um posicionamento teórico e um enfoque epistemológico.[5] Tais fundamentos nem sempre são explicitados pelos pesquisadores em seus trabalhos. Em alguns casos, em virtude da ausência de um referencial teórico explícito no texto, a identificação do posicionamento teórico e do enfoque epistemológico fica mais difícil. Embora o posicionamento epistemológico subjacente à análise feita pelo pesquisador possa ser identificado pelo outro, Tello (2009) defende a necessidade de que o próprio pesquisador explicite seu posicionamento epistemológico, o que levaria a um enriquecimento da análise das políticas educacionais e da epistemologia das políticas educacionais.[6]

---

5. Os exemplos a seguir podem ser úteis para uma compreensão das diferenças dessas categorias: a) **Perspectivas teóricas**: marxismo, neomarxismo, estruturalismo, pós-estruturalismo, pluralismo etc.; b) **Posicionamentos teóricos**: críticos, críticos radicais, crítico-analíticos, teóricos da resistência, humanistas, economicistas etc.; c) **Enfoques epistemológicos**: pós-modernidade, hiperglobalista, cético, neoliberal, perspectiva transformadora, funcional-analítico; da complexidade etc. Para Tello (2009), a identificação de um posicionamento teórico torna-se mais difícil no trabalho de pesquisadores que utilizam modelos pluralistas ou ecléticos. Em geral, estes tendem a utilizar uma "excessiva neutralidade teórica". Uma dificuldade que se observa na atualidade é a ideia de que uma maior neutralidade teórica conduziria a uma maior qualidade científica. Isso aparece mais claramente nos textos de "pesquisadores-consultores" que se utilizam de ideias mais gerais e universais, sem relacioná-las a uma concepção epistemológica específica. Discordamos da ideia de que seja possível analisar políticas de forma neutra. Mesmo que não haja um posicionamento epistemológico explicitado pelo próprio pesquisador, este pode ser identificado pelos outros mediante leitura criteriosa das análises apresentadas pelo pesquisador.

6. Um exemplo de explicitação do posicionamento epistemológico é a explanação que Stephen J. Ball faz no livro *Education pic: understanding private sector in public sector education* (Ball, 2007): "meu exame da privatização (ou privatizações) envolve o uso de uma variedade de instrumentos analíticos para entender, interpretar e começar a explicar o fenômeno. Esses instrumentos são de três tipos e são empregados autoconscientemente e como uma tentativa de prover um referencial metodológico que é *ontologicamente flexível* e *epistemologicamente pluralista* (Sibeon, 2004) e um conjunto de conceitos analíticos que são potentes e maleáveis. São eles respectivamente discursivos, estruturais e interpretativos e que me permitem explorar as complexas interações

O caráter pragmático e funcionalista das *policy sciences* foi um aspecto importante que influenciou as pesquisas sobre políticas e os referenciais teórico-metodológicos que foram formulados a partir das décadas de 1950-60. No entanto, na medida em que as pesquisas sobre políticas sociais e educacionais passaram a se constituir como um campo específico de investigação, algumas abordagens teórico-metodológicas foram sendo desenvolvidas.[7]

Análise de políticas: debates teórico-metodológicos atuais

O campo da análise de políticas educacionais (*policy analysis*) tem se mostrado receptivo ao desenvolvimento teórico-metodológico que caracteriza as ciências sociais como um todo desde o início dos anos 1970 (Marshall; Peters, 1999).

Nas décadas de 1970 e 1980, no debate internacional, vários modelos lineares de formulação e de análise de políticas foram desenvolvidos. Em geral, esses referenciais definiam as fases do processo político como agenda, projeto (formulação), adoção, implementação, avaliação e reajuste. As metodologias propostas destacavam a avaliação das políticas, por meio da análise do processo e dos impactos provocados pela implementação. A avaliação de processos visava, sobretudo, à aferição da eficácia dos programas e à avaliação da relação custo-benefício. Após essa fase positivista, na qual os problemas e as questões da análise de políticas eram vistos como predominantemente técnicos, a partir dos anos 1980, surgiram críticas aos modelos lineares e às tendências tecnicistas de análise de políticas. Além disso, várias abordagens e metodologias foram formuladas por autores de diferentes países. Em geral, elas destacam a relevância de considerar o contexto no qual as políticas são formuladas

---

de relações sociais, econômicas e discursivas sem assumir a necessária predominância de uma delas" (grifos nossos, p. 1).

7. Deem e Brehony (2000) consideram que são quatro os principais referenciais de análise de políticas: teorias pluralistas, perspectivas marxistas, teorias feministas, pós-estruturalismo e pós-modernismo.

e implementadas, a análise das políticas de uma perspectiva crítica e a necessidade de entender o processo político como algo dialético. Algumas delas propõem o emprego da análise crítica do discurso das políticas. Embora a noção de formulação de problemas e a importância do contexto já tivessem sido enfatizadas pelos fundadores da análise de políticas (Lasswell, por exemplo), essas questões começaram a ser incluídas de forma mais sistemática nos modelos de análise formulados.

No Brasil, segundo Azevedo (2004), desde o início da década de 1980, os estudos sobre as políticas públicas passaram a ganhar uma centralidade, "possibilitando a afirmação de um campo investigativo a respeito dessa temática, campo este vinculado, sobretudo, à Ciência Política e à Sociologia" (p. 1). De fato, o campo da pesquisa sobre políticas educacionais vem se expandindo e se fortalecendo, principalmente no âmbito dos Programas de Pós-Graduação, como mencionado por Azevedo (2004). Apesar disso, é possível concordar com Azevedo e Aguiar (2001b) que o campo das políticas educacionais é relativamente novo e ainda não consolidado em termos de referenciais analíticos consistentes.

Embora o número de pesquisas e publicações seja crescente e significativo, observa-se que as questões metodológicas e as discussões sobre referenciais analíticos e sobre fundamentos epistemológicos das pesquisas têm sido pouco exploradas tanto no campo das políticas públicas em geral, bem como no campo específico das políticas educacionais. No campo das políticas públicas e sociais, algumas referências importantes são: Lima Júnior (1976), Figueiredo e Figueiredo (1986), Pinto (1986), Coimbra (1987), Medina (1987), Figueiredo (1997), Rico (1998), Melo (1999), Frey (2000), Barreira e Carvalho (2001), Höfling (2001), Arretche (2003), Belloni et al. (2003), Souza (2003, 2006) e Faria (2003).[8] Esses tra-

8. Para Faria (2003), no Brasil, apesar do *boom* das duas últimas décadas, "o campo da análise de políticas públicas ainda é bastante incipiente, padecendo de grande fragmentação organizacional e temática e tendo uma institucionalização ainda precária (Melo, 1999). Esse caráter incipiente é comprovado, por exemplo, pelo fato de qualquer exame da produção brasileira recente evidenciar a quase inexistência de análises mais sistemáticas acerca dos processos de implementação. A notória carência de estudos dedicados aos processos e às metodologias de avaliação de políticas, contudo, deve também ser tributada à escassa utilização da avaliação, como instrumen-

balhos buscam situar o debate sobre a pesquisa no campo das políticas e alguns apresentam uma síntese dos principais referenciais de análise.[9] No campo das políticas educacionais, destacam-se os trabalhos de Dutra (1993), Rus Perez (1998a, 1998b), Azevedo e Aguiar (2001a, 2001b), Barretto e Pinto (2001), Paro (2001), Azevedo (2004) e Silva Júnior (2007). Embora esses trabalhos indiquem questões relevantes, geralmente tratam de questões mais genéricas. Além disso, alguns apresentam modelos lineares de análise, e poucos estabelecem interlocução com os debates da literatura internacional. Deve-se destacar que, em geral, há restrita interlocução entre as discussões teórico-metodológicas no âmbito das ciências sociais (textos sobre políticas públicas e sociais) e as desenvolvidas no campo da educação (políticas educacionais). A expansão dessa interlocução seria benéfica para ambos os campos de investigação.

No contexto internacional, a partir dos anos 1990, fortaleceu-se a ideia de que as políticas deveriam ser entendidas como processo e produto que envolvem articulações entre textos e processos, negociações no âmbito do Estado e para além dele, valores, ideologias, poder e contestação (Taylor et al., 1997; Ozga, 2000). Nesse contexto, diversos referenciais analíticos foram delineados com o objetivo de oferecer uma estrutura conceitual que auxiliasse os pesquisadores no delineamento da pesquisa. Em geral, esses referenciais pretendiam superar os modelos lineares de análise (que consideram os estágios do processo de formulação de políticas como agenda, formulação, implementação, avaliação, reajuste). Os formuladores desses novos referenciais partem também da ideia de que o processo político é complexo e envolve uma variedade de contextos (o Estado, específicos contextos econômicos, sociais e políticos, as instâncias legislativas e as escolas, entre outros). Dessa forma, os referenciais analíticos devem ser capazes de iluminar o desenvolvimento das políticas em todos esses contextos.

---

to de gestão, pelo setor público do país nos três níveis de governo. Tais pontos sugerem, ainda, que esse campo de análise no Brasil permanece, em larga medida, magnetizado pelos processos decisórios" (p. 51).

9. Segundo Melo e Costa (1995), a despeito do crescimento na produção, a área ainda carece de uma problematização conceitual mais rigorosa, caracterizando-se em grande parte a sua produção pelo caráter normativo ou descritivo.

De modo geral, o debate teórico atual no campo da análise de políticas inclui as contribuições do materialismo histórico e dialético, das teorias estruturalistas, do pós-estruturalismo, das teorias feministas e das teorias pluralistas. A explanação dos elementos constitutivos de cada uma dessas concepções é uma tarefa difícil e não é possível ser cumprida nos limites de um capítulo. Nossa intenção é apresentar as principais contribuições dos referenciais analíticos pós-estruturalistas e pluralistas para, em seguida, indicar suas contribuições e seus limites.

A perspectiva pós-estruturalista

A perspectiva pós-estruturalista tenta resolver as limitações das abordagens descritivas e pluralistas de políticas educacionais (nas quais o poder circula entre diferentes parceiros) e as abordagens marxistas (que enfatizam o papel do Estado e a geração de políticas como resultado das disputas de poder entre a economia e os agentes políticos). Os pós-estruturalistas consideram a ação dos sujeitos um aspecto crucial para a compreensão das políticas e enfatizam a fluidez do poder e sua posse pelos diferentes agentes. A perspectiva pós-estruturalista aponta a importância de analisar o discurso das políticas. O termo discurso foi usado por Foucault para designar a conjunção de poder e conhecimento. Na perspectiva das teorias críticas do discurso, a formulação de políticas é vista como uma arena de disputa por significados ou as "políticas do discurso" (Yeatman *apud* Taylor et al., 1997). A ênfase é colocada no processo de formulação das políticas, e política é entendida como uma disputa entre competidores para definir objetivos em que a linguagem e, mais especificamente, o discurso, são usados tacitamente.

Tomando como fundamento a perspectiva pós-estruturalista, alguns pesquisadores formularam abordagens para a análise de políticas. Uma das contribuições mais difundidas é a de Stephen J. Ball (Bowe, Ball e Gold, 1992; Ball, 1994). Ball propõe que as políticas educacionais sejam analisadas como texto e como discurso. A conceituação de política como texto baseia-se na teoria literária, que entende as políticas como representações codificadas de maneiras complexas. Os textos são produto de múltiplas influências e agendas, e a sua formulação envolve intenções e negociação dentro do Estado e dentro do processo de formulação da política. Nesse processo, apenas algumas influências e agendas são reconhecidas como legítimas, e apenas algumas vozes são ouvidas. Assim, a análise de documentos de políticas não é algo simples, mas demanda pesquisadores capazes de identificar ideologias, interesses, conceitos empregados, embates envolvidos no processo, e vozes presentes e ausentes, entre outros aspectos. A política como discurso estabelece limites sobre o que é permitido pensar e tem o efeito de distribuir "vozes", uma vez que somente algumas vozes serão ouvidas como legítimas e investidas de autoridade. Desse modo, com base em Foucault, Ball explica que as políticas podem tornar-se "regimes de verdade".[10] Na prática, os atores estão imersos numa variedade de discursos, mas alguns discursos serão mais dominantes que outros.

Stephen J. Ball propôs também a abordagem do ciclo de políticas (*policy cycle approach*),[11] que pode ser considerada como um método de pesquisa de políticas. O processo de formulação de políticas é considerado como um ciclo contínuo, no qual as políticas são formuladas e recriadas. Os três ciclos principais do ciclo de políticas são o contexto de influência, de produção de texto e o contexto da prática. Esses contextos são intimamente ligados e inter-relacionados, não têm dimensão temporal nem sequencial e não constituem etapas lineares. Cada um deles apresenta arenas, lugares e grupos de interesse e envolve disputas e embates. Esse é um aspecto importante a ser destacado, uma vez que pesquisadores de políticas educacionais podem enxergar esses contextos como separados ou desconectados, o que não era a intenção original de seus formuladores. Em 1994, Ball acrescentou outros dois contextos: o dos resultados/efeitos

---

10. Segundo Foucault, "cada sociedade tem seu sistema de verdade, suas 'políticas gerais' de verdade, isto é, os tipos de discurso que ela aceita e faz funcionar como verdadeiros; os mecanismos e instâncias que capacitam as pessoas a distinguirem as afirmações verdadeiras das falsas, os meios pelos quais cada afirmação é sancionada; as técnicas e procedimentos avaliados em conjunto na apropriação da verdade; a posição social daqueles que são incumbidos de dizer o que deve ser considerado como verdadeiro" (Foucault, 1980, p. 131).

11. Em trabalhos posteriores, Ball tem assumido uma perspectiva epistemologicamente pluralista, conforme nota 6 desse capítulo.

e o contexto da estratégia política.[12] Mais recentemente, Ball tem indicado que o contexto dos resultados/efeitos é uma extensão do contexto da prática, e o contexto da estratégia/ação política pertence ao contexto de influência, pois é "parte do ciclo do processo através do qual as políticas são mudadas, ou podem ser mudadas ou, pelo menos, o pensamento sobre as políticas muda ou pode ser mudado" (Mainardes, Marcondes, 2009).

Sandra Taylor, Fazal Rizvi, Bob Lingard e Miriam Henry (Taylor et al., 1997) propuseram a análise crítica de políticas por meio da análise de contextos, textos e consequências. Para eles, a análise de política pode preocupar-se com todos os estágios e níveis do processo de formulação de política (níveis macro, meso e micro). No entanto, a análise envolve muito mais que uma simples preocupação com os textos das políticas. Há necessidade de considerar os antecedentes e o contexto das políticas (contexto econômico e político, contexto social e cultural), incluindo os antecedentes históricos, as relações com outros textos e políticas e os efeitos a curto e longo prazos que as políticas podem gerar nas práticas. Para isso, eles propõem que sejam considerados o contexto, os textos e as consequências da política. A teoria do discurso permite uma abordagem da complexidade da formulação de políticas, bem como a exploração do contexto histórico, o acompanhamento de como os problemas que geraram determinadas políticas foram construídos e como passaram a fazer parte da agenda política (Taylor, 1997).

A análise do contexto refere-se aos antecedentes e pressões que levaram à gestão de uma política específica. Isso inclui fatores econômicos, sociais e políticos que levaram a questão a ser incluída na agenda política. Há ainda as influências de grupos de pressão e de movimentos sociais. Além dos aspectos do contexto contemporâneo, a análise precisa considerar os antecedentes históricos da política, incluindo iniciativas já construídas. Tais considerações sobre o contexto contemporâneo e histórico ajudam a iluminar os motivos que impulsionaram o surgimento da política em um momento específico.

---

12. A respeito do ciclo de políticas ver, por exemplo, Lopes, 2004; Macedo, 2006; Mainardes, 2006. Um levantamento de pesquisas que utilizam o ciclo de políticas e os trabalhos de Stephen J. Ball pode ser encontrado em <http://www.uepg.br/gppepe>.

A análise do texto refere-se ao exame do conteúdo da política e das pressuposições que fundamentam ou que estão subjacentes às políticas. Envolve a análise dos objetivos da política, os valores implícitos e explícitos, os silêncios (o que não é afirmado ou que é deixado de lado nos textos), bem como as ideias e conceitos explicitados. Com relação às consequências, Taylor et al. (1997) consideram que elas podem ser medidas ou avaliadas no que se refere à construção dos problemas que motivaram a formulação da política e à efetividade da política para resolver o problema. Os autores consideram também que é preciso levar em conta que as políticas são interpretadas de diferentes modos pelos sujeitos que atuam no nível da prática.

A australiana Gillian Fulcher (1999) formulou um modelo baseado na análise do discurso. Em seu estudo sobre o desenvolvimento e implementação de políticas de integração de alunos com necessidades especiais em Victoria (Austrália), ela observou que o discurso sobre "direitos" articulado pelos pais dos alunos conflitava com o discurso do profissionalismo dos educadores que atuavam na Educação Especial. Segundo ela, as políticas são "feitas" em todos os níveis (desde os órgãos centrais até as escolas). Os embates e disputas ocorrem em todos os níveis e em todas as arenas do aparato educacional envolvido na formulação e implementação da política: conselhos regionais, conselhos escolares, comissões das escolas responsáveis pelos recursos etc. Essas arenas políticas aparecem geralmente em forma de tensões e contradições ou disputas discursivas. Em síntese, o modelo proposto por Fulcher propõe que se faça uma análise dos discursos dos diferentes níveis e arenas do aparato educacional, das disputas e embates presentes nas arenas e níveis e ainda a análise dos conflitos entre os discursos das diferentes arenas e sujeitos envolvidos.

A perspectiva pluralista

Segundo Coimbra (1987), a própria palavra *pluralismo* sugere uma das principais características da perspectiva: "a concepção da política como uma arena onde uma pluralidade de atores, movida por uma multiplicidade de causas, se encontra para transacionar" (p. 97). Segundo essa perspectiva, "a política pouco se parece com a representação que os marxistas, por exemplo, fazem dela. Em vez de entendê-la como uma instância basicamente determinada pela economia, onde os agentes por excelência são as classes sociais, os pluralistas tendem a vê-la a bem dizer como autônoma, pois nela determinações de inúmeras origens terminariam por se entrecortar e por anular a exclusividade causal de qualquer uma. O mesmo se aplica aos atores nesses espaços, pois eles também poderiam ser motivados por fatores inteiramente alheios à economia" (p. 97). Coimbra (1987) explica ainda que os pluralistas tendem a ver um conjunto não articulado de "focos de poder e influência", dos quais o Estado é apenas um. Assim, onde o marxismo se refere à classes, os pluralistas enxergam "grupos de pressão e de interesses constituídos de múltiplas maneiras" (p. 98); onde o marxismo concebe as políticas governamentais como explicáveis a partir de uma lógica imanente ao próprio capitalismo, os pluralistas irão considerá-las como decorrentes de um "jogo de causas mais complexo e original" (p. 98).

Alguns aspectos da perspectiva pluralista mencionados acima podem ser, de alguma forma, aplicados aos referenciais analíticos pós-estruturalistas.

Os principais modelos analíticos, e mais disseminados na literatura internacional, que se enquadram como modelos pluralistas são os seguintes: o modelo de análise de políticas e programas (Moncrieff Cochran, 1993, Estados Unidos); a análise cognitiva de políticas (Pierre Muller, 2000, França), o enfoque da cartografia social (Roland Paulston, 1995).

Cochran (1993), inspirado em Bronfenbrenner, propôs um esquema para a identificação dos fatores que produzem políticas e programas (Rossetti-Ferreira et al., 2002). Bronfenbrener postula que o desenvolvimento deve ser compreendido em seu contexto, sendo resultado de influências recíprocas e sinérgicas entre a pessoa em desenvolvimento e o ambiente em constante transformação. Os sistemas a serem considerados eram os seguintes: microssistema, mesossistema e macrossistema. Segundo Rossetti-Ferreira et al. (2002), Cochran propôs um esquema que "ultrapassa a mera identificação de fatores causais, estimulando a análise da associação entre eles, as influências mediadoras da ordem do macrossistema e as tendências atuais em políticas de educação" (p. 72). Em síntese, Cochran propõe a identificação dos fatores causais e das influências mediadores para compreender a razão pela qual as políticas são configuradas de uma determinada maneira (Rossetti-Ferreira et al., 2002).

Pierre Muller (Muller, 1990, 2000; Muller; Surel, 2002), a partir de contribuições de correntes que destacam a importância concedida aos valores, às ideias e às representações no estudo das políticas, buscou sistematizar o que tem sido chamado abordagem cognitiva das políticas públicas. Muller (2002) menciona pelo menos três contribuições: as noções de paradigma (Peter Hall), a *advocay coalition*[13] (Sabatier e Jenkins-Smith) e a noção de referencial (Jobert e Muller et al.). Cada política representa uma tentativa de resolver um problema da sociedade a partir de processos de decisão no qual participa certo número de atores. Uma política pública é um constructo social e um constructo de pesquisa. Uma política pública é a expressão do poder público, constrói um quadro normativo de ação e constitui uma ordem local. A análise de políticas, assim, precisa analisar o papel das ideias desenvolvidas pelos atores, as ideias em ação, o referencial (global e setorial) que fundamentam a política e os mediadores das políticas (atores).

O enfoque da cartografia social é uma metodologia que tem sido empregada para o mapeamento dos debates educacionais (Paulston, 2001; Paulston; Liebman, 1996).[14] Baseia-se em uma análise textual e busca a

---

13. O modelo da coalizão de defesa (*advocacy coalition*) foi proposto por Sabatier e Jenkins-Smith. Segundo esses autores, a política pública deveria ser concebida como um conjunto se subsistemas relativamente estáveis que se articulam com os acontecimentos externos, os quais dão parâmetros para os constrangimentos e os recursos de cada política pública. As crenças, valores e ideias são importantes dimensões do processo de formulação de políticas. Cada subsistema que integra uma política pública é composto por um número de coalizões de defesa que se distinguem pelos seus valores, crenças e ideias e pelos recursos que dispõem (Souza, 2006). Esse modelo vem sendo empregado em diversas pesquisas sobre políticas públicas e políticas sociais. Ver, por exemplo, Bravin (2008).

14. Embora, neste capítulo tenhamos incluído a cartografia social de Paulston no contexto da perspectiva teórica pluralista, deve-se destacar que Paulston (2001) considerava a cartografia social

representação de fenômenos sociais por meio de mapas que reinscrevem e estruturam visões distintas das políticas docentes que têm sido chamadas de comunidades discursivas (Paulston, 1995). A cartografia social se baseia em uma análise textual, é interpretativista e tem como objeto situar fenômenos em relação uns aos outros e em uma representação visual bidimensional. Essas representações ou mapas reinscrevem e estruturam formas de ver os fenômenos sociais e educativos. Liebman e Paulston (1994) identificam três tipos de mapas de cartografia social:

a) mapas fenomenográficos: apresentam informação que resulta da investigação de diferentes perspectivas;

b) mapas de tipo conceitual: representam relações entre diferentes fenômenos, mas abertos às ideias e visão do "cartógrafo";

c) mapas miméticos: dão conta de uma mimésis desconstrutivista, representando a visão de fenômenos ou objetos de acordo com uma determinada perspectiva cultural ou teórica.

Tal enfoque: a) rechaça os fundamentos do Iluminismo como conhecimento acabado e "verdadeiro"; b) rechaça o eurocentrismo e as práticas pós-coloniais; c) rechaça as posições binárias como forma de conhecimento; e d) assume uma mudança no modo de investigar: do tempo ao espaço, dos fatos para interpretações, de posições firmemente assentadas na leitura de narrativas e a verificação de proposições à representação de diferenças.[15]

Contribuições e limites das perspectivas pós-estruturalistas e pluralistas

Algumas contribuições das abordagens e dos referenciais analíticos pós-estruturalistas e pluralistas anteriormente apresentados podem ser indicadas:

---

uma perspectiva pós-moderna. Ele entendia a cartografia social como uma nova percepção para acrescentar à nossa capacidade de reflexão, conceber a multiplicidade e "contrastá-la com a harmonia e a racionalidade apolínea" (p. 19).

15. A respeito da aplicação das ideias de Paulston, ver Tello (2008) e Tello e Gorostiaga (2009).

a) representam uma ruptura com os modelos lineares e constituem-se em um diferencial significativo quando comparados com pesquisas que não adotam referenciais analíticos ou não possuem referenciais teóricos explícitos. As abordagens e referenciais pós-estruturalistas e pluralistas acima mencionadas oferecem uma estrutura conceitual para a análise de políticas, mas dispensam o emprego de referenciais teóricos para fundamentar a análise da política investigada;

b) estimulam o pesquisador a analisar tanto o contexto amplo (determinações mais amplas) quanto os aspectos microcontextuais (escolas, sala de aula etc.);

c) diversos referenciais analíticos mencionados fornecem elementos para a análise de políticas de uma perspectiva crítica, por meio da análise crítica dos textos das políticas (discursos), das formas de implementação e dos seus resultados/efeitos;

d) algumas dessas abordagens estimulam o pesquisador a assumir compromissos éticos, na medida em que sugerem que os pesquisadores precisam explicitar as consequências materiais das políticas sobre grupos sociais específicos (impacto), os processos de exclusão ou reprodução que podem ser identificados nas políticas bem como delinear possíveis estratégias políticas para lidar com as desigualdades criadas ou reproduzidas pelas políticas.

Tomando como base a indicação de Ball sobre a importância do uso consciente e reflexivo dos referenciais teóricos,[16] deve-se destacar que esses referenciais e abordagens pós-estruturalistas e pluralistas colocam aos pesquisadores uma série de desafios. Em primeiro lugar, os pesquisadores precisam ter clareza das concepções epistemológicas que os fundamentam. Além disso, os pesquisadores precisariam ter acesso aos textos originais que apresentam esses referenciais, bem como textos que apresentam críticas e questionamentos. É essencial também destacar que os autores que formularam esses referenciais, em geral, modificaram ou aperfeiçoaram suas proposições originais ou, ainda, apresentaram ideias mais sofisticadas em trabalhos posteriores. No caso do ciclo de

16. Ver Santos, 2004; Mainardes; Marcondes, 2009.

políticas de Stephen J. Ball, por exemplo, após ter proposto essa abordagem, esse autor não escreveu mais a respeito. Em uma entrevista recente (Mainardes; Marcondes, 2009), ele explicou que pensa o ciclo de políticas de forma diferente da que expôs na década de 1990. Além disso, em seus trabalhos mais recentes, Ball tem enfatizado o processo histórico das políticas investigadas, as mudanças na economia e papel do Estado, o papel das redes sociais e políticas na definição das políticas e o impacto das políticas sobre as classes sociais (Ball, 2007, 2008).

Outro desafio refere-se à necessidade de o pesquisador buscar compreender as implicações da abordagem ou do referencial analítico que emprega (sempre vinculado a concepções epistemológicas específicas) em seu trabalho acadêmico, bem como as críticas a ele endereçadas. No caso das abordagens pós-estruturalistas e pluralistas, os pesquisadores de políticas educacionais têm sido recorrentemente incitados a enfrentar uma variedade de críticas, tais como:

a) o pluralismo como legitimador da ideologia dominante;

b) a validade da perspectiva desconstrucionista na análise de políticas;[17]

c) o relativismo subjacente a essas abordagens no que se refere às instâncias que determinam a formulação das políticas (múltiplos fatores) e o relativismo que se atribui à capacidade de uma única teoria responder ou fundamentar a compreensão de uma determinada política ou o processo político;

d) o emprego de um discurso reformista subjacente a alguns desses referenciais e abordagens, ou seja, a proposição de mudanças graduais dentro do próprio sistema capitalista.

Ao buscar o uso consciente e reflexivo de referenciais e abordagens pós-estruturalistas e pluralistas e levar em conta as críticas mencionadas acima, os pesquisadores têm a oportunidade de empregá-los de forma mais densa e aprofundada. Além de pesquisas sobre políticas educa-

---

17. Mészáros (2004) apresenta críticas ao pluralismo, considerando-o como legitimador da ideologia dominante (p. 243), e questionamentos a respeito da validade da desconstrução. Mészáros (2005) critica o discurso reformista que tenta desviar a atenção das determinações sistêmicas para discussões mais ou menos aleatórias sobre efeitos específicos.

cionais propriamente ditas, indicamos que reflexões e discussões sobre questões teórico-metodológicas da pesquisa desse campo são necessárias para propulsionar avanços qualitativos na pesquisa de/sobre políticas educacionais.

Referências

ARRETCHE, M. Apresentação. *Revista Brasileira de Ciências Sociais*, São Paulo, v. 18, n. 51, p. 7-10, 2003.

AZEVEDO, J. M. L. de. *A educação como política pública*. 3. ed. Campinas: Autores Associados, 2004.

______; AGUIAR, M. A. da S. Políticas da educação: concepções e programas. In: WITTMANN, Lauro Carlos; GRACINDO, Regina V. (Coords.). *O estado da arte em política e gestão da educação*. Campinas: Autores Associados, 2001a. p. 71-87.

______. A produção do conhecimento sobre a política educacional no Brasil: um olhar a partir da Anped. *Educação e Sociedade*, v. 22, n. 77, p. 49-70, set./dez. 2001b.

BALL, S. J. *Education reform*: a critical and post structural approach. Buckingham: Open University Press, 1994.

______. *Education Plc*: private sector participation in public sector education. London: Routledge, 2007.

______. *The education debate*. Bristol: Policy Press, 2008.

BARREIRA, M. C. R. N.; CARVALHO, M. do C. B. de. (Orgs.). *Tendências e perspectivas na avaliação de políticas e programas sociais*. São Paulo: IEE/PUC-SP, 2001.

BARRETTO, E. S. de S.; PINTO, R. P. A avaliação de políticas educacionais: indagações metodológicas e disseminação de resultados. In: BARREIRA, M. C. R. N.; CARVALHO, M. do C. B. de. (Orgs.). *Tendências e perspectivas na avaliação de políticas e programas sociais*. São Paulo: IEE/PUC-SP, 2001. p. 101-126.

BELL, L.; STEVENSON, H. *Education policy*: process, themes and impact. London: Routledge, 2006.

BELLONI, I.; MAGALHÃES, H. de; SOUSA, L. C. de. *Metodologia de avaliação em políticas públicas*: uma experiência em educação profissional. 3. ed. São Paulo: Cortez, 2003.

BIDDLE, B.; ANDERSON, D. Social research and educational change. In: ANDERSON, D.; BIDDLE, B. (Eds.). *Knowledge for policy*: improving education through research. London: Falmer, 1991. p. 1-20.

BORÓN, A. A. Las ciencias sociales en la era neoliberal: entre la academia y el pensamiento crítico. *Tareas*, Panamá (Centro de Estudios Latinoamericanos "Justo Arosemena" — CELA), n. 122, ene./abr. 2006.

BOTTO, M. (Coord.). *Saber y política en América Latina*: el uso del conocimiento en las negociaciones comerciales internacionales. Buenos Aires: Prometeo, 2008.

BOWE, R.; BALL, S. J.; GOLD, A. *Reforming education & changing schools*: case studies in Policy Sociology. London: Routledge, 1992.

BRASLAVSKY, C.; COSSE, G. Las actuales reformas educativas en América Latina: cuatro actores, tres lógicas y ocho tensiones. *Documentos Preal*, Santiago de Chile, n. 5, 1998.

BRAVIN, F. P. *Política e ação pública*: análise da política nacional de educação permanente em saúde. 2008. 120 f. Dissertação (Mestrado em Política Social) — Departamento de Serviço Social, Universidade de Brasília, Brasília.

BRUNNER, J. J. ¿Contribuye la investigación social a la toma de decisiones? *Revista Colombiana de Educación*, Bogotá, n. 27, p. 7-19, 1993.

COCHRAN, M. *The international handbook of child care policies and programs*. Westport; London: Greenwood Press, 1993.

COIMBRA, M. A. Abordagens teóricas ao estudo das políticas sociais. In: ABRANCHES, S. et al. *Política social e combate à pobreza*. Rio de Janeiro: Zahar, 1987. p. 65-10.

COLEMAN, P.; LA ROCQUE, L. Linking educational research and educational policy via policy-relevant research. *The Alberta Journal of Educational Research*, v. XXIX, n. 33, p. 242-255, Sept. 1983.

COOLEY, W.; BICKEL, W. *Decision-oriented educational research*. Boston: Kluwer-Nijhoff, 1986.

DEEM, R.; BREHONY, K. Educational policy-making and analysis: diverse viewpoints. In: MOON, B.; BROWN, S.; BEN-PERETZ, M. (Eds.). *Routledge International Companion to Education*. London: Routledge, 2000. p. 193-202.

DELEON, P. Political events and the policy sciences. In: WAGNER, P.; WEISS, C. H.; WITTROCK, B.; WOLLMANN, H. *Social sciences and modern States*: national experiences and theoretical crossroads. Cambridge: Cambridge University Press, 1991. p. 86-109.

______. Reinventing the policy sciences: three steps back to the future. *Policy Sciences*, v. 27, n. 1, p. 77-95, 1994.

______; VOGENBECK, D. M. The policy sciences at the crossroads. In: FISCHER, F.; MILLER, G.; SIDNEY, M. (Eds.). *Handbook of Public Analysis*: theory, politics and methods. Boca Raton: CRC Press, 2007. p. 3-14.

DUTRA, A. A questão política da alfabetização no Rio de Janeiro de janeiro de 1983 a 1987. *Cadernos de Pesquisa*, São Paulo, n. 85, p. 33-42, maio 1993.

FARIA, C. A. P. de. Ideias, conhecimento e políticas públicas: um inventário sucinto das principais vertentes analíticas recentes. *Revista Brasileira de Ciências Sociais*, São Paulo, v. 18, n. 51, p. 21-19, fev. 2003.

FIGUEIREDO, A. C. Princípios de justiça e a avaliação de políticas. *Lua Nova*, São Paulo, n. 39, p. 73-103. 1997.

FIGUEIREDO, M. F.; FIGUEIREDO, A. M. C. Avaliação política e avaliação de políticas: um quadro de referência teórica. *Análise e Conjuntura*, Belo Horizonte, v. 1, n. 3, p. 107-127, set./dez. 1986.

FOUCAULT, M. Truth and power. In: GORDON, C. (Ed.). *Power/knowledge*: selected interviews and other writings — 1972/1977. London: Harvester Wheatsheaf, 1980. p. 109-133.

FREY, K. Políticas públicas: um debate conceitual e reflexões referentes à prática da análise de políticas públicas no Brasil. *Planejamento e Políticas Públicas*, Brasília, v. 21, p. 211-259, jun. 2000.

FULCHER, G. *Disabling policies?* A comparative approach to education and disability. Sheffield: Philip Armstrong, 1999.

GIBBONS, M. et al. *La nueva producción del conocimiento*: la dinámica de la ciencia y la investigación en las sociedades contemporáneas. Barcelona: Pomares-Corredor, 1997.

GORDON, I.; LEWIS, J.; YOUNG, K. Perspectives on policy analysis. In: HILL, M. (Ed.). *The policy process*: a reader. London: Harvester Wheatsheaf, 1993. p. 5-9.

HÖFLING, E. de M. Estado e políticas (públicas) sociais. *Caderno Cedes*, Campinas, v. 21, n. 55, p. 30-41, 2001.

HOWLETT, M.; RAMESH, M. *Studying public policy*: policy cycles and policy subsystems. Oxford: Oxford University Press, 2003.

HUSEN, T. Educational research and policy making. In: POSTLETHWAITE, N.; HUSÉN, T. *International encyclopedia of education*. Oxford: Pergamon Press, 1986. p. 5-11.

LASSWELL, H. The policy orientation. In: LERNER, D.; LASSWELL, H. (Eds.). *The policy sciences*: recent developments in scope and method. California: Stanford University Press, 1951. p. 3-15.

LATAPÍ, P. *La investigación educativa en América Latina*: algunos retos. La investigación educativa en México. México: Fondo de Cultura Económico, 2004.

LIEBMAN, M.; PAULSTON, R. G. Social cartography: a new methodology for comparative studies. *Compare*, v. 24, n. 3, p. 233-245, 1994.

LIMA JÚNIOR, O. B.; SANTOS, W. G. dos. Esquema geral para a análise de políticas públicas: uma proposta preliminar. *Revista Administração Pública*, Rio de Janeiro, v. 10, n. 2, p. 241-256, 1976.

LINGARD, B.; OZGA, J. Introduction: reading education policy and politics. In: ______; OZGA, J. (Eds.). *The RoutledgeFalmer reader in education policy and politics*. London: Routledge, 2007.

LOPES, A. C. Políticas curriculares: continuidade ou mudança de rumos? *Revista Brasileira de Educação*, Rio de Janeiro, v. 1, n. 26, p. 109-118, maio/ago. 2004.

MACEDO, E. A diferença nos PCN do Ensino Fundamental. In: LOPES, A. C.; MACEDO, E. (Org.). *Políticas de currículo em múltiplos contextos*. São Paulo: Cortez, 2006. p. 159-184.

MAINARDES, J. Abordagem do ciclo de políticas: uma contribuição para a análise de políticas educacionais. *Educação & Sociedade*, Campinas, v. 27, n. 94, p. 47-69, jan-abr. 2006.

______; MARCONDES, M. I. Entrevista com Stephen J. Ball: um diálogo sobre justiça social, pesquisa e política educacional. *Educação & Sociedade*, Campinas, v. 30, n. 106, 2009.

MARTINET, A. C. Grandes questions epistémologiques et sciences de gestion. In: ______ (Coord.). *Epistémologies et sciences de gestion*. Paris: Economica, 1990. p. 9-31.

MARSHALL, J.; PETERS, M. (Eds.). Studies in educational policy at the end of the millennium. In: MARSHALL, J.; PETERS, M. (Eds.). *Education policy*. Cheltenham: Edward Elgar, 1999. p. XIV-XXIX.

MEDINA, A. M. V. de A. Modelos e lentes: uma discussão sobre a análise da implementação de políticas públicas. *Análise e Conjuntura*, Belo Horizonte, v. 2, n. 1, p. 40-55, jan./abr. 1987.

MELO, M. A. Estado, governo e políticas públicas. In: MICELI, S. (Org.). *O que ler na ciência social brasileira*. São Paulo/Sumaré: Anpocs/Capes, 1999. v. 3, p. 59-99.

______; COSTA, N. do R. A difusão das reformas neoliberais: análise estratégica, atores e agendas internacionais. In: REIS, E.; ALMEIDA, M. H.; FRY, P. (Orgs.). *Pluralismo, espaço social e pesquisa*. São Paulo: Anpocs, Hucitec, 1995. p. 153-175.

MÉSZÁROS, I. *O poder da ideologia*. São Paulo: Boitempo, 2004.

______. *A educação para além do capital*. São Paulo: Boitempo, 2005.

MIÑANA BLASCO, C. *Producción y circulación del conocimiento en el campo de la política educativa y la gestión en América Latina*. Universidad Nacional de Colombia, 2002. (Mimeo.)

MULLER, P. *Les politiques publiques*. Paris: PUF, 1990.

______. L'analyse cognitive des politiques publiques: vers une sociologie politique de l'action publique. *Revue Française de Science Politique*, v. 50, n. 2, p. 189-208, 2000.

______; SUREL, Y. *A análise das políticas públicas*. Trad. Agemir Bavaresco e Alceu R. Ferraro. Pelotas: Educat, 2002.

MUNN, P. Researching policy and policy research. *Scottish Educational Review*, v. 37, n. 1, p. 17-28, may 2005.

OZGA, J. *Investigação sobre políticas educacionais*: terreno de contestação. Porto: Porto Editora, 2000.

PAIVA, V. Pesquisa educacional e decisão política. In: WARDE, M. (Org.). *Novas políticas educacionais*: críticas e perspectivas. São Paulo: PPGEHFE/PUC-SP, 1998. p. 125-137.

PAULSTON, R. G. Mapping knowledge perspectives in studies of educational change. In: COOKSON, P. W.; SCHNEIDER, B. (Eds.). *Transforming schools*: trend, dilemmas and prospects. New York: Garland, 1995.

______. El espacio de la educación comparada y el debate sobre el posmodernismo. *Propuesta Educativa*, n. 23, p. 18-31, 2001.

______; LIEBMAN, M. Social cartography: a new metaphor/tool for comparative studies. In: PAULSTON, R. G. (Ed.). *Social cartography*: mapping ways of seeing social and educational change. New York: Garland, 1996.

PINTO, A. M. R. O fetichismo da avaliação. *Análise e Conjuntura*, Belo Horizonte, v. 1, n. 2, p. 73-92, maio/ago. 1986.

POSTLETHWAITE, T. N. Research and policy making in education: some possible links. In: ANDERSON, D.; BIDDLE, J. (Eds.). *Knowledge for policy*: improving education through research. London: Falmer, 1991. p. 183-192.

REICH, R. *The work of nations*. New York: Vintage Books, 1992.

REIMERS, F.; MCGINN, N. *Informed dialogue*: using research to shape education policy around the world. Westport: Praeger, 1997.

RICO, E. de M. (Org.). *Avaliação de políticas sociais*: uma questão em debate. São Paulo: Cortez, 1998.

ROSSETTI-FERREIRA, M. C.; RAMON, F.; SILVA, A. P. S. Políticas de atendimento à criança pequena nos países em desenvolvimento. *Cadernos de Pesquisa*, São Paulo, n. 115, p. 65-100, 2002.

RUS PEREZ, J. R. Avaliação do processo de implementação: algumas questões metodológicas. In: RICO, E. de M. (Org.). *Avaliação de políticas sociais*: uma questão em debate. São Paulo: Cortez Editora/IEE, 1998a. p. 65-73.

______. Reflexões sobre a avaliação do processo de implementação de políticas e programas educacionais. In: WARDE, M. J. (Org.). *Novas políticas educacionais*: perspectivas e críticas. São Paulo: Ed. PUC-SP, 1998b. p. 139-145.

SANTOS, L. L. C. P. Stephen Ball e a educação (entrevista a Lucíola Licínio de C. P. Santos). *Educação em Revista*, Belo Horizonte, n. 40, p. 11-25, dez. 2004.

SILVA JÚNIOR, J. dos R. S. O Pronera e a democratização da educação superior pública no campo: um diálogo teórico crítico. In: GRACINDO, R. V. *Educação como exercício da diversidade*: estudos em campos de desigualdades socioeducacionais. Brasília: Líber, 2007. p. 221-239.

SOUZA, C. "Estado do campo" da pesquisa em políticas públicas no Brasil. *Revista Brasileira de Ciências Sociais*, v. 18, n. 51, p. 15-20, fev. 2003.

______. Políticas públicas: uma revisão de literatura. *Sociologias*, Porto Alegre, v. 8, n. 16, p. 20-45, jul./dez. 2006.

SUASNÁBAR, C. *¿Pedagogos críticos, expertos en educación, tecnopolíticos, expertos o qué?* A propósito de la relación entre intelectuales de la educación y política en los últimos 50 años. La Plata: Universidad Nacional de La Plata, 2008. (Mimeo.)

TAGGART, B. et al. *Influencing policy through research on Early Childhood Education*. Paper presented at BERA Conference, London — Institute of Education, 2007.

TAYLOR, S. Critical policy analysis: exploring contexts, texts and consequences. *Discourse: studies in the politics of education*, v. 18, n. 1, p. 23-35, 1997.

______; RIZVI, F.; LINGARD, B.; HENRY, M. *Educational policy and the politics of change*. London: Routledge, 1997.

TELLO, C. *Un mapeo de los discursos de las políticas docentes em Latinoamerica 1990-2007*. 2008. 327 f. Tesís (Maestria) — Programa de Posgrados en Políticas y Administración de la Educación, Universidad Nacional de Tres de Febrero — UNTREF, Buenos Aires.

______. *Las epistemologías de las políticas educativas*. Simposio. Actas del II Congreso Internacional Educación, Lenguaje y Sociedad: la educación en los nuevos escenarios socioculturales. La Pampa, Argentina, 2009.

______; GOROSTIAGA, J. El enfoque de la cartografía social para el análisis de debates sobre políticas educativas. *Práxis Educativa*, Ponta Grossa, v. 4, n. 2, p. 159-168, jul./dez. 2009. Disponível em: <http://www.revistas2.uepg.br/index.php/praxiseducativa>.

TENTI FANFANI, E. Del intelectual orgánico al analista simbólico. *Revista de Ciencias Sociales*, Buenos Aires, n. 1, p. 19-28, nov. 1994.

______. *La escuela y la cuestión social*: ensayos de sociología de la educación. Buenos Aires: Siglo XXI, 2007.

TRINDADE, H. (Org.). *As ciências sociais na América Latina em perspectiva comparada (1930-2005)*. Porto Alegre: Editora UFRGS/Anpocs, 2006.

TROW, M. Policy analysis. In: SAHA, L. S. (Ed.). *Internacional Encyclopedia of the Sociology of Education*. Oxford: Pergamon, 1997. p. 138-144.

WAGNER, P.; WEISS, C. H.; WITTROCK, B.; WOLLMANN, H. The policy orientation: legacy and promise. In: WAGNER, P. et al. (Eds.). *Social sciences and modern states*: national experiences and theoretical crossroads. Cambridge: Cambridge University Press, 1991. p. 2-27.

PARTE II

Investigações em políticas educacionais e curriculares

CAPÍTULO 7

Discursos da reforma educacional no Reino Unido e nos Estados Unidos e o trabalho dos professores[1]

Meg Maguire
Stephen J. Ball

Introdução

> Nunca antes na história recente as escolas públicas foram sujeitas à crítica tão brutal por terem falhado em atender às necessidades educacionais da nação — ainda que nunca antes os governos tenham estado tão fortemente dedicados em estudar os problemas das escolas. (Chubb; Moe, 1990, p. 1)

Não é surpresa alguma, num contexto de crise fiscal e de recessão continuada no Reino Unido bem como nos Estados Unidos, que a provisão educacional seja reconsiderada e reavaliada. E, interessantemen-

1. Artigo publicado inicialmente no *British Journal of In-service Education*, v. 20, n. 1, 1994, p. 5-16. Tradução de Miguel Neme, com a colaboração de Rosanne Evangelista Dias. Revisão técnica de Alice Casimiro Lopes (UERJ) e Elizabeth Macedo (UERJ). A versão em português foi publicada na revista *Práxis Educativa* (UEPG), v. 2, n. 2, p. 97-104, jul./dez. 2007.

te, algumas experiências comuns também podem ser tabuladas particularmente em uma tentativa de culpar a educação por não atender às necessidades da nação, bem como em um esforço de reduzir gastos e "elevar o padrão" pela inserção de mecanismos de mercado. Dessa forma, nos Estados Unidos e no Reino Unido, um dilúvio de legislação e recomendações políticas foi despejado na arena educacional. No entanto, enquanto os "problemas" da educação parecem similares nos dois cenários, as "soluções" propostas têm somente uma semelhança superficial.

Neste capítulo, queremos sinalizar algumas "diferenças nas semelhanças" que tipificam a reforma educacional nesses dois contextos nacionais, mas não estamos diretamente preocupados com a implementação prática de táticas reformistas. Queremos explorar as discussões subjacentes que, quando usadas em determinadas condições, tornam possível criar uma atmosfera na qual políticas radicais e contrastantes criam raízes. Isto é, queremos salientar a forma pela qual a mudança política, as reformas e as reestruturações têm sido facilitadas pela "reconfiguração discursiva dos parâmetros da possibilidade e da aceitabilidade política" (Ball, 1990, p. 38). Políticas são construídas dentro e ao redor de discursos específicos que são eles mesmos conjuntos de "práticas que sistematicamente produzem os objetos dos quais falam [...] Discursos não são sobre objetos, eles não identificam objetos, eles os constituem e, na prática de fazê-los, escondem sua própria invenção" (Foucault, 1977, p. 49).

Discursos são sobre o que pode ser dito e pensado, mas também sobre quem pode falar, quando, onde e com que autoridade. Os discursos incorporam o significado e o uso de proposições e palavras. Dessa forma, certas possibilidades de pensamento são construídas. As palavras são ordenadas e combinadas de formas particulares, e outras combinações são deslocadas ou excluídas. "O discurso pode parecer pouco importante", diz Foucault, "mas as proibições às quais ele está sujeito revelam facilmente seus vínculos com desejo e poder" (1971, p. 11-12). Os discursos sustentam ou privilegiam certas relações e tipos de interação, certas formas e práticas organizacionais, certas formas de autopercepção e de autoapresentação e, ao mesmo tempo, excluem outras.

Neste texto pretendemos usar a concepção de discurso para contrastar as formas pelas quais "o professor" é posicionado e construído nas recentes políticas reformistas no Reino Unido e nos Estados Unidos. Em outras palavras, como são articulados diferentemente o papel e o propósito do professor e quais são as implicações dessas diferentes articulações para as relações de trabalho, a autopercepção e efetividade do professor? Ao mesmo tempo queremos chamar a atenção para os sentidos mais abrangentes e para as possíveis implicações dessas tentativas de reformar e reestruturar a oferta educacional.

Reforma e reestruturação

Nos Estados Unidos, o atual ímpeto de reforma escolar é geralmente apresentado como uma "reestruturação". A reestruturação refere-se a uma série de mudanças ambientais e estruturais — como a escolha pelos pais, escolas inclusivas[2] e a formação de conselhos comunitários —, assim como a uma variedade de mudanças curriculares e organizacionais nas escolas — como gerenciamento pela escola (primo distante do gerenciamento local de escolas) e o processo decisório partilhado. E essas mudanças reestruturantes são frequentemente associadas com programas de equidade e de redistribuição relacionados à educação compensatória ou educação especial ou ainda dessegregação.[3] Por exemplo, Hallinger e Hausman (1993) descrevem um plano estrutural, com o pseudônimo de Escola Distrital de Bridgewater. O plano inclui os quatro principais temas comuns aos planos de reestruturação — mas observem a intenção expressa nessas linhas:

> a descentralização da autoridade através do gerenciamento com base na escola; processo decisório partilhado em cada escola; um sistema de escolha controlada pelos pais referente à assiduidade dos alunos; currículos

---

2. No original, *magnet schools*. Estas são escolas públicas norte-americanas que possuem uma missão especial, sendo destinadas a diminuir a segregação praticada por escolas de áreas mais empobrecidas pelo oferecimento de um programa educacional mais enriquecido e adaptado (N.R.).

3. Processo de combate da segregação social, particularmente de raça (N.R.).

organizados em temas distintos refletindo diferentes filosofias educacionais[...] A motivação primária foi o comprometimento do distrito com o desenvolvimento de um caminho viável e efetivo de obter um equilíbrio étnico em suas escolas primárias. (p. 3)

O padrão e a forma de reestruturação variam de estado para estado, de cidade para cidade, de escola para escola, mas existe um discurso razoavelmente geral de reforma articulado em quase todos os esforços de mudança escolar. Em alguns distritos escolares a reestruturação é voluntária, em outras é compulsória.

Contudo, um dos aspectos mais cruciais do ímpeto reestruturante, que tem implicações óbvias no escopo e na finalidade do papel do professor, são as mudanças que estão sendo realizadas no foco, âmbito e finalidade do papel do diretor (líder de professores). A reestruturação geralmente envolve a troca de uma ênfase administrativa para uma ênfase no diretor como um instrutor, e, mais recentemente, um líder transformador. (De várias formas no Reino Unido as reformas estão produzindo uma mudança exatamente na direção oposta.) Um dos diretores envolvidos na pesquisa de Hallinger e Hausman capta algumas dessas implicações ao comentar que seu papel mudou de "Átila, o huno, para Maria que tinha uma ovelhinha (de uma canção infantil)" (p. 1).[4] Outro diretor explicou que:

> Bem, meu estilo é um estilo basicamente de gerenciamento baseado na escola [...] Geralmente não imponho problemas ou ideias às pessoas. Peço a participação e por isso fazemos muitas discussões coletivas e pensamos no que deveria acontecer [...] Algumas vezes, podemos levar mais tempo que outras escolas, mas penso que estamos fazendo a abordagem correta e o processo certo. (p. 16)

Esse fragmento aponta algumas diferenças básicas no pensamento embutido nas versões das reformas dos Estados Unidos e do Reino Unido. Em primeiro lugar, nos Estados Unidos a função do diretor é de

---

4. Em inglês, a expressão é a seguinte: "From Attila the Hun to Mary had a little lamb." Nesse caso, refere-se à redução do poder e da autonomia do diretor (N.R.).

facilitador. Como Cherry (1991, p. 38) defende, se uma reestruturação ou reforma significativa está para acontecer, o diretor deve "aprender a dividir o trabalho e também, o poder". No entanto, no Reino Unido, evidências recentes sugerem que, como consequência do Ato da Reforma Educacional de 1988, há maior estratificação entre os profissionais que trabalham na escola, há mudanças em direção a um relacionamento do tipo "eles e nós" e cada vez maiores reivindicações distintas (em termos de valores e propósitos) entre professores e dirigentes escolares quando a organização escolar "reformada" é caracterizada por um gerenciamento "de cima pra baixo" por um estilo mais diretivo de gestão (Bowe, Ball e Gold, 1992). Em segundo lugar, a lógica embutida na abordagem norte-americana é que uma maior efetividade é atingida quando se é capaz de envolver os professores no processo decisório. A crença de que a participação do professor na mudança e seu comprometimento com essa mesma mudança e as habilidades e *insights* que eles trazem e desenvolvem contribuirão para uma efetiva reestruturação é, sem sombra de dúvida, fundamental para o desenvolvimento da escola nos Estados Unidos. De certo modo, isso se baseia no investimento nas pessoas e na valorização do profissionalismo. Nos Estados Unidos, os professores são reformadores, no Reino Unido eles "são reformados".

No Reino Unido, a afirmação da prerrogativa gerencial baseia-se em uma lógica bastante diferente. Esta se apoia numa técnica, na imposição de procedimentos gerenciais que pretendem simplificar e acelerar o processo decisório. A participação é minimizada, e sistemas são desenvolvidos para disciplinar e dirigir o trabalho do professor. O profissionalismo é minimizado (e está mesmo sob ataque nas recentes propostas para a formação de professores). Colegialidade e participação são geralmente tomados como parte do problema em vez de parte da solução. Eles são vistos como mais preocupados com os próprios interesses, como parte de um sistema em que produtores desconsideram seus consumidores. As reformas "gerencialistas" no Reino Unido também afirmam uma relação "empregador-empregado" na escola e tentam relacionar "performance" diretamente aos incentivos materiais. De novo existe um significativo contraste com o discurso em processo nas reformas norte-americanas. Tentativas de ampliar a base do processo decisório das escolas, para incluir os professores e a comunidade (como está sendo feito em Chicago, ver Ford, 1992), se apoiam no conceito de *stakeholders*,[5] conceito abrangente e inclusivo que dá aos professores, pais e estudantes uma opinião válida do que se pode contar como educação (ver Epstein, 1993, por conta de um projeto similar no Reino Unido).

As reformas de processo decisório partilhado (PDP)[6] nos Estados Unidos são planejadas para serem orientadas para o futuro e alcançarem uma mudança radical.

> Em escolas PDP bem-sucedidas, as decisões são guiadas por uma visão do futuro construída coletivamente. Os *stakeholders* sabem o tipo de escola que querem ser. Os funcionários em escolas PDP buscam assumir riscos. Eles entendem que o fracasso é uma parte necessária do sucesso. (Webb, 1993, p. 18)

A intenção do PDP é a recriação das escolas como "comunidades morais", mas tais reformas (a não ser que na prática não sejam mais do que cosméticas) também têm implicações significativas para as relações de poder na educação. Muth e Segall (1993) descrevem uma reforma de processo decisório colaborativo de empoderamento (*empowerment*) do professor (PDCEP)[7] em nove distritos escolares de um estado (novamente observem a linguagem oficial utilizada aqui para caracterizar as reformas).

Eles concluem que:

> Assim como a troca para o gerenciamento local pode simultaneamente melhorar a oferta educacional no nível local, mas aumentar os problemas de responsabilidade [*accountability*] no nível distrital, também o movimento para empoderar os professores tem suas múltiplas consequências.

---

5. O termo *stakeholders* foi criado no âmbito do gerencialismo para representar a responsabilidade social empresarial. O público deixa de ser apenas o dos consumidores para envolver os *stakeholders* ou intervenientes: todas as pessoas ou empresas que, direta ou indiretamente, são influenciadas pelas ações de uma organização (N.R).

6. Em inglês, os autores utilizaram o termo *share decision making* (SDM) (N.R.).

7. Em inglês, *teacher empowerment collaborative decision making reform* (TECDM) (N.R.).

> O empoderamento dos professores pode melhorar substancialmente o ensino em direção a um aumento do profissionalismo e responsabilização, desafiando as concepções hierárquicas existentes de administrador — as relações entre professores e as funções da direção central. (p. 21)

Se colocarmos de novo essa reforma em confronto com as reformas do Reino Unido, então um paradoxo peculiar é evidente. O sistema de gerenciamento local das escolas no Reino Unido e mesmo as escolas mantidas por subvenção[8] pretendem reduzir os poderes e a influência das autoridades educacionais locais[9] e tornar as escolas mais autônomas e flexíveis. Mas em relação às escolas, ao menos no que diz respeito aos professores, a burocracia da autoridade local é substituída pelo poder do gerenciamento e pelas forças de mercado como fontes de coação (ver Ball, 1993). Nos Estados Unidos, os poderes dos conselhos escolares locais (Local School Board) e do distrito educacional central (School District Central-office) normalmente não são afetados pelas reformas PDP e PDCEP, mas, como Muth e Segall indicam, o efeito dessas reformas é uma reconfiguração prática das relações de poder e um desafio às prerrogativas herdadas. Os professores são os beneficiários do discurso da reforma e não como no Reino Unido, suas vítimas. Os professores são sujeitos da reforma e não como no Reino Unido, seus objetos.

Existe outro contrastante paradoxo nas políticas que enfatizam essas reformas. Nos Estados Unidos, o debate sobre a reforma e autonomia escolar foi enormemente estimulado pelo trabalho de pessoas como Chester Finn (1986) e Chubb e Moe (1990). A "pesquisa" e a defesa deles tiveram um papel preponderante em puxar a agenda PDP. Mas somente uma parte da visão desses pesquisadores sobre escolas competitivas e *vouchers* para os pais foi considerada na prática da reforma. Com efeito, a versão do mercado livre de "autonomia da escola" tem interagido discursivamente (se é que podemos colocar dessa forma) com o discurso profissionalizado de liderança educativa

---

8. Grant-Maintained Schools (GMS) eram escolas mantidas por subvenção, que se desligavam da autoridade local de educação e ficavam ligadas diretamente ao governo central (N.R.).

9. Local Education Authorities (LEA): autoridade educacional local (N.R.).

e empoderamento do professor, para produzir um conjunto de políticas híbridas que celebram a autonomia e transferem o processo decisório relacionado para formas de escolha "controladas" ou relativamente fracas, com o equilíbrio pendendo para a autonomia. No Reino Unido, o equilíbrio tem-se estabelecido na direção oposta. O ideal hayekiano do livre mercado como solução para quase tudo, que tanto influenciou o fazer político do Partido Conservador nos anos 1980, tem sido imposto às escolas de uma forma rigidamente pura e ideológica. A matrícula livre e o financiamento *per capita*, conjuntamente com os modelos competitivos de negócios e empreendedorismo, têm reduzido a autonomia escolar ao exercício de contabilidade institucional, manipulação de imagem e resposta reativa. Significativamente, as críticas norte-americanas às "escolas burocratizadas" podem, com pequenas alterações nas palavras-chave, ser igualmente aplicadas às "escolas gerenciadas" do Reino Unido. Theodore Sizer, por exemplo, discorre sobre escolas burocratizadas:

> professores raramente são consultados, menos autoridade significativa é concedida sobre as regras e regulamentos que governam a vida nas escolas; essas geralmente vêm do "centro". Raramente eles têm alguma influência sobre quem serão seus colegas imediatos; novamente o "centro" decide [...] Os professores geralmente sentem falta do sentido de pertencimento, um sentido comum a professores trabalhando juntos, o de que as escolas são suas, e que seu futuro e suas reputações são indistinguíveis. (Sizer, 1984, p. 184)

Significativamente, em relação ao discurso, as reformas dos Estados Unidos são baseadas, pelo menos em parte, na evidência de pesquisa e na defesa dos profissionais da educação, como no trabalho de Leithwood e Jantzi (1990), e na "liderança transformacional", baseadas em universidades, faculdades de educação e nos distritos educacionais. Ademais, o processo e o compasso de mudança, como naqueles exemplos referidos acima (Hallinger; Hausman e Webb; Muth; Segall), foram cuidadosos e firmes. Esquemas-piloto foram estabelecidos em vários casos, e os processos de mudança acompanhados por uma considerável quantidade de pesquisas financiadas pela União e pelo Estado. A questão é que a reforma é para ser decretada, negociada e controlada pelos professores e não apenas ou imposta a eles.

De novo, os contrastes com o Reino Unido não poderiam ser mais precisamente delineados. O discurso da reforma tem sido deliberadamente desenvolvido para excluir vocabulário e contribuições profissionais. Na verdade as restrições na publicação (Pettigrew; Norris, 1992), a recusa em publicar qualquer conclusão contraditória e indesejada, assim como uma rejeição total ao valor da pesquisa (ver Black, 1992; Gipps, 1993), são lugar-comum. Como Gipps diz:

> apesar da certeza de que os tempos poderiam ser difíceis, como pairava no ar em 1988, o que nós não antecipamos era que a formulação de políticas educacionais, baseada na evidência de pesquisa, desapareceria. A pesquisa e avaliação ainda estão sendo financiadas pelas agências centrais, mas o trabalho ainda está sujeito a atrasos na apresentação ou não sendo apresentado, com relatos impróprios na imprensa e um discurso geral de menosprezo (Ball, 1990) que tem efetivamente, eu temo, defendido a primazia do conhecimento do bom-senso sobre o conhecimento especializado e o transferido (para sempre?) para uma linha secundária. (Gipps, 1993, p. 3-4)

O gerenciamento e os discursos de mercado, derivados do ambiente comercial, são importados para a educação e colocados sobre e contra o trabalho de especialistas da educação superior e as autoridades educacionais locais. Tem havido pouca ou nenhuma interação discursiva. Ademais, o compasso de mudança tem sido atribulado e sob pressão. Diversas mudanças são introduzidas simultaneamente sem pré-teste e avaliação, sendo alteradas e remendadas repetidamente por ordem ministerial. Alinhada com a hegemonia do senso comum e com a suspeita em relação à pesquisa e à especialidade (*expertise*), as evidências de pesquisa são ignoradas, e não tem havido nenhuma tentativa de pesquisa sistemática ou de análise dos resultados e efeitos das reformas. De fato, estamos tentados a dizer, deliberadamente, que a forma e os processos de implementação das mudanças no Reino Unido têm um impacto nos professores diretamente oposto às mudanças nos Estados Unidos.

É importante dizer que nós não estamos aqui tentando idealizar as reformas dos Estados Unidos. É o *contraste* nos discursos e as *possibilidades* dos discursos que destacamos aqui. As mudanças nos Estados Unidos não foram, de forma alguma, não problemáticas. Hallinger e Hausman, Webb, Muth e Segall identificaram numerosas fraquezas e dificuldades advindas da implementação do processo decisório partilhado (PDP). Na verdade, o estudo de Webb sobre a Urban High School é um estudo de caso de fracasso. Ele explica:

> Estou começando a acreditar que escolas PDP eficazes são bastante semelhantes, mas que escolas ineficazes são ineficazes cada uma do seu jeito. Urban é somente uma das trinta escolas PDP do projeto PDP/SR sob estudo. Contei apenas um caso, mas outros casos são muito mais positivos do que a escola que relatei. Não estou pronto para concluir que o projeto fará diferenças reais e mensuráveis nas vidas dos estudantes. Estou propenso a dizer que o PDP/SR pode modificar significativamente a cultura das escolas. (Webb, 1993, p. 25)

Mas o ponto é que as reformas dos Estados Unidos, e as respectivas pesquisas, trabalham com uma visão mais sofisticada e multifacetada do que significa mudança escolar. É uma visão que tenta relacionar cultura à sala de aula e acesso à igualdade. Com relação à primeira (como Webb identifica) a questão é: qual é a diferença mensurável que isso tudo faz nas vidas dos estudantes? Novamente falando criticamente, o diretor de uma escola envolvida na reestruturação em Chicago, citado por Ford (1992, p. 10), comenta:

> Se há algum desapontamento para mim até o momento, é que estou tendo um momento bastante difícil nesses dois anos, vendo como isto afeta os alunos na aula de álgebra. Não sei se mais alguém levantou essa questão para você anteriormente, mas penso que ultimamente isso tudo tem que afetar os alunos nas salas de aula. Se isso não ocorrer, estaremos perdendo tempo.

No Reino Unido, além do sistema nacional de teste, mecanicista, grosseiro e falacioso, que tem como objetivo prover os indicadores de *performance* escolar em vez de medir a melhora do aprendizado dos alunos, não temos outra forma de, ao menos, iniciarmos a conceitualizar relações positivas entre reforma escolar e atividade de sala de aula. Não se está argumentando que todos os diretores e professores do Reino Unido renunciaram às necessidades das crianças e estudantes escolares de forma a implementar os requerimentos da política do Estado central (ver Riseborough, 1993); o ponto é que questões como responsabilização (*accountability*) foram reconfiguradas pelas reformas políticas recentes como estritamente relacionadas a resultados de testes em detrimento de outras possibilidades mais educativas (ver Epstein, 1993).

Discussão

Temos tentado identificar um conjunto de diferenças discursivas significativas entre as reformas escolares do Reino Unido e dos Estados Unidos e começamos a explorar suas implicações para os professores, assim como algumas das formas pelas quais "o professor" é conceitualizado diferentemente em cada caso. As diferenças estão resumidas a seguir (ver Tabela 1).

Como fundamentação para este texto, tomamos o trabalho de Michel Foucault e teorias do discurso. Com Foucault, acreditamos que o discurso é sempre apenas parcial, um ponto de vista entre vários. No entanto, algumas bases para interpretação ou definição se tornam mais dominantes do que outras; poder e conhecimento são redistribuídos. Algumas vozes, alguns modos de articulação e formas de associação são silenciadas. Certas possibilidades são oferecidas, outras são concluídas, algumas formas de pensar são empoderadas e encorajadas, outras são inibidas. Atores são posicionados e construídos diferentemente dentro de discursos distintos. Diferentes valores, fins e propósitos operam dentro desses diferentes discursos. A tarefa do educador progressista é, portanto, a de reapropriar-se dos discursos-chave, desconstruir significados dominantes e reafirmar significados mais democráticos, socialmente justos e participativos (ver Epstein, 1993).

Tabela 1
Discursos da reforma educacional no Reino Unido e nos Estados Unidos

Discurso	Reino Unido	Estados Unidos
Escolha e diversidade	Diferenciação Especialização Individualização	Foco na equidade e questões sociais
Papel do diretor	Burocrático Gerencialista	Democrático Participativo
Nível de eficácia da escola	Gerenciada por fortes controles centrais	Gerenciada por participação e processo decisório partilhado
Relações de poder	Conduzidas pelo mercado De cima para baixo	Partilhada e negociada
Professores	Objetos de controle Implementadores de decisões tomadas/produzidas pelo "centro"	Sujeitos da política Inovadores e expostos a riscos
Pesquisa	Parte do problema	Parte da solução
Tempo/ritmo da reforma e reestruturação	Puro acaso e contraditório	Incremental — conduzido por pesquisa e avaliação
Mudança	Grosseira	Sofisticada e multifacetada
Autonomia no mercado	Escolhas individuais e competição tomam lugar de fatores profissionais e éticos	Interesses profissionais se relacionam com autonomia para produzir decisões locais e democráticas

É evidente que estão sendo usados discursos contrastantes por meio dos quais o papel e o propósito do professor estão sendo diferentemente posicionados no Reino Unido e nos Estados Unidos. Enquanto em ambos os cenários o discurso dominante é o de reforma/reestruturação, táticas discursivas contrastantes são utilizadas de forma a reposicionar as relações de trabalho, a autopercepção e a efetividade do professor. Nos Estados Unidos, a escola e o professor são considerados participantes ativos da reestruturação.

> A escola é vista como a unidade responsável pela iniciação da mudança e não apenas pela implementação de mudanças concebidas por outros (Barth, 1992).
>
> Os professores são vistos como fontes de especialidade [*expertise*], em vez de implementadores dos planos dos outros para a melhoria da escola (Hallinger; Hausman, 1993, p. 13)

No Reino Unido, os professores são culpabilizados pelo fracasso das escolas e pelas alegadas diminuição nos índices dos testes. Suas preocupações profissionais e especialidades têm sido consideradas como "interesses próprios". O suporte e o desenvolvimento profissional oferecidos pelos especialistas das autoridades educacionais locais foram substituídos: a pesquisa e o conhecimento do ensino superior são desprezados como parte de um sistema que visa aos seus próprios interesses, no qual produtores desconsideram seus consumidores. Os professores são culpabilizados pelas falhas do sistema e têm de ser disciplinados. Não são confiáveis. Os professores no Reino Unido estão sendo agora "reconstruídos" por terem sido "formados com um compromisso com um código de ética que lhes possibilita ficar à parte de estreitos interesses setoriais" (Hillcole, 1993, p. 9). Uma reconstrução no sentido de se tornarem técnicos de sala de aula que implementam e avaliam os resultados de um currículo desenvolvido em algum outro lugar. Eles não precisam mais ser educados em instituições de nível superior e, então, "corremos o risco de produzir uma profissão que olha cada vez mais para dentro de si" (Furlong, 1993, p. 14).

No que se refere às relações de trabalho intraescolares, a situação parece ser a de que os professores têm cada vez menos autonomia profissional, e cada vez mais seu trabalho é dirigido por gestores *seniores* distantes das preocupações do dia a dia de sala de aula. Em relação à autopercepção do professor — e especialmente em relação a "reformas" contemporâneas, como a *Mums' Army*[10] —, o magistério parece ser reconstruído como um trabalho que praticamente qualquer

---

10. Mums' Army é um grupo de pressão que deseja que o problema do comportamento antissocial (por exemplo, violência) seja considerado na agenda política e que ações efetivas sejam realizadas (N.R.).

um pode fazer, em uma combinação de habilidades e competências com pouca reflexão ou base teórica. Com relação às propostas atuais, isso pode tornar a força de trabalho do professorado cada vez mais fragmentada e estratificada. A sensação de alienação e de desvalorização moral quando os professores são chamados a se engajar em atividades que consideram inapropriadas para as necessidades de seus alunos e filhos (por exemplo, alguns aspectos do Currículo Nacional) pode bloquear as tentativas de reforma. A efetividade do professor pode ser muito desvalorizada pela forma como sua integridade profissional, sua especialidade e sua habilidade são postas de lado. O contraste com os professores *stakeholders* norte-americanos não poderia ser mais cruel.

Queremos finalizar esquivando-nos do imediatismo de tudo isso e fazendo duas grandes perguntas sobre esses processos de reforma. Primeiro, o que essas diferenças significam em termos de vida política no Reino Unido e nos Estados Unidos? Segundo, o que essas diferenças significam em termos de vida econômica no Reino Unido e nos Estados Unidos? Podemos tratá-las bem esquematicamente. Com relação à primeira, as reformas no Reino Unido parecem visar à redução drástica das possibilidades de controle democrático, tanto local quanto institucional, da educação. As escolas precisam ser controladas no jogo entre poderes centrais, decisões de entidades não governamentais não eleitas e escolhas individualistas e competitivas. De fato, a educação escolar não está sendo mais articulada como um serviço público, mas como bem privado regulado pelo Estado. A cidadania participativa e democrática é substituída pelo consumo individualizado. A justiça social está "fora" da agenda, enquanto vantagem competitiva e interesse próprio estão "dentro". Nos Estados Unidos, são feitas tentativas para rearticular a educação como uma questão pública e questão de preocupação coletiva. Novas formas de participação democrática no processo decisório em escolas foram experimentadas. A reestruturação está relacionada diretamente às questões de equidade e justiça em vários cenários. As políticas de e para as escolas são, portanto, bem diferentes nos dois países. Desse modo, o potencial de aprendizado e as visões de "boa sociedade" também são muito diferenciadas.

Com relação à segunda questão, o contraste entre o Reino Unido e os Estados Unidos é, talvez, mais complicado, porém inesperado. As reformas nos Estados Unidos poderiam ser bem descritas como tendo, ao menos, alguma "correspondência" com as características das formas organizacionais e dos processos produtivos pós-fordistas. Na empresa pós-fordista, a produção recai sobre trabalhadores multi-habilitados, capazes de inovação e de desenvolvimento de processos e produtos, e é marcada por relações sociais informais e em rede e por hierarquias horizontais ou laterais. As tarefas e processos decisórios são transferidos. A flexibilidade, a iniciativa e o trabalho de equipe são recursos cruciais, portanto o trabalho, em si, é um ativo-chave na produção (Murray, 1988).

As reformas no Reino Unido, no entanto, se assemelham a nada mais do que à clássica empresa fordista com seus tradicionais sistemas de linha de montagem, suas estruturas hierárquicas, seu processo decisório executivo e seus ambientes de trabalho microgerenciados, estes últimos ramificados pelos requerimentos do Currículo Nacional. Nesse cenário, no Reino Unido, os professores estão cada vez mais sujeitos a pressões para realizar treinamentos especializados em relação à area, ao escopo e ao nível específicos. Assim, uma peculiar falta de "correspondência" está se abrindo entre o que Faidley e Musser (1991) chamam de era informacional e educação escolar. Apesar da ênfase do gerencialismo na rapidez do processo decisório, a estrutura fordista das escolas do Reino Unido parecem mais apropriadas a contextos estáveis e sem desafios.

> Hoje, no entanto, nós vivemos numa nova era tecnológica onde tremendas demandas são colocadas para o sistema educacional de modo que ele possa corresponder às condições sempre mutáveis de um contexto turbulento e dinâmico. Padrões universais impostos pela autoridade central simplesmente não funcionam na era da informação. Padrões nacionais para a educação são elementos importantes no processo de excelência, mas sozinhos não resolverão a crise educacional. (Faidley; Musser, 1991, p. 27)

Se a reestruturação e a reforma da oferta educacional nos Estados Unidos e no Reino Unido são para ajudar no renascimento econômico e se o sistema educacional deve satisfazer as necessidades de um futuro ainda desconhecido, então uma abordagem pós-fordista pode oferecer maior potencial do que uma fordista. Se o sistema educacional deve oferecer uma completa e desafiadora contribuição a reformas e reestruturações urgentes e necessárias, parece crítico trabalhar com as preocupações profissionais e a integridade de professores em vez de substituir ou desconsiderar suas especialidades e habilidades. Se uma visão de "sociedade boa" é aquela em que se espera que a educação apoie crianças que experimentam desvantagens ou injustiças (Gipps, 1993), isso seria mais sustentável em escolas onde os professores são profissionais reflexivos, preparados e envolvidos em parcerias genuínas, democráticas e localizadas do que em propostas educacionais centralizadas.

Referências

BALL, S. J. Education policy, power relations and teachers' work. *British Journal of Educational Studies*, v. 41, p. 106-121, 1993.

______. *Politics and policy-making in education*: explorations in policy sociology. London: Routledge, 1990.

BLACK, P. Introduction. In: Various Authors (Ed.). *Education*: putting the record straight. Network Educational Press, 1992.

BOWE, R.; BALL, S. J.; GOLD, A. *Reforming education and changing schools*. London: Routledge, 1992.

CHERRY, M. School ownership: the essential foundation of restructuring. National Association of Secondary School Principals (NASSP) *Bulletin*, Oct. 1991.

CHUBB, J. E.; MOE, T. M. *Politics, markets and America's schools*. Washington: Brookings Institution, 1990.

EDMONDS, R. Effective schools for the urban poor. *Educational Leadership*, n. 37, p. 15-24, Oct., 1979.

EPSTEIN, D. Defining accountability in education. *British Educational Research Journal*, v. 19, p. 243-259, 1993.

FAIDLEY, D.; MUSSER, O. Educational restructuring for the information era. *National Association of Secondary School Principals (NASSP) Bulletin*, Oct. 1991.

FIN, J.; CHESTER, E. Decentralize, deregulate, empower. *Policy Review*, American Publication, n. 58, 1986.

FORD, D. J. *Chicago principals under school-based management*: new roles and realities of the job. Paper presented to the annual meeting of the American Educational Research Association, San Francisco, Apr. 1992.

FOUCAULT, M. *The archaeology of knowledge*. London: Tavistock, 1977.

______. *Theories et institutions penales*. Annuaire du College de France, 1971-1972.

FURLONG, J. Why wear blinkers? *The Times Educational Supplement*, 29 Jan. 1993, p. 14.

GIPPS, C. The profession of educational research (presidential address). *British Educational Research Journal*, 19, p. 3-17, 1993.

HALLINGER, P.; HAUSMAN, C. From Attila the Hun to Mary had a little lamb: redefining principal roles in restructured schools. *Paper presented to the annual meeting of the American Educational Research Association*, Atlanta, Georgia, 1993.

HILLCOLE. *Whose teachers*: a radical manifesto. London: Tufnell Press, 1993.

LEITHWOOD, K.; JANTZI, D. Transformational leadership: how principals can help reform school cultures. *School Effectiveness and School Improvement*, v. 1, p. 249-280, 1990.

MURRAY, R. Life after Henry (Ford). *Marxism Today*, p. 8-13, Oct. 1988.

MUTH, R.; SEGALL, R. Towards restructuring: developing co-operative practices in schools. Paper presented to the annual meeting of the *American Educational Research Association*, Atlanta, Georgia, 1993.

OZGA, J. Where are the teachers in the new framework for schools? *Education Review*, v. 7, p. 44-46, 1993.

PETTIGREW, M.; NORRIS, N. *Expand and contract*: the conditions of government sponsored social research. Norwich: University of East Anglia, 1992.

RISEBOROUGH, G. Primary headship, state policy and the challenge of the 1990s: an exceptional story that disproves total hegemonic rule. *Journal of Education Policy*, v. 8, p. 155-175, 1993.

SIMON, B. *What future for education?* London: Lawrence & Wishart, 1992.

SIZER, T. R. *Horace's compromise*: the dilemma's of the American high school. Boston: Houghton-Mifflin, 1984.

WEBB, R. B. *In whose interest?* Bureaucracy and control in a restructuring school. Unpublished paper, University of Florida, 1993.

CAPÍTULO 8

Do modelo de gestão do "Bem-Estar Social" ao "novo gerencialismo":
mudanças discursivas sobre gestão escolar no mercado educacional[1]

Sharon Gewirtz
Stephen J. Ball

Introdução

A educação no Reino Unido está agora sujeita a um regime de organização e financiamento baseado nos princípios de mercado. Embora desde maio de 1997 o Reino Unido tenha um governo trabalhista (New Labour), formalmente comprometido com políticas voltadas ao aumento da responsabilidade democrática,[2] há casos de escolas que

---

1. Tradução do artigo From "Welfarism" to "New Managerialism": shifting discourses of school headship in the education marketplace, publicado em *Discourse: studies in the cultural politics of education*, v. 21, n. 3, p. 253-268, 2000. Tradução de Nelza Mara Pallú, com revisão técnica de Eneida Oto Shiroma e Jefferson Mainardes (N.R.).

2. Os autores utilizaram o termo "democratic accountability". *Accountability* é um termo da língua inglesa, sem tradução exata para o português, que remete à obrigação de membros de um

funcionam efetivamente como pequenas empresas e em áreas onde a capacidade das escolas vai além da demanda, de modo que elas competem pelo recrutamento de alunos. Esse contexto semelhante ao de mercado tem implicações não somente para as práticas de trabalho, os métodos organizacionais e as relações sociais, mas também para os valores de escolarização. Essa é uma área quase totalmente ignorada em debates políticos e em pesquisas de reformas sobre quase-mercado.[3] Este texto pertence a uma série de artigos com os quais tentamos, de várias maneiras, capturar e dar sentido às mudanças culturais e de valores que emergem nas escolas secundárias em decorrência da mercantilização da oferta educacional (Ball, 1997a, 1997b; Gewirtz, 1997, 1999). Neste texto, abordamos a questão dos valores, focando as mudanças discursivas na gestão escolar. Isto é, queremos começar a examinar as transformações nas práticas da gestão escolar e nas formas com que diretores escolares pensam e falam sobre seus papéis.

Abordamos aqui o caso da Escola Beatrice Webb, uma escola secundária, situada na região central de Londres. A escola é uma das quatro escolas secundárias que pesquisamos em profundidade, como parte de nosso estudo Escolas, Culturas e Valores, financiado pelo Conselho de Pesquisa Econômica e Social do Reino Unido (Processo n. R000235544), e este capítulo baseia-se em dados de entrevista e observação coletados durante um período de dois anos de trabalho de campo na escola (de 1994 a 1996).

A Beatrice Webb é um caso interessante, porque o que acontece nessa escola e a maneira como seus participantes relatam esses aconte-

---

órgão administrativo ou representativo de **prestar contas** a instâncias controladoras ou a seus representados. O termo "responsabilização" vem sendo usado como uma possível tradução (N.R.).

3. Na definição de Le Grand (citado por Afonso, 1999), quase-mercados são mercados porque substituem o monopólio dos fornecedores do Estado por uma diversidade de fornecedores independentes e competitivos; são *quase* porque diferem dos mercados convencionais em aspectos importantes. Assim, por exemplo, as organizações competem por clientes, mas não visam necessariamente à maximização de seus lucros; o poder de compra dos consumidores não é necessariamente expresso em termos monetários e, em alguns casos, os consumidores delegam a certos agentes a sua representação no mercado. A esse respeito, ver o artigo de Almerindo J. Afonso (Estado, mercado, comunidade e avaliação: esboço para uma rearticulação crítica, *Educação & Sociedade*, v. 20, n. 69, 1999) (N.R.).

cimentos ilustram a mudança discursiva evidente em larga escala na gestão do setor público do Reino Unido. Na recente literatura sociológica sobre mudança organizacional na educação e em outros setores sociais, essa mudança é conceituada de várias formas. Angus (1994) a descreve como uma mudança das formas participativas/profissionais de administração para as formas técnicas/gerenciais. Grace (1995) argumenta que a fase social-democrata da administração escolar foi substituída por uma fase de mercado educacional. Outros discutem que o mercado pode estar facilitando uma prevalência da "racionalidade técnica" na gestão escolar *sobre* e *contra* a "racionalidade substantiva" (Considine, 1988; Bottery, 1992).[4] Yeatman (1993) descreve como a cultura e a influência dos "intelectuais humanísticos" têm sido substituídas pelos de "inteligência técnica". Clarke e Newman (1992a, 1992b, 1997) sugerem que a reestruturação do Estado de Bem-Estar Social[5] pela nova direita representa um ataque ao "profissionalismo" e uma tentativa de substituí-lo por um "novo regime gerencial". Storey (1992) escreve sobre a crescente ênfase do "indivíduo" em oposição ao "coletivo" nas relações de trabalho com funcionários. Essa ênfase é manifestada na utilização de formas mais diretas de comunicação e envolvimento, como um sistema de recompensa integrado, associando a remuneração à *performance* em vez de uma "gratificação pelo serviço realizado" (Storey, 1992, p. 14). Tais mudanças nas estratégias de gestão foram facilitadas, em parte, por períodos de altos índices de desemprego e por uma legislação voltada ao enfraquecimento do sindicalismo.

Apesar de os conceitos utilizados nestas formulações serem diferentes, eles delimitam, essencialmente, um grupo de características

---

4. A ênfase da racionalidade técnica se baseia no desenvolvimento de técnicas, procedimentos e práticas organizacionais destinadas a facilitar a tomada de decisão, a coordenação, a escolha e a revisão de objetivos, o bom controle financeiro e informação, melhoria de custo, a receptividade e o consumidor leal.

5. Os autores utilizam o termo *Welfare State*, que costuma ser traduzido com o Estado de Bem-Estar Social ou Estado Providência. É um tipo de organização política e econômica que coloca o Estado (nação) como agente da promoção (protetor e defensor) social e organizador da economia. Nessa orientação, o Estado é o agente regulamentador de toda vida e saúde social, política e econômica do país em parceria com sindicatos e empresas privadas, em níveis diferentes, de acordo com a nação em questão. (N.R.).

comuns. Nossa intenção é explorar detalhadamente as formas pelas quais o tipo de mudança discursiva indicada por essa ampla conceituação vem se realizando no contexto de uma escola secundária de um bairro popular no antigo centro de Londres. Ao fazer isso, introduziremos alguma desordem, na aparentemente clara polarização desses binários.

Antes de voltarmos ao caso da Escola Beatrice Webb, queremos, primeiramente, delinear dois tipos ideais de discursos sobre a gestão escolar — "bem-estar social" e "novo gerencialismo". Nossa intenção, em relação a esses tipos de discurso que incorporam as conceituações listadas acima, é usá-los como recursos heurísticos e pontos de partida para um exame das mudanças e um posicionamento complexo das pessoas ou das instituições que desempenham seus papéis em lugares específicos, e durante determinado período de tempo. Obviamente, nem todos os discursos estão conectados. Há ainda outros discursos de gestão que não se enquadram em nenhum dos dois tipos. Nossa decisão de nos concentrarmos na mudança do discurso do "bem-estar social" para o "novo gerencialismo", entretanto, baseia-se no suposto de que a mudança engloba algumas das transições mais comuns nas linguagens e práticas de gestão. Essencialmente, isso envolve uma mudança de perspectiva das "necessidades dos alunos" em direção a uma perspectiva das "necessidades institucionais", inserida em uma lógica paradoxal de disciplina de mercado, a qual sugere que os "interesses próprios" deste último — o mercado — levarão aos benefícios impessoais dos primeiros — os alunos.

Então, qual é o conjunto de características que compõem a vertente do Bem-Estar Social (*welfarism*)?[6] Primeiramente, a oferta de programas e ações no Estado de Bem-Estar Social é caracterizada por um "regime de controle interno", isto é, uma "articulação específica de modos de poder que conectam as estruturas, culturas, relações e processos de formas organizacionais em configurações específicas" (Clarke; Newman, 1992a, p. 5). Clarke e Newman referem-se a esse regime como

---

6. Os autores utilizam o termo *welfarism*, que pode ser compreendido como o conjunto de políticas, práticas e atitudes sociais relacionadas ao Estado de Bem-Estar Social (N.R.).

"profissionalismo (*bureau professionalism*)", o qual "incorporava o arquétipo Fabiano[7] da *expertise* combinada com a organização sistemática de serviços através de princípios regulatórios de categorias administrativas" (Clarke; Newman, 1992a, p. 4-5). Como Newman explica:

> A administração burocrática era uma abordagem racional, regulada e hierárquica, destinada a coordenar um sistema complexo de pessoas e processos. A administração burocrática forneceu o contexto organizacional no qual os profissionais do Bem-Estar Social — médicos, professores, assistentes sociais etc. — exercem seu julgamento profissional. Esta combinação de racionalidade administrativa e de habilidades profissionais garantiu a "neutralidade" do Estado de Bem-Estar Social e protegeu o exercício do julgamento profissional no provimento do Bem-Estar Social. (Newman, 1998)

Porém, o Bem-Estar Social (*welfarism*) denota mais que um regime de controle interno ou uma forma organizacional específica. Ele também envolve um *estilo* de direção (ou forma de gerenciar) e crenças particulares sobre os *fins* e propósitos da liderança; ou seja, ambos, método e conteúdo (embora, como veremos, os dois não estão necessariamente alinhados na prática).

Para fins analíticos, faremos uma separação clara, porém heurística, entre a liderança no Bem-Estar Social (*welfarism*) e a liderança gerencialista. O arquétipo do diretor do modelo de Bem-Estar Social opera de acordo com um conteúdo em oposição à racionalidade técnica e pertence à categoria denominada por Yeatman de "intelectual humanista"; isso significa que eles "não estão totalmente indiferentes aos debates teóricos e analíticos referentes às estratégias de redistribuição e justiça social e à chamada crise do Estado de Bem-Estar Social". O diretor que se enquadra nesse modelo é visto como um "funcionário público" que está "claramente comprometido com uma concepção de

7. Originalmente *Fabian archetype*. A Sociedade Fabiana (*Fabian Society*) é o nome atribuído ao movimento intelectual criado no fim do século XIX, cujo objetivo era a busca dos ideais socialistas por meios graduais e reformistas em vez de meios revolucionários (N.R.).

interesse público, o que não pode ser reduzido à soma de preferências particulares" (Yeatman, 1993, p. 348).

No entanto, Bem-Estar Social (*welfarism*) é um termo guarda-chuva que abarca diversos conjuntos de conceitos frequentemente contraditórios. Abrange vasta gama de valores, práticas e opiniões divergentes sobre o que constitui o interesse público e sobre quais estratégias são mais adequadas para atendê-lo. Por exemplo, o *comprehensivism* — movimento pelas escolas públicas não seletivas — no Reino Unido, marco de identificação e compromisso com a educação na vertente do Bem-Estar Social, possui uma história de interpretações distintas por "liberais" ou radicais. Além disso, as noções predominantes sobre o que constitui uma boa prática de Bem-Estar Social e construções hegemônicas sobre quem são os sujeitos do Bem-Estar Social e quais são suas necessidades têm mudado ao longo do tempo e têm sido constantemente contestadas (Langan, 1988; Saraga, 1988). Dentre os discursos mais populares relacionados à educação no Estado de Bem-Estar Social, desde fins dos anos 1960, estão aqueles que giram em torno de compromissos ideológicos com igualdade de oportunidades, valorização de todas as crianças por igual, relações de igualdade e apoio, acolhimento, concepção centrada na criança, escola não seletiva, assimilacionismo, multiculturalismo, antirracismo, respeito à diversidade sexual, práticas não sexistas, desenvolvimento de cidadãos críticos, participação democrática e transformação social. Além disso, "gestão colegiada, atendimento, profissionalismo e não exploração são valorizados" (Clarke; Newman, 1992a, p. 17).

O trabalho do "novo gerente" não deve ser instruído por nenhum dos valores do "velho" modelo de Bem-Estar Social que muito caracterizaram boa parte do pensamento e práticas educacionais nos anos 1960, 1970 e início de 1980. O novo diretor gerencialista da escola deveria ser, embora não necessariamente, um recém-recrutado para o cargo de diretor sênior, com pouca ou nenhuma experiência da administração educacional anterior às reformas de 1988.[8] Houve um êxodo

---

8. A Reforma Educacional de 1988 (*Education Reform Act 1988*) é considerada umas das mais importantes mudanças na legislação educacional da Inglaterra, País de Gales e Irlanda desde a

concomitante de diretores pré-reformados mediante aposentadorias antecipadas de vários tipos. Enquanto os administradores do modelo de Bem-Estar Social tendiam a ser socializados dentro do campo e valores do setor social em que atuavam, os novos administradores tendem a ser genericamente socializados dentro do campo e valores do "gerencialismo". Em contraste ao modelo de Bem-Estar Social, o novo gerencialismo:

> [...] vê o sistema de controle burocrático pesado, contraproducente e repressivo do "espírito empreendedor" de todos os empregados. Sua noção de caminho para o sucesso competitivo está em flexibilizar os sistemas formais de controle [...] e enfatizar o valor de motivar as pessoas para produzir "qualidade" e esforçarem-se para conseguir "excelência". Os administradores se tornam líderes em vez de controladores, fornecendo as visões e inspirações que geram um compromisso coletivo ou corporativo em "ser o melhor". (Newman; Clarke, 1995, p. 15)

Para o novo gerente da educação, uma boa administração envolve implementação tranquila e eficiente de objetivos situados fora da escola, dentro de limites também estabelecidos fora da escola. Não é papel do novo gerente questionar ou criticar esses objetivos e limites. O discurso do novo gerencialismo na educação enfatiza os propósitos instrumentais de escolarização — aumentando padrões e desempenhos conforme mensurados pela avaliação dos resultados, nível de frequência e destino dos egressos — e está frequentemente articulado a um vocabulário da empresa, excelência, qualidade e eficiência. As principais características desses dois discursos estão sintetizadas no Quadro 1.

Reforma de 1944. Os pontos principais da reforma de 1988 são os seguintes: a introdução do Currículo Nacional; a organização da escolarização obrigatória em 5 *key-stages* (estágios-chave), sendo que objetivos educacionais foram definidos para cada estágio; implantação da administração local das escolas; a introdução das *Grant Maintained Schools* (GMS — Escolas mantidas por subvenção); a liberdade aos pais de escolherem a escola para seus filhos; a publicização dos resultados obtidos nos exames (*ranking* de escolas). Uma síntese dos efeitos dessas reformas pode ser encontrada, por exemplo, no livro *Reforming education and changing schools: case studies in policy sociology* (Bowe, R.; Ball, S. J.; Gold, A., 1992, Routledge); no livro *The managerial school: post-welfarism and social justice in education* (Gewirtz, S., 2002, Routledge), entre outros (N.R.).

Quadro 1
Principais características do Bem-Estar Social *welfarism* e do novo gerencialismo

Bem-Estar Social (*Welfarism*)	**Novo gerencialismo**
Sistema de valores voltado ao serviço público	Sistema de valores orientado ao cliente
Decisões guiadas pelo comprometimento com "padrões profissionais" e valores, tais como: igualdade, assistência, justiça social	Decisões instrumentalistas guiadas pela eficiência, custo-eficácia, busca por competitividade
Ênfase nas relações coletivas com os funcionários — por meio dos sindicatos	Ênfase nas relações individuais mediante marginalização dos sindicatos e de novas técnicas gerenciais, tais como gerência da qualidade total (GQT) e gerência de recursos humanos (GRH)
Consultiva	Autoritária
Racionalidade substantiva	Racionalidade técnica
Cooperação	Competição
Gerentes socializados dentro da área e valores específicos do setor de Bem-Estar Social: educação, saúde, assistência social	Gerentes socializados genericamente, i.e., dentro da área dos valores da "gerência"

Tendo destacado o conjunto de características que compõem esses tipos ideais de gestão, gostaríamos, agora, de enfocar o caso da Escola Beatrice Webb com o intuito de explorar, com certa profundidade, o conteúdo dos tipos de mudanças discursivas identificadas por Clarke e Newman, Angus, Grace e Yeatman, tal como ocorre no nível institucional. Devemos enfatizar, contudo, que algumas restrições de espaço nos impedem de retratar precisamente os detalhes dos eventos dentro das escolas, o que significa que, em alguns pontos, empregamos esboços breves de alguns fenômenos mais complexos.

Escola Beatrice Webb

Espera-se que os mercados do setor público operem com base nos princípios darwininistas. Instituições sólidas, definidas como as que atraem clientes e geram lucros, estão fadadas ao sucesso; as instituições fracas, "não populares", "vão para o paredão". Em termos de mercado, a escola Beatrice Webb é uma instituição fraca. Pouco procurada, a escola possui apenas 500 alunos, embora haja espaço suficiente para o dobro desse número. Somente alguns poucos estudantes frequentam a escola porque a escolheram. A maioria está ali por uma das seguintes razões: não conseguiu entrar em outra escola; foi expulso de outra escola; ou pertence a famílias de refugiados ou de desabrigados sem-teto (*homeless*) vivendo temporariamente nas imediações da escola. Como resultado, Beatrice Webb tem um número alto de alunos temporários. Toda semana, a secretaria emite uma listagem de novos alunos e de alunos que abandonaram a escola. Há, normalmente, ao menos quatro ou cinco alunos em cada uma dessas categorias. Sessenta por cento dos alunos falam inglês como segunda língua, e aproximadamente 35% são refugiados. Essas crianças vêm da Turquia, Chipre, Bangladesh, Curdistão, Somália, Eritreia, Etiópia, Vietnã, América do Sul e Sri Lanka. Em setembro de 1995, a autoridade local[9] aplicou um teste de avaliação de leitura para todos os alunos do 7º ano (primeiro ano da escola secundária). Do total de alunos de 11 anos de idade da Escola Beatrice Webb, 32% foram diagnosticados como tendo nível de leitura equivalente a alunos de menos de 7 anos de idade. Menos de 8% desse grupo de alunos apresentou uma capacidade de leitura correspondente à média ou acima da média dessa idade cronológica. Em 1995, 11% dos estudantes obtiveram cinco ou mais conceitos A-C nos exames de ensino secundário, comparados com a média nacional de 43,5%. Muitas famílias de alunos da escola participam de programas sociais, e grande proporção dos alunos é caracterizada como portadores de dificuldades de aprendizagem e de comportamento.

O prédio da escola parece negligenciado. A pequena demanda de alunos (e, consequentemente, o reduzido orçamento), indica inexistirem fundos suficientes para consertar as janelas quebradas ou para pinturas internas dos três prédios que compõem a escola. Os recursos didáticos

9. No Reino Unido, o termo Local Education Authority — LEA (Autoridades Locais de Educação) são divisões educacionais responsáveis pelas escolas de uma determinada região geográfica. Na Irlanda do Norte são chamados de Education and Library Boards — ELB (N.R.).

para o desenvolvimento do currículo são precários. Há poucos livros didáticos, e existe forte dependência de folhas de atividades. Os alunos não têm permissão para escrever nem para levar as folhas de exercícios para casa, porque a escola não tem condições financeiras de produzir mais fotocópias. Por isso, os alunos gastam tempo da aula copiando as atividades manualmente. O departamento de artes tem apenas o valor correspondente a uma libra e meia (£ 1,50) para dispender com cada criança por ano. A professora encarregada da disciplina de artes foi entrevistada no meio do ano escolar, ocasião em que já estava sem lápis, com pouco papel e os pincéis estavam em péssimo estado. Uma das consequências da falta de material para as aulas de artes é a reduzida oportunidade que os alunos dessa escola têm para demonstrar talentos artísticos e habilidades necessárias para obter boas notas nos exames.[10] As mesmas condições precárias de recursos e as consequências para o baixo desempenho escolar foram observadas nas outras áreas do currículo nesta escola.

Como referido acima, Beatrice Webb é uma das quatro escolas que pesquisamos como parte do estudo observando o impacto da mercantilização e reformas associadas às culturas e valores escolares. As escolas foram selecionadas a fim de destacar aspectos contrastantes em termos de "posição de mercado", respostas ao mercado, diferenças socioculturais na composição dos alunos e da corporação governamental, diferenças na história e constituição de equipes administrativas e na "visão" institucional e missão das escolas. Escolhemos a escola Beatrice Webb por sua localização e características, sua baixa posição "no mercado" educacional e aparentemente forte orientação para a vertente do bem-estar social manifestadas pela diretora. Nosso interesse era descobrir o que acontecia nas escolas com cultura e valores em desacordo com os discursos hegemônicos da gestão e do mercado. Aos seis meses do nosso projeto, a diretora Susannah English demitiu-se, tendo sido substituída por um novo diretor, Brian Jones, o qual apresentava muitas características do perfil do novo diretor gerencialista delineado anteriormente. Esse evento representou uma oportunidade ímpar para compararmos os dois diretores.

---

10. General Certificate of Secondary Education (GCSE) são exames realizados durante a escola secundária para alunos do 10º e 11º ano de escolaridade, ou seja, para alunos de 14 a 16 anos (N.R.).

Senhora Susannah English

Susannah English descreveu a si própria como uma "remanescente dos românticos anos 1960". Ex-professora de História, sempre trabalhou em escolas da região central; tornou-se diretora da Escola Beatrice Webb em 1989. A filosofia e prioridades educacionais da Sra. English eram representadas pelos objetivos da escola (estabelecidos antes de seu ingresso na escola e modificados por seu sucessor). Os quatros objetivos originais eram os seguintes:

- Na Escola Beatrice Webb almejamos trabalhar com pais e voluntários para auxiliar os alunos em seu desenvolvimento pessoal e social, e adquirir, apreciar e utilizar o conhecimento e estratégias para entender e explorar seu mundo e os meios de transformá-lo.
- Objetivamos oferecer uma ampla gama de experiências de aprendizado e oportunidades por meio de um currículo extenso e equilibrado em todos os aspectos da vida escolar, que atenda a necessidades e habilidades de todos os alunos.
- Objetivamos criar um ambiente criativo, desafiador e rigoroso, no qual nossos alunos possam atingir altos padrões educacionais e deixar a escola com o desejo e habilidade de se tornarem aprendizes ao longo da vida.
- Objetivamos receber bem as pessoas na escola, encorajar o respeito por outras pessoas, seus valores, culturas e direitos, incluindo o direito de aprender.

Para a Sra. Susannah English, os principais objetivos da escola eram proporcionar desenvolvimento pessoal e social, incentivar as crianças a ver o mundo com olhos críticos com a intenção de torná-lo um lugar melhor e garantir que as necessidades e habilidades de todas as crianças fossem atendidas. Ela também estava interessada em que as crianças alcançassem padrões educacionais elevados, mas sua racionalidade não era do tipo instrumental para satisfazer as necessidades da economia ou para capacitar alunos individualmente para conseguir empregos quando deixassem a escola. Seu argumento central era desenvolver a motivação das crianças para aprender e capacitá-las para se tornarem "aprendizes ao longo da vida". A Sra. English estava comprometida com os ideais do Bem-Estar Social que veem a educação como importante "para seu próprio bem" e como ferramenta de transformação social.

De modo significativo, o tema de relações humanas e o conjunto de conceitos relacionados a esse tema eram centrais na forma como a Sra. English falou sobre a escola e seu papel como diretora. Por exemplo, ao descrever os pontos positivos da escola ela focalizou (talvez idealisticamente) o relacionamento entre professores e alunos:

> Muitos dos professores [...] parecem realmente gostar de desafios e de trabalhar em um lugar como este onde as crianças são tão participativas [...] e o relacionamento com as crianças é extremamente caloroso. (31-8-1994)

Ela também estava fascinada pelo "poder dos embates e os relacionamentos entre os adultos, adulto-crianças e crianças-crianças".

Além disso, as relações de gênero e dinâmicas de gênero foram de vital interesse para a Sra. English. Estava, de certa forma, preocupada com o desequilíbrio de gêneros nas classes dos anos iniciais e se mostrava muito mais atenta ao desequilíbrio de gênero nas equipes de direção e às implicações culturais disso na maneira de a escola funcionar como organização:

> A equipe de funcionários é predominantemente masculina, sendo eu a única mulher na administração da escola [...] o que é uma grande tristeza para mim. Como sênior, eu quero dizer que sou a única na equipe de administração agora. Recentemente nós perdemos uma vice-diretora que era negra e mulher, o que é realmente triste [...] E o principal quadro de professores tende a ser composto por mais mulheres que homens [...] por isto nós temos aqui um desequilíbrio de gênero na equipe, o que acredito que seja um grande problema. Eu realmente acredito que isso afeta as coisas. É uma equipe muito dominada pelo gênero masculino. Todas as coisas são afetadas por isso, ou seja — a forma como as pessoas argumentam, discutem, pressionam e assim por diante. (31-8-1994)

A Sra. English estava comprometida, a princípio, com modos de gestão consultivos e não hierárquicos. No entanto, ela acreditava que a

Administração Local das Escolas[11] não permitia a operação que ela via como modos de gestão essencialmente femininos:

> Eu penso que a Administração Local das Escolas mudou a forma como as pessoas podem administrar a escola e eu acho que isso está diretamente ligado a uma questão de gênero. Eu não estou dizendo que todas as mulheres administradoras têm o que eu chamaria de um estilo de administração mais "feminino" — obviamente elas não têm — mas é muito mais difícil, no contexto de uma administração local das escolas, e se você é uma mulher, ser [...] aberta e consultiva e menos hierárquica. É muito mais difícil do que costumava ser. E todas aquelas decisões importantes sobre dinheiro e o trabalho das pessoas e assim por diante — é realmente difícil. E esse é o motivo pelo qual muitas mulheres não querem lidar com administração.[12] O leque de arquétipos de diretor que as pessoas têm em mente quando querem divulgar e promover sua escola é a de um homem, branco, vestindo um terno cinza, e provavelmente sem barba [...] mas [...] eu tenho visto esse tipo de pessoas ganharem espaço de qualquer forma, e agora eu acho que seria interessante ver se os novos indicados para cargos de gestão continuarão a ser mulheres.
>
> [...] as [decisões] a respeito dos funcionários e professores são realmente difíceis de serem consultivas, abertas e democráticas [...] nós estamos com dificuldades financeiras no momento e lidar com isso [...] é, de fato muito difícil. [Seria] bom dizer, "vamos todos nos voltar para isto, tudo isso é um problema, vamos ver como nós podemos partilhá-lo e resolvê-lo". No final das contas, a realidade não será que as pessoas dirão, "OK, eu irei, eu posso ver que isso é bom para todos". Não é assim que acontece. Alguém tem que tomar decisões claras baseadas nos bons princípios educacionais, o que pode ser feito por um grupo de pessoas e pode ser

11. Local Management of School (LMS) foi estabelecida pelo Ato da Reforma Educacional de 1988, o qual transferiu a responsabilidade da administração de orçamentos escolares, contratação e demissão da equipe de trabalho da divisão educacional (autoridade local) para as escolas.

12. Nossa pesquisa anterior (Gewirtz et al., 1995) e o estudo de caso em outra escola neste projeto sugeriu que tal relacionamento essencialista entre gênero, valores e estilo de liderança é analiticamente insustentável. E, para confundir o quadro adiante, Clarke e Newman (1997, p. 73) argumentam que o "novo gerencialismo", de fato, envolve "feminização" da administração com uma ênfase nas "estratégias" de comunicação e construção de cultura, redes e gerenciamento de parcerias, propiciando bom relacionamento com os clientes e equipe de trabalho e gerenciando um complexo processo de mudança e transição.

através de consulta, mas no final, tudo vai ser feito por um grupo de pessoas firmes e decididas. (31-8-1994)

Algum nível de compromisso ou contradição já deve estar evidente nesses comentários. Sugerimos que a prática de liderança é, em parte, definida por tais compromissos. Entretanto, ao se alinhar um conjunto de valores e práticas enfocadas na qualidade de relacionamentos, nos modos democráticos de administração e o desenvolvimento social e pessoal das crianças, a Sra. English distanciou-se *retoricamente* dos valores empresariais e das práticas do novo gerencialismo. Na prática, contudo, ela não agiu de forma autoritária com os professores. Por exemplo, próximo ao final de seu mandato, ela tentava impor uma nova estrutura de organização, apesar da forte oposição dos professores. Os coordenadores de áreas foram convidados a se candidatar a novos cargos na nova estrutura organizacional, mas eles boicotaram o processo. Somente dois dos doze coordenadores de área romperam o acordo e se inscreveram para os novos cargos. No entanto, o autoritarismo da Sra. English, nessa e em outras circunstâncias, não pode ser explicado somente em termos de pressão de uma administração desgastada, mas deve ser visto no contexto das dinâmicas institucionais peculiares da escola.

A Sra. English estava um tanto quanto desdenhosa com relação às crenças e práticas pedagógicas de grande parte de sua equipe. Embora politicamente militante, esses professores do sexo masculino, principalmente oriundos da classe trabalhadora, tendiam a ser educacionalmente conservadores e firmes na oposição a qualquer mudança em suas práticas de trabalho. Como a Sra. English não os valorizava como professores e dada a relutância desse grupo influente em cooperar com qualquer de suas sugestões de mudanças, ela tendia a tomar decisões que todos os professores que entrevistamos interpretavam como arbitrárias. Seria muito simplista afirmar que a mercantilização impôs para a Sra. English um estilo de gerenciamento autoritário. Pareceria que as pressões de mercado na Escola Beatrice Webb poderiam ter combinado com as tensões micropolíticas preexistentes para reforçar uma abordagem de gestão, que já era um tanto quanto "masculinizada" (isto é, assertiva e confrontante), inclusive com as preferências anunciadas da Sra. English por um estilo mais feminino de liderança.

Mesmo assim, a Sra. English foi resistente também aos aspectos de "chefia-executiva" do novo papel de diretora — responsabilidade de lidar com o financeiro e com as instalações da escola, contratar e demitir professores e funcionários e fazer propaganda da escola. Seu foco de interesse incidia sobre a prática de sala de aula e o currículo, às vezes descrita como papel do líder profissional. Estava "desconfortável" com o fato de o conteúdo e implicações das prioridades estarem voltados para orçamento e finanças. Demonstrou exatamente o que Clarke e Newman (1992a, p. 10-11) descrevem como "sentido complexo de deslocamento e incertezas sobre as possibilidades e perspectivas de ser tornar uma nova gestora combinada com um sentimento de confusão e de perda de certezas antigas". Relutava diante da ideia de se tornar uma bilíngue a falar os dois idiomas da velha e nova gestão.

> Eu de fato sei como trabalhar em sala de aula e como trabalhar com crianças e sei bastante sobre currículo. Agora tudo isso — o currículo em particular — foi retirado; não o como ensinar, mas o quê ensinar, essa decisão foi retirada. E, ao contrário, eu tenho tido que lidar com decisões difíceis, tais como [...] refazer telhados, substituir vidros, ou contratar ou demitir funcionários... E eu ainda receio que isso é o [...] [*Luddite in me*] é minha resistência à inovação. Eu gostaria de repassar para alguém todas essas decisões, porque elas são tão desconfortáveis. (31-8-1994)

Na prática, a Sra. English, em parte, aceitou tacitamente essas novas tarefas e responsabilidades. Contudo, sua relutância em executá-las indiscutivelmente inibiu sua capacidade em fazê-las com sucesso, num contexto em que a eficácia é definida como a possibilidade de maximizar a verba da escola bem como sua posição de mercado. Dois exemplos disso podem ser dados.

Primeiro, a antipatia da Sra. English em relação às tarefas relacionadas às finanças pareciam ter afetado a sua capacidade de garantir que a escola obtivesse o máximo possível da divisão educacional (Autoridade Local de Educação), porque nos parecia que, apesar de a principal verba ser distribuída de acordo com a fórmula publicada pela divisão educacional

(LEA), não exista fiscalização por parte das divisões educacionais para verificar precisamente como a fórmula é interpretada e aplicada. Existia um espaço para administradores financeiros astutos pressionarem as divisões educacionais e conseguirem mais verbas. Isto privilegia as escolas que contam com diretores com maior experiência em administrar recursos financeiros, o que não parecia ser o caso da Sra. English.

> SG: Então, o que aconteceu com as finanças dentro das divisões educacionais (autoridades locais)?
>
> Sra. E: Eu não poderia, não sou muito boa em finanças para dar a você uma resposta de improviso. E eu não sei o que a divisão educacional nos diria; eu sei o que eles deveriam fazer segundo a lei, o quanto nos custa, mas [...] tudo o que eu sei é que tem sido difícil desde que estamos aqui; e é o interesse das autoridades oficiais [...] e alguns dos membros têm demonstrado interesse em burlá-las. (31-8-1994)

O desgosto da Sra. English pelo trabalho financeiro a impediu de tentar influenciar as decisões recentes das autoridades locais e mudar as regras para alocação de fundos para eventuais admissões após o dia de contratações, que seria em janeiro. Essas mudanças significavam que a escola receberia verbas somente para admissões eventuais até 5% do total da folha de pagamento da escola:

> Sra. E: [...] ano passado nós ganhamos uma verba extra de 60.000 libras para todas aquelas crianças. Porém, este ano, é claro, nós não ganharemos isso, ou nós receberemos só um pouco, porque nós só ganharemos os 5% excedente da folha de pagamento, o que é um tanto vergonhoso, não é?
>
> SG: Eu estou surpresa [...] eles podem fazer isso?
>
> Sra. E: Bem, é uma variação que a Secretaria do Estado autoriza. Eu não acho que eles a consultaram sobre isso. Porém, eu não sou muito boa em averiguar ou saber — é terrivelmente difícil [...] Eu quero dizer [...] temos muitos papéis para consultar e [é difícil] lê-los e compreendê-los. Eu não sou financeiramente brilhante, mas eu tenho uma certa visão de senso comum sobre as coisas e eu tenho aprendido bastante. (31-8-1994)

Além disso, enquanto algumas escolas criaram cargos financeiros dentro do quadro de funcionários administrativos, a Escola Beatrice

Webb resistiu a esta tendência e, como a Sra. English reconheceu, a escola pode ter sido financeiramente punida como resultado disso.

> Sra. E: [...] temos resistido a que nossa equipe de administração possua um profissional da área de informática [...] com toda aquela parafernália e se você quer perguntar algo, jorram papéis e as máquinas de calcular. Nós não temos alguém assim e não a queremos porque este não é nosso estilo de trabalho, porém eu imagino a vantagem disto e que eles são o tipo de pessoas que podem lidar com [...] consultoria e dizer o que significaria para a escola.
>
> SG: Por que a senhora tem resistido a ter esse tipo de profissional?
>
> Sra. E: Ah! Bem, um pouco pela questão de gênero. Não é o principal motivo, mas, existe uma questão de gênero, pois é sempre o homem que é encarregado do dinheiro [...] E eu vejo isto acontecer nas escolas e eu acho que é uma via rápida, é [...] como um atalho para chegar à direção e eu receio que seja um tipo de estereótipo que surgirá. É um pouco parecido com o caso das mulheres que são responsáveis pelas garotas [...] e uniformes, esse tipo de coisa, é [...] o oposto que se tem, e é difícil de enfrentar [...] é o que a educação moderna representa, tudo em ser capaz de administrar as finanças. Mas gostaríamos também de, como uma equipe administrativa [...] compartilhar desse tipo de decisões e da compreensão sobre elas entre nós. (31-8-1994)

Aqui, a antiga e nova linguagem e práticas institucionais concomitantes entram em oposição direta; o utilitarismo é posto contra os princípios.

O segundo exemplo de como a relutância da Sra. English em adotar os valores e práticas de mercado pode ter afetado as verbas da escola e a posição da escola no mercado foi causado por sua visão de marketing. A Sra. English tinha de melhorar, de alguma forma, as práticas de marketing da escola. Mantinha contato regular com diretores de escolas de ensino fundamental da redondeza que encaminhavam alunos para sua escola, produziu um livreto da escola e em 1992 nomeou um diretor-auxiliar com a principal tarefa de ampliar o recrutamento de alunos. No entanto, a Sra. English deixou-se levar pelas novas tendências ao tentar atrair mais famílias de classe média para "melhorar a imagem da escola".

Sra. E: Se nós não conseguirmos alunos, isso é ruim para nós, mas nossa obrigação é para com as crianças que temos; esse é nosso principal dever, educar as crianças da melhor maneira possível, para que elas possam ter o melhor fora da escola [...] Agora eu me encontro em um conflito com os representantes oficiais porque eles querem uma escola mais equilibrada. Eles dizem, "seu trabalho seria mais fácil se você não gastasse tanto tempo com a demanda de crianças refugiadas ou com poucas habilidades" e assim por diante, o que é uma verdade, "então você deveria empregar sua energia e tempo recrutando melhor". E eu estou dizendo "não", porque nosso compromisso maior é para com essas crianças. Nós temos algumas diferenças quanto a isso.

SG: Eles estão dizendo que o tipo de crianças que vocês têm está lhes dando uma imagem ruim? [...]

Sra. E: Eu acredito que seja verdade, eu acho que é verdade. Eu penso que [...] os pais que escolhem e enviam seus filhos para escolas mais distantes, os quais tendem a ser de famílias de classe média, não vão escolher uma escola em que eles veem que 60% dos alunos falam inglês como uma segunda língua, porque eles acreditarão que isso rebaixa a qualidade do que ocorre nas salas de aula de seus filhos. Ou poderia [...] ainda [...] interpretar como uma forma de racismo. Eles não querem estar em uma escola onde há muitos rostos negros ou asiáticos, porque eles verão que embora "os negros e asiáticos sejam empenhados, alguns deles precisam de suporte bilíngue ou um apoio em Inglês como uma segunda língua". Eu realmente acredito que funciona assim [...] E a dificuldade em julgar como você apresenta isso demonstra como se está longe de se estar preparado para lidar com isso, e eu acho que é uma das fraquezas da administração local e este negócio de que aluno gera dinheiro. Isso deixa você tentado a definir um uniforme e mascara a imagem em vez da realidade, por isso você elabora fôlderes bonitos, fotografias de garotos todos com uniformes sentados em fileiras parecendo angelicais, cristãos e brancos. Como essa não é a realidade desta escola, eu não estou preparada para acondicioná-la dessa forma, nem colocar as pessoas em um uniforme ou colocar crianças negras longe das vistas quando nós fizermos propagandas. Porém, eu penso que o preço a se pagar por isso é muito alto [porque], no final de contas, você não será escolhido e isso gera uma tensão difícil o tempo todo. Algumas vezes eu penso que as pessoas gostariam de me ver pelas costas porque seria mais fácil não ter alguém dizendo esse tipo de coisas. E eu desconfio que, quando eu me for, os uniformes serão introduzidos. (31-8-1994)

Foi essa indisposição em conter tais preceitos antirracistas e valores educacionais progressistas diante das pressões de mercado que tornaram a Sra. English essencialmente uma representante do modelo do Bem-Estar Social, e ela estava claramente ciente de que seus valores e princípios não se encaixavam facilmente nos valores prevalecentes e nas expectativas de gestão escolar.

Seis meses após nossa primeira entrevista com a Sra. English, ela renunciou a seu cargo. Suas razões estavam, em parte, relacionadas à micropolítica da escola.[13] Sua abordagem mais flexível de disciplina, sua tendência, como muitos professores percebiam, em tomar o partido dos alunos contra os professores, seu gênero e, possivelmente, sua origem burguesa provocavam constantemente uma atitude recalcitrante e hostil de um grupo de professores e funcionários predominantemente machista, politicamente militante e educacionalmente conservador. Esses fatores, somados talvez ao fracasso em comunicar, de modo efetivo, suas ideias e decisões, dificultaram suas tentativas de atingir as metas para a escola e a deixaram frustrada e superestressada. Porém, a frustração e o estresse não foram simples fruto das relações internas à escola. A tensão e a hostilidade entre a chefia e sua equipe foram certamente exacerbadas pela discrepância entre os compromissos dos diretores com atitudes relacionadas ao Estado de Bem-Estar Social e os valores e práticas geradas pelo novo ambiente político. A composição socioeconômica e linguística da população de alunos da Escola Beatrice Webb e sua transitoriedade indicavam que a escola seria fortemente penalizada financeiramente

13. No livro *Micropolítica da escola* (*The micro-politics of the school: towards a theory of school organization*) publicado pela Routledge em 1987, Ball analisa a organização das escolas, considerando-as como lugares nos quais a influência interpessoal, os compromissos e as negociações informais chegam a ser tão importantes quanto os procedimentos formais. A micropolítica envolve identificar esferas de interesse, conflito e poder. Na visão do autor, as escolas são campos de luta ideológica mais que burocracias abstratas e formais. A teoria micropolítica de Ball acerca da organização descreve os aspectos não visíveis à simples vista dentro das organizações e, assim, abandona as teorias convencionais e coloca questões sobre as formas de controle organizativos das escolas (N.R.).

pelo mercado educacional. Isso foi traduzido em grande dívida; drástica redução de verbas para o desenvolvimento curricular; insuficiente apoio para a aprendizagem; criação de um ambiente pesado, desmoralizante e de insegurança entre os membros da administração da escola. Um orçamento adequado não resolveria a questão do sucesso da escola nem das dificuldades de relacionamento entre diretora e a equipe. Porém, teria removido o receio de demissão, melhorado as condições de trabalho e, ainda, reduzido as tensões, fortalecendo a diretora e colocando-a em uma posição mais forte para pôr em práticas seus compromissos. A Sra. English foi substituída pelo Sr. Jones.

Sr. Jones

O Sr. Jones sabia o que tinha de fazer para tornar a escola Beatrice Webb "bem-sucedida", entendendo que o sucesso é definido por um discurso de gestão/mercado e ele estava preparado para isso. Mostrava poucas incertezas sobre o que esperava alcançar na escola ou como ele alcançaria isso, e, às vezes, apresentava as qualidades "visionárias" de um novo gerente, aliando administração com paixão. O Sr. Jones percebeu que sua primeira tarefa seria equilibrar o orçamento, então com um déficit de 43.000 libras. Quando assumiu a direção, a escola empregava 38 funcionários em tempo integral, mas havia dinheiro no orçamento para apenas 29. Equilibrar o orçamento significava fazer cortes, por exemplo, reduzindo verbas para Educação Física e reduzindo e abolindo a "sala de recuperação", onde as crianças "indisciplinadas" eram deixadas quando não faziam suas tarefas. Na sala de recuperação atuavam os professores mais antigos e experientes, portanto mais caros, havendo assim motivos financeiros e educacionais para sua abolição. Diminuir os gastos demandaria medidas que o Sr. Jones se sentia pessoalmente desconfortável para tomar, mas que eram necessárias em termos administrativos. A diferença entre o Sr. Jones a Sra. English foi exemplificada por sua decisão em tomar providências para a aposentadoria de um professor que lecionava na escola havia muitos anos e era considerado por ambos, Sra. English e Sr. Jones, um bom professor.

Mantê-lo não fazia sentido "financeiramente", e a decisão da Sra. English em mantê-lo era, de acordo com o Sr. Jones, um exemplo de "compaixão inadequada".

Outra estratégia do Sr. Jones para equilibrar o orçamento foi aumentar o número de alunos, com ênfase particular em atrair mais alunos de classe média. Tal como ele disse aos assistentes na reunião de diretoria:

> Todas as pesquisas sobre escolas eficazes demonstram que somente 7% do desempenho dos alunos deve-se ao que a escola faz. Um percentual maior pode ser atribuído às características apresentadas pelos alunos quando entram na escola. Por isso precisamos ter certeza de que atrairemos alunos "mais capazes".

Com o intuito de atrair mais alunos considerados "capazes", o Sr. Jones instituiu o uniforme escolar. Seu argumento era de que o uniforme não apenas criava uma imagem de disciplina, além de ser um atrativo para as "turmas aspirantes", mas também envolvia uma série de atitudes para com a escola e o trabalho escolar — as lógicas de mercado e justificativas educacionais são ocultadas (ver também Ball, 1997b). Além disso, o Sr. Jones pretendia reescrever os objetivos atuais da escola, citados acima, porque eles enfatizavam coisas "erradas". Disse à equipe em seu primeiro dia:

> nas escolas nós nos preocupamos, mas precisamos expressar nossas preocupações profundas oferecendo um ambiente e oportunidades de trabalho, então precisamos dar um passo atrás na indulgência em tentar resolver os problemas de todos os alunos. Eles têm experiências diferentes, mas esta não é uma filial de serviços sociais, e nós não somos assistentes sociais. Embora tenhamos de ensinar conhecendo as experiências dos alunos, precisamos colocar como prioridades o trabalho e a educação. (Notas de observações, 4-9-1995)

Com efeito, o Sr. Jones desejava focalizar as preocupações da escola, centrando forças nas questões de ensino e aprendizagem. Ao fazer isso, pretendia tornar a escola mais bem orientada instrumentalmente e voltada para o desempenho. Isso faria, por sua vez, com que as preocupações primordiais da escola estivessem mais diretamente voltadas aos indicadores estabelecidos pelo governo, os quais, em parte, visavam oferecer aos clientes relevantes informações de mercado para que fizessem suas "escolhas".

Os planos iniciais do Sr. Jones incluíam a redecoração do *hall* de entrada e seu próprio gabinete. Durante um de nossos primeiros encontros, ele nos levou o seu gabinete e disse:

> Olhe para esta sala, está tão decadente quanto ao resto da escola. Precisamos dar uma boa impressão aos pais de classe média que precisamos atrair para salvar a escola. Deveria ter uma aparência de um gabinete executivo. Eu estou me livrando destes armários antigos e adquirindo armários modernos, e substituindo as mesas por uma mesa redonda e cadeiras confortáveis para reuniões. E ele não utilizaria papéis recicláveis como a diretora anterior, disse ele, que era admirável em termos de meio ambiente, mas dificilmente conseguiria causar uma aparência adequada. (Notas de observação, 1º-9-1995)

Assim como outros diretores que entrevistamos, o Sr. Jones estava muito preocupado com a sutileza semiológica da imagem, símbolos e apresentação. De fato, no final de seu primeiro ano na direção, ele tinha deslocado seu gabinete (para um lugar menos acessível aos alunos, equipe da escola e pais), criando um estilo formal de "diretor-executivo", com uma sala de reuniões adjunta. Isso contrastava com o estilo informal, amigável e levemente caótico da Sra. English, normalmente em sua sala de portas abertas, frequentemente visitada por alunos. Em parte, a intenção de Sr. Jones em reorganizar o ambiente dessa forma era distanciar-se das atividades rotineiras da escola, a fim de ter mais tempo e disposição mental para o planejamento de questões estratégicas. A mudança de "líder-profissional" para um "profissional gerente-executivo" é claramente observada com isso. Essa reorganização do espaço físico é altamente simbólica da distância que fora aberta entre os valores, propostas e perspectivas da equipe anterior, com as principais preocupações em equilibrar o orçamento, recrutar alunos, relações públicas e aparência administrativa e equipe de ensino com uma preocupação central com o currículo, controle de sala de aula, as necessidades dos alunos e a manutenção de registro (Bowe, Ball; Gold, 1992).

Ao fazer essas mudanças, o Sr. Jones precisava contar com o apoio da equipe. Seu trabalho visionário era parte disso. Mas ele tinha de dar atenção especial ao pequeno, mas importante, grupo da equipe que tinha dificultado, com sucesso, as iniciativas que a diretora anterior tentou tomar e que foram caracterizadas pela equipe administrativa como "ultrapassadas" (dinossauros). Conquistar o apoio desse grupo envolveu os esforços do Sr. Jones em estabelecer sua credibilidade junto à classe trabalhadora. Por exemplo, na primeira reunião com a equipe da escola, ele falou sobre sua experiência de ter crescido em um bairro popular, em moradias oferecidas pelo governo. Também envolveu engajar-se em atividades masculinas para aproximar-se do grupo, tais como jogar futebol e fazer brincadeiras sobre o tamanho das agendas (*filofax*) que os professores possuíam. Nenhuma dessas táticas foi eficiente para a Sra. English. Além do mais, o Sr. Jones ganhou pontos ao dizer à equipe que eles estavam realizando um bom trabalho (mesmo que não acreditasse realmente nisso) para elevar o moral deles e ganhar seu apoio. Esta é uma tática clássica "centrada nas pessoas" da nova gestão — "o novo gerente deve estar atento ao potencial de contribuição de todos na organização e gerar um clima em que eles sintam que suas contribuições serão valorizadas e bem-vindas" (Clarke; Newman, 1992b, p. 3). O Sr. Jones estava também disposto a utilizar o que ele gostava de chamar de técnicas de gestão maquiavélicas. Por exemplo, nas reuniões com a equipe administrativa, regularmente expressava sua preocupação em tomar decisões que pareciam ser de ordem curricular quando, na verdade, eram essencialmente orçamentárias. Outra estratégia que ele adotava era decidir, mediante consulta prévia da equipe, sobre pequenas concessões que ele se dispunha a fazer, dando a impressão de uma genuína negociação — talvez uma "cultura artificial".

O Sr. Jones era capaz de se referir à escola usando linguagens e informações diferentes, por exemplo, para as reuniões da equipe administrativa e o oposto nas reuniões com a equipe de professores. Ele era "multilíngue" no sentido de que ele poderia mudar o discurso facilmente entre a "velha" linguagem do serviço público (imersa numa linguagem de igualdade de oportunidades) e um número de novas linguagens da administração escolar — a linguagem do mercado (relações públicas, empreendedorismo, marketing e recrutamento), a linguagem da gestão financeira (o orçamento, administração de obras, geração de lucros), a linguagem da gestão organizacional (cultura corporativa, recursos humanos, qualidade, eficiência e desempenho) e, quando necessário, a nova linguagem de currículo (programas de cursos, unidades, módulos, nível de conhecimento, testes nacionais). Com efeito, essas linguagens apoiavam uma série de "comunidades cognitivas" (Douglas, 1987) "cujos membros compartilham um conjunto de significados explícitos e implícitos através de inumeráveis trocas comunicativas" (Gowler; Legge, 1996, p. 35). Umas das habilidades do Sr. Jones era sua capacidade de transitar entre essas linguagens e se mover entre as comunidades cognitivas em que estão imersas. Isso envolvia a habilidade de argumentar que a orientação ao mercado e as decisões financeiras e gerenciais eram compatíveis e de fato poderiam levar a uma boa prática educacional.

Porém, o uso de linguagens diferenciadas não era apenas uma tática. Em vários sentidos, ele continuava a ser influenciado por discursos do Bem-Estar Social. O Sr. Jones acreditava que o equilíbrio do orçamento poderia contribuir para o bem-estar dos alunos, sendo capaz de angariar fundos para melhorar o apoio necessário aos alunos com dificuldades em linguagem e verbas para o desenvolvimento curricular. Ele investiu muito tempo de sua carreira em escolas públicas da região central e parecia verdadeiramente comprometido em oferecer uma boa educação para os jovens da classe trabalhadora. O novo sistema de gestão que ele introduziu, por exemplo, reuniões com um objetivo predefinido, seguidas de ações e de monitoramento de tais ações, tinham o objetivo primordial de contribuir para melhorar o planejamento do currículo e as práticas de sala de aula. Assim como a Sra. English, o Sr. Jones estava crescentemente preocupado com o desequilíbrio de gênero da equipe administrativa e o relacionamento entre diretoria, professores e alunos na escola.

Conclusão

Os dois discursos identificados neste texto representam duas concepções opostas da natureza e propósitos da escolarização. Também estão relacionados a visões mais amplas da natureza de sociedade e da cidadania. Em termos reais, as formas puras desses discursos são provavelmente difíceis, mas não impossíveis de ser encontradas. Contudo, o início de uma mudança discursiva foi observável na Escola Beatrice Webb mesmo em um curto período de pesquisa, com a indicação do novo diretor funcionando como catalisador dramático. O novo diretor trouxe consigo não somente novas formas de falar, mas também novas formas de pensar e agir notadamente diferentes da que a diretora anterior possuía, e teve consequências materiais potencialmente significativas para os professores e alunos e para a vida escolar em geral. As novas formas de falar descritas justificaram e ajudaram a implementar cortes orçamentários, reestruturação da força de trabalho e novas formas de tomar decisões que reduziram as oportunidades para discussões.

Não há dúvidas de que benefícios podem surgir desse novo gerencialismo centrado em tarefas. As práticas fossilizadas e ineficazes da Escola Beatrice Webb foram desafiadas e atenuadas. No entanto, dentro da estrutura de incentivo prevalecente e de seus mecanismos de financiamento articulados ao desempenho, a lógica do novo gerencialismo também sugeriu que a reorganização da escola fosse almejada longe de sua ênfase primordial em atender às necessidades imediatas de "melhorias" para a comunidade atual, empregando a manipulação pela qual se buscavam clientes altamente valorizados ao preço dos "necessitados". O Sr. Jones reconheceu, contudo, que não existia papel financeiro viável no mercado educacional para uma instituição Beatrice Webb como existiu sob a direção da Sra. English. Com as inovações assim adotadas, a escola não poderia competir dentro do regime implantado pelo Ato de Reforma Educacional de 1988: seus alunos foram desvalorizados; eles representavam custos; e não se poderia esperar que todas as intenções e propósitos da escola fossem atingidos em *níveis absolutos* das escolas vizinhas.

O que procuramos transmitir neste texto é o fato de que a revolução de mercado não envolve apenas mudança de estrutura e de incentivos. É um processo transformacional que engloba um novo conjunto de valores e um novo ambiente moral. No processo, novas subjetividades são geradas. O papel e senso de identidade e o propósito dos administradores da escola são reconstruídos e redefinidos. Dessa forma, o novo gerencialismo funciona como "condutor" (Du Gay, 1996, p. 66) para adoção e disseminação do projeto de pós-Estado de Bem-Estar Social. Ele propicia uma "'linguagem diferente' [a qual] nossa nova cultura empreendedora exige [...] uma linguagem que defenda os direitos da administração em manipular *e* habilidades para gerar e desenvolver recursos" (Legge, 1989, p. 40).

No entanto, queremos enfatizar que não existe um processo simples e absoluto de mudanças no trabalho. Este capítulo manteve o enfoque no discurso da direção — na maneira de os diretores falarem sobre seus papéis, pensarem e agirem —, mas também exemplificamos as relações e alguns dos descompassos entre linguagem e prática de gestão. Esses discursos não foram incontestados. Enquanto ambos, a postura de Estado de Bem-Estar Social da Sra. English e o novo gerencialismo do Sr. Jones, foram entusiasticamente abraçados por alguns membros da equipe da escola, eles também foram desafiados e resistiram, embora sob a gestão do Sr. Jones o estabelecimento de novas estruturas de decisão e realocação de chefes de gabinete reduziram oportunidades para desafiar as políticas e práticas do novo gerencialismo. Não é objetivo deste texto explorar tais conflitos de linguagem, política e prática, mas sua importância precisa ser observada.

O que pudemos mostrar, enfocando diretores individualmente, é que a nova linguagem empresarial, qualidade e excelência distancia-se muito da linguagem do Estado de Bem-Estar Social, mas pode abarcar aspectos desse projeto (de Bem-Estar Social), mesmo se as possibilidades para sua realização forem significativamente alteradas. Os diretores trazem consigo qualidades de transformações pessoais, histórias complexas e posicionamentos sociais, o que significa que uma adequação plena e direta a um discurso dominante é improvável. Por exemplo, atitudes de Bem-Estar Social da Sra. English são mescladas com aparente elitismo em que suas relações calorosas e de mútuo respeito com os alunos não se estendem à equipe, a qual se queixa de ser tratada por ela de maneira repudiante. Ao mesmo tempo, o dinamismo do novo gerencialismo do Sr. Jones parece sustentado por um compromisso genuíno com os jovens da classe trabalhadora. Assim, os posicionamentos sociais como de gênero e classe social, podem interromper as ações dos discursos dominantes.

Dispondo de forma simples os vários elementos de nossa discussão, um modelo de mudança institucional pode ser isolado (ver Figura 1). As mudanças de linguagem e práticas embutidas e persuadidas pela substituição de um discurso dominante (modelo de Estado de Bem-Estar Social) por outro (gerencialismo) são mediadas e moduladas por um conjunto de fatores "locais" estruturais, institucionais e individuais. Dentre eles estão: a posição de mercado da instituição dentro do cenário competitivo local; as micropolíticas da instituição; e as histórias profissionais e biografias dos componentes-chaves da instituição — os diretores são os mais importantes destes, como principais condutores (e sua literal incorporação) de/ou recusa a uma reorganização discursiva. No entanto, é importante enfatizar o fato de que nossos estudos de caso sugerem uma variedade de versões recontextualizadas de tal reorganização e, ainda, uma variedade de discursos mistos em nível institucional — compreendidos em formas institucionais, relaciona-

Figura 1
Mudança discursiva

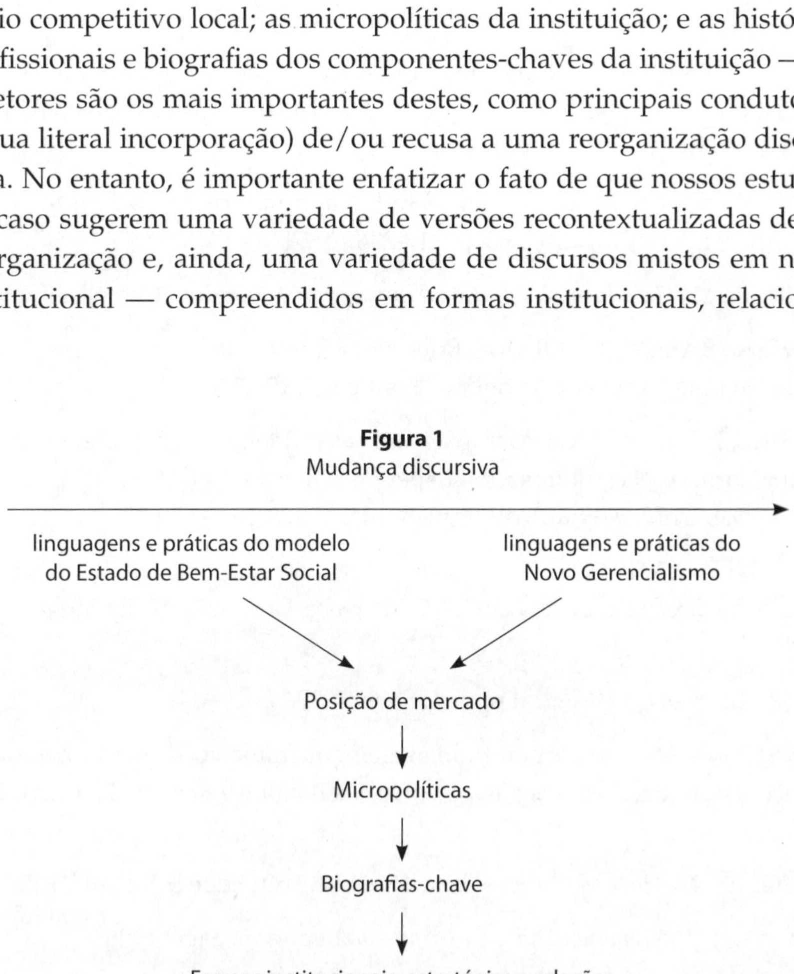

mentos e estratégias — em vez de qualquer recusa absoluta de novas possibilidades discursivas.

Referências

ANGUS, L. Sociological analysis and educational management: the social context of the self-managing school. *British Journal of Sociology of Education*, v. 15, n. 1, p. 79-92, 1994.

BALL, S. J. Performativity and fragmentation in "postmodern schooling". In: CÁRTER, J. (Ed.). *Postmordernity and the fragmentation of welfare*: a contemporary social policy. London: Routledge, 1997a.

______. Good school/bad school: paradox and fabrication. *British Journal of Sociology of Education*, v. 18, n. 3, p. 317-336, 1997b.

BOTTERY, M. *The ethics of educational management*. London: Cassell, 1992. v. 1.

BOWE, R.; BALL, S. J.; GOLD, A. *Reforming education and changing schools*: case studies in policy sociology. London: Routledge, 1992.

CLARKE, J.; NEWMAN, J. *Managing to survive*: dilemmas of changing organisational forms in the public sector. Paper presented at Social Policy Association Conference, University of Nottingham, July 1992a.

______; NEWMAN, J. *The right to manage*: a second managerial revolution?. Paper presented at Social Policy Association Conference, University of Nottingham, July 1992b.

______. *The managerial state*. London: Sage, 1997.

CONSIDINE, M. The corporate management framework as administrative science: a critique. *Australian Journal of Public Administration*, v. 37, n. 1, p. 4-18, 1988.

DOUGLAS, M. *How institutions think*. London: Routledge & Kegan Paul, 1987.

DU GAY, P. *Consumption and identity at work*. London: Sage, 1996.

GEWIRTZ, S. Post-welfarism and the reconstruction of teachers' work in the UK. *Journal of Education Policy*, v. 12, n. 4, p. 217-231, 1997.

GEWIRTZ, S. Efficiency at any cost: the new teaching culture. In: SYMES, C.; MEADMORE, D. (Ed.). *The extra-ordinary school*. New York: Peter Lang, 1999.

______; BALL, S. J.; BOWE, R. *Markets, choice and equity in education*. Buckingham: Open University Press, 1995.

GRACE, G. *School leadership*: beyond education management: an essay in policy scholarship. London and Washington: Falmer, 1995.

LANGAN, M. (Ed.). *Welfare*: needs, rights and risks. London: Routledge, 1998.

LEGGE, K. Human resource management: a critical analysis. In: STOREY, J. (Ed.). *New perspectives in human resources management*. London: Routledge, 1989.

NEWMAN, J. Managerialism and social welfare. In: HUGHES, G.; LEWIS, G. (Eds.). *Unsettling welfare*: the reconstruction of social policy. London: Routledge, 1998.

______; CLARKE, J. Going about our business?: the managerialization of public service. In: CLARKE, J.; COCHRANE, A.; McLAUGHLIN, E. (Eds.). *Managing social policy*. London: Sage, 1995.

SARAGA, E. (Ed.). *Embodying the social*: constructions of difference. London: Routledge, 1998.

STOREY, J. *Developments in the management of human resources*. Oxford: Blackwell, 1992.

YEATMAN, A. Corporate managerialism and the shift from the welfare to the competition state. *Discourse*, v. 13, n. 2, p. 10-17, 1993.

CAPÍTULO 9

Conversão das "almas" pela liturgia da palavra:

uma análise do discurso do movimento Todos pela Educação

Eneida Oto Shiroma
Rosalba Maria Cardoso Garcia
Roselane Fátima Campos

Introdução

O exame de documentos e pesquisas sobre as reformas educativas da América Latina permite constatar muita similaridade entre os aspectos priorizados nas recomendações de organismos multilaterais e políticas implantadas por governos locais. As convergências entre os eixos norteadores das reformas (gestão, financiamento, currículos, avaliação e formação de professores) convidam para a análise do processo de "produção das políticas", ou conforme propõem Bowe, Ball e Gold (1992), a examinar mais detidamente os contextos ou "arenas" em que a política é produzida (contexto da influência e contexto da produção do texto), é implementada (contexto da prática), produz efeitos e gera estratégias (contexto dos resultados e das estratégias políticas). O referencial analítico proposto pelos autores mencionados possibilita uma leitura atenta das influências e determinações tanto em nível macro como em nível micro, não tomando essas duas dimensões constitutivas da dinâmica social como entidades isoladas mas, ao contrário, como inter-relacionadas e sócio-historicamente condicionadas.

Ozga (1990) também tem destacado a importância e necessidade de avançarmos na elaboração de referenciais analíticos e de ferramentas diversificadas que nos possibilitem empreendermos e compreendermos as articulações entre níveis macro e micro de análise que considere, por exemplo, como as intenções embutidas nos textos políticos são disseminadas (Bowe; Ball; Gold, 1992).

Inspirados nesses autores e em outros do campo da política educacional, temos priorizado em nossos estudos e pesquisas a elaboração de referências e ferramentas analíticas que possibilitem compreender evidenciar as relações entre os níveis global e local e as estratégias de difusão de políticas educacionais definidas em fóruns internacionais em implementação no Brasil.[1] Constatamos, por exemplo, que os documentos de políticas produzidos no âmbito do Estado e/ou dos organismos multilaterais têm se caracterizado por um tom prescritivo, recorrendo-se comumente a argumentos de autoridade como estratégia para legitimação e difusão de orientações, análises, relatórios etc. No entanto, vale lembrar o alerta de Fairclough (2001) de que os textos de política não são "fechados", mas, ao contrário, dão margem a interpretações e reinterpretações que geram, por consequência, significados e sentidos diversos a um mesmo termo. Fairclough (2001) lembra que

> embora sociais os significados, os sentidos com que as palavras são empregadas "entram em disputas dentro de lutas mais amplas", uma vez que, "as estruturações particulares das relações entre as palavras e das relações entre os sentidos de uma palavra são formas de hegemonia" (p. 105).

---

1. Os pesquisadores do Grupo de Estudos sobre Política Educacional e Trabalho (Gepeto) têm desenvolvido pesquisas utilizando contribuições de Ball e Bowe (1992; 1994), Fairclough (2001) e Orlandi (1999) como referenciais para análises com vistas a compreender os meandros da produção da política. Ver <http://www.gepeto.ced.ufsc.br>.

Cumpre ressaltar que esse terreno de disputas não é apenas conceitual; as disputas impregnam textos de condições e intenções políticas que marcaram sua produção, expressando interesses litigantes. Vale lembrar alguns apontamentos que utilizamos para a análise de documentos de política educacional: 1) os documentos de políticas contêm ambiguidades, contradições e omissões que fornecem oportunidades particulares para debates no processo de sua implementação; 2) os textos precisam ser lidos *com* e *contra* outros, ou seja, compreendidos em sua articulação ou confronto com outros textos; 3) o uso constante da retórica e a atribuição de diferentes significados e sentidos aos "termos-chave" (Bowe; Ball; Gold, 1992); 4) a intertextualidade é uma dimensão constituinte dos textos da reforma educativa, uma vez que os discursos sobre educação vêm sendo colonizados por significados e sentidos originários de outras áreas (Shiroma, Campos e Garcia, 2005).

Este último conceito — o de intertextualidade, desenvolvido por Fairclough (2001) —, possibilita-nos compreender a historicidade intrínseca dos textos, considerando a dupla relação — dos textos na história e da história nos textos — e compreende os processos intertextuais "como processos de luta hegemônica na esfera do discurso, que têm efeitos sobre a luta hegemônica, assim como são afetados por ela no sentido mais amplo". Ainda de acordo com o autor, há uma relação intrínseca entre as propriedades discursivas dos textos e as mudanças sociais:

> A mudança deixa traços nos textos na forma de co-ocorrência de elementos contraditórios ou inconscientes — mesclas de estilos formais e informais, vocabulários técnicos e não técnicos, marcadores de autoridade e familiaridade, formas sintáticas mais tipicamente escritas e mais tipicamente faladas, e assim por diante. À medida que uma tendência particular de mudança discursiva se estabelece e se torna solidificada em uma nova convenção emergente, o que é percebido pelos intérpretes, num primeiro momento, como textos estilisticamente contraditórios perde o efeito de "colcha de retalhos", passando a ser considerado "inteiro". Tal processo de naturalização é essencial para estabelecer novas hegemonias na esfera do discurso. (Fairclough, 2001, p. 128)

Pesquisar os tortuosos caminhos da articulação entre o prescrito e o realizado, procurando evidenciar as relações entre os níveis global e local e as estratégias de difusão de políticas educacionais definidas em fóruns internacionais em implementação no Brasil é objetivo que temos perseguido em nossos estudos.

Caracterizados por um tom prescritivo e recorrendo a argumentos de autoridade, os textos de política dão margem a interpretações e reinterpretações que geram, por consequência, significados e sentidos diversos a um mesmo termo. Fairclough (2001, p. 105) lembra que

> embora sociais os significados, os sentidos com que as palavras são empregadas "entram em disputas dentro de lutas mais amplas", uma vez que as estruturações particulares das relações entre as palavras e das relações entre os sentidos de uma palavra são formas de hegemonia.

Fairclough (2001, p. 135) utiliza o conceito de intertextualidade ressaltando que "os textos podem transformar textos anteriores e reestruturar as convenções existentes". Atesta a historicidade intrínseca dos textos, considerando a dupla relação — dos textos na história e da história nos textos — e compreende os processos intertextuais "como processos de luta hegemônica na esfera do discurso, que têm efeitos sobre a luta hegemônica, assim como são afetados por ela no sentido mais amplo". Ainda de acordo com o autor, há uma relação intrínseca entre as propriedades discursivas dos textos e as mudanças sociais:

> A mudança deixa traços nos textos na forma de coocorrência de elementos contraditórios ou inconscientes — mesclas de estilos formais e informais, vocabulários técnicos e não técnicos, marcadores de autoridade e familiaridade, formas sintáticas mais tipicamente escritas e mais tipicamente faladas, e assim por diante. À medida que uma tendência particular de mudança discursiva se estabelece e se torna solidificada em uma nova convenção emergente, o que é percebido pelos intérpretes, num primeiro momento, como textos estilisticamente contraditórios perde o efeito de "colcha de retalhos", passando a ser considerado "inteiro". Tal processo de naturalização é essencial para estabelecer novas hegemonias na esfera do discurso. (Fairclough, 2001, p. 128)

Tomando como referência as contribuições dos autores referidos, temos desenvolvido estudos e pesquisas orientados por dois objetivos, articulados e complementares entre si: a) contribuir para a sistematização de referenciais que auxiliem na análise das políticas educacionais; e b) investigar, com base nesses referenciais, a reforma educacional brasileira em seus nexos com as orientações dos organismos multilaterais, observando as particularidades locais cujos contornos são sempre forjados a partir das forças em presença em cada momento histórico.

O estudo que ora apresentamos resulta desse esforço. Trata-se da análise de um documento intitulado *Todos pela Educação: rumo a 2022*, produzido no âmbito do movimento empresarial Compromisso de Todos pela Educação. Como mostraremos a seguir, as proposições desse movimento foram assimiladas pelo mais importante plano do governo federal para a educação nesse final de década — o Plano de Desenvolvimento da Educação (PDE). Escolhemos tomar esse documento como objeto de análise por acreditarmos que expressa, exemplarmente, em seu conteúdo e forma, a recomposição da agenda empresarial para o campo da educação, bem como também oferece novas referências discursivas que redefinem a atuação da chamada "sociedade civil" no campo educacional. De modo específico, o Movimento Todos pela Educação e o documento analisado visam criar uma "nova consciência", uma "nova sensibilidade social" com relação ao direito à educação e à responsabilidade social que o exercício desse direito implica. Assim, pela "liturgia da palavra", pretendem operar uma mudança no perfil dos "usuários" dos serviços educacionais, difundindo um novo "jeito" de ser cidadão. Pais, sociedade, profissionais da mídia, intelectuais, empresários, sindicalistas, estudantes, são convocados para experimentar uma nova forma de exercer seu protagonismo — cada qual fazendo a sua parte e juntos, mudando a educação! Almejam assim, "reconverter" os pais, expectadores de outrora, em cidadãos exigentes movidos pelo compromisso de não negarem às novas gerações o direito de inserirem-se socialmente, pela via da educação.

Ao apelar para um grande pacto social em prol de algo tão caro a todos nós como é a educação, os empresários se antecipam e pautam a agenda governamental: reafirmam o papel do Estado redefinindo, no entanto, o sentido e o significado da educação pública. Trata-se, nas palavras de Neves (2005), da emergência de uma nova "pedagogia da hegemonia".

A análise dos contextos da influência e da produção da política: um estudo sobre as indicações dos empresários para a educação

De acordo com Neves (2005) e Martins (2008, 2009), o empresariado brasileiro vem, desde o início dos anos de 1990, em especial pela adoção de políticas alinhadas ao ideário da "Terceira Via", envidando esforços para a construção de uma agenda educacional, com vistas à produção de uma nova sociabilidade mais adequada aos interesses privados do grande capital nacional e internacional. Procurando intervir diretamente no aparelho de Estado, os empresários organizaram diversos fóruns e documentos no início daquela década apontando premissas e metas que deveriam orientar a reforma da educação brasileira (Ihl, 1993; Penteado, 1995; Brasil, 1995). Fortemente ancorados nos princípios e preceitos do Banco Mundial, firmavam seus objetivos nas necessidades de maior qualificação da força de trabalho, defendendo a necessidade do domínio de competências básicas necessárias ao novo paradigma tecnológico e organizacional, condição necessária para garantir a competitividade industrial (Martins, 2008; Neves, 2005). Na ótica dos empresários tratava-se, no entanto, não apenas de reformar a educação e a escola, buscando torná-la mais eficaz e adequada às novas demandas do capital, mas também de formar um "trabalhador de novo tipo", com disposições subjetivas e atitudinais compatíveis com a chamada "sociedade do conhecimento". A pedagogia das competências ganhou destaque nessas proposições; apresentada como um novo "paradigma" educacional, foi alçada como a saída para resolver o problema da rápida obsolescência dos conhecimentos, tornando os novos sujeitos do trabalho não apenas qualificados, mas sobretudo "empregáveis".

De fato, de acordo com a perspectiva empresarial não se tratava apenas de uma reforma curricular; mais do que isso, pretendia-se também repor a função social da educação e da escola destituindo-as, contudo, de seu caráter público. Esse processo foi marcado por forte incorporação e ressignificação das reivindicações do campo crítico e das lutas políticas dos anos 1980, instituindo receituários meramente técnicos acerca da educação. Os discursos empresariais e dos organismos multilaterais procuravam então articular duas ordens de discursos — o da eficácia empresarial com o de justiça social, o que se expressou na famosa fórmula cepalina de "competitividade com equidade" (Cepal, 1992). Sob esse lema, e sob forte influência das orientações e condicionalidades derivadas dos acordos brasileiros com os organismos multilaterais, gestou-se a reforma educacional brasileira no bojo da reforma do Estado. Apoiando-se fundamentalmente na introdução de mecanismos gerenciais no campo da gestão educacional, a reforma proposta ancorava-se também na difusão da ideia segundo a qual o sistema educacional brasileiro carecia de "eficiência e eficácia" em seus processos internos. A resolução da crise educacional implicava, entre outros aspectos, a descentralização das atividades para as unidades escolares, a introdução de mecanismos de avaliação dos resultados e a responsabilização de todos os "atores sociais" pela efetivação das mudanças necessárias. Tal processo demandava, portanto, mais do que insumos e recursos financeiros; exigia um amplo pacto, envolvendo todos os setores sociais. Interpelados pela grave crise educacional, os empresários declaram sua vontade em assumir sua cota de "responsabilidade social", chamando seus pares à discussão, articulando seminários, difundindo ideias e proposta, visando construir consensos, tornando-se, desde então, os interlocutores privilegiados dos ministros e governantes, tanto na esfera federal, como estadual e municipal.[2] Os anos de 1990 foram profícuos em termos dessas iniciativas, como mostraremos a seguir.

Em 1992, foi realizado na Universidade de São Paulo (USP) o Fórum Capital/Trabalho reunindo empresários, representantes de centrais sindicais com o objetivo de discutir os "problemas básicos da sociedade brasileira", argumentando a insuficiência das discussões entre os diversos setores da sociedade com o governo da República (Shiroma, Moraes e Evangelista, 2007, p. 63). Os presentes assinaram a *Carta Educação* expressando o interesse convergente na prioridade à educação.[3] Entre as reco-

---

2. Essas intenções deram origem a várias iniciativas como "adote uma escola", "amigos da escola", entre outras.

3. Constituíram e participaram do Fórum as seguintes entidades: Confederação Geral dos Trabalhadores (CGT), Central Única dos Trabalhadores (CUT), Força Sindical (FS), Federação das Indústrias do Estado de São Paulo (Fiesp), Federação do Comércio do Estado de São Paulo (FCESP),

mendações apresentadas nessa carta, destacam-se as voltadas à melhoria da eficiência do sistema, tais como: "*a descentralização promove transparência de operação e responsabilidade*"; "*É preciso avaliar o desempenho dos alunos para requalificar e revalorizar escola e professor*"; e também as voltadas para uma ampla mobilização social, considerada condição necessária às mudanças desejadas: "*Capital e Trabalho convidam Executivos, Legislativos e Meios de Comunicação para uma ação articulada*"; "*Empresas e Sindicatos devem se dispor a uma ação concreta na recuperação educacional da forças de trabalho*"; "*A inconsistência das políticas públicas desestimula a atuação da sociedade civil*". Esse Fórum "interclasses" realizava, assim, a recomendação da Cepal (1992) de construir um amplo consenso educativo e permanente, abrangendo os diversos atores econômicos, políticos e sociais.

Ainda na perspectiva de uma "política colaborativa", em 1993, o Instituto Herbert Levy (IHL) e a *Gazeta Mercantil* publicaram o documento *Educação fundamental & competitividade empresarial*: *uma proposta para a ação do governo*.[4] Procurando consubstanciar um consenso em torno de sua agenda, empresários apresentam propostas voltadas a dotar o sistema educacional de maior eficiência. Desenvolvem um diagnóstico da educação brasileira reafirmando pontos da agenda anterior, mantendo as indicações sobre a necessidade de uma gestão eficaz nas escolas e da ampla mobilização social para efetuar as mudanças necessárias. As propostas contidas nesse documento foram expostas aos empresários em *workshops* promovidos pelas Federações da Indústria de cada estado e amplamente divulgadas pela imprensa, em especial pela *Gazeta Mercantil*, que organizou uma linha editorial para difundir o programa Educação para a Competitividade.

Em 1995, já no governo Fernando Henrique Cardoso, a comissão presidida por Nassim Mehedeff (MTb), no âmbito do Programa de Apoio à Capacitação Tecnológica da Indústria (Pacti) e do Programa Brasileiro da Qualidade e Produtividade (PBQP), organizou o documento *Questões críticas da educação brasileira: consolidação de propostas e subsídios*

Confederação Nacional do Transporte (CNT), Pensamento Nacional das Bases Empresariais (PNBE), Sociedade Rural Brasileira (SRB) e Organização das Cooperativas do Brasil (OCB).

4. Organizados por João Baptista Araújo de Oliveira e Cláudio Moura Castro.

para ações nas áreas da tecnologia e da qualidade (Fogaça; Salm, 1995). De acordo com um de seus autores,

> Um momento importante desse processo foi a iniciativa governamental, através do Ministério da Ciência e Tecnologia, com o apoio da OIT, de empresas nacionais (o Banco do Brasil foi uma delas) e de associações empresariais, na qual se discutiu aquilo que seriam as bases de uma ampla reforma educacional brasileira, que atingiria tanto os sistemas públicos de ensino — educação geral e ensino técnico — quanto o Sistema S e demais instituições envolvidas até então nas ações de formação profissional. (Fogaça, 2006, p. 2)

Dois pontos foram considerados essenciais pelos empresários para uma agenda educacional: a) reconhecimento da centralidade da educação geral nesse novo cenário econômico que se descortinava; b) reconhecimento da ineficácia das políticas educacionais adotadas até então [...] (Fogaça, 2006). O documento foi apresentado num *workshop* que reuniu representantes dos empresários, dos trabalhadores, do sistema S, gestores educacionais, Crub, Undime, Consed, CUT, Dieese, CNTE, CGT, do Estado e das subcomissões do Pacti/PBQP, sintetizando prioridades da educação e recomendações para os diversos níveis, modalidades da educação nacional.

Ainda no mesmo ano, Horácio Penteado publica o livro *O ensino fundamental vai mal*, com apoio do Instituto Herbert Levy e da Unicef. Na apresentação, Agop Kayayan, representante da Unicef no Brasil, saúda a iniciativa que promove o processo de mobilização em favor da ideia de educação para todos e todos pela educação. Faz remissão ao interesse da CUT, da Força Sindical e do IHL destacando o fundamental envolvimento de empresários, sindicalistas, ONGs e outros segmentos sociais que produza ações comprometidas com a superação dos graves problemas do sistema educacional brasileiro como um caminho para lograr a meta de Educação para Todos. Conclui afirmando que essas iniciativas contribuem para que "Educação de qualidade para todos e todos pela qualidade da educação" deixe de ser um *slogan* para tornar-se uma realidade (1995, p. 12).

Quase dez anos mais tarde, em 2006, a Fundação Lemann, a Fundação Jacobs e o Grupo Gerdau promoveram, com apoio do Preal, a Conferência Ações de Responsabilidade Social em Educação: melhores práticas na América Latina. Nesse evento, personalidades e representantes de empresas brasileiras reuniram-se para propor compromissos concretos com vistas a melhoria da educação na região, discutindo ações que comporiam um documento final intitulado *Compromisso Todos pela Educação* (2006).

O *Compromisso* rapidamente ganha novas adesões, ampliando o leque de participantes com a inclusão não apenas dos empresários, mas também de diversas organizações da sociedade civil, intelectuais, universidades, sindicalistas, grande mídia e, de forma especial, do próprio governo federal. Vale relembrar que a adesão do MEC ao movimento se expressa na incorporação de suas metas no Plano de Desenvolvimento da Educação (PDE). Dessa forma, o movimento mantém-se, por um lado, estreitamente vinculado à esfera governamental, e por outro, assume uma posição de vigilância sobre as ações desta última, cumprindo os preceitos que anuncia para todos: responsabilização e controle social.

Ao analisar os movimentos protagonizados pelos empresários, conforme acima exposto, identificamos relações de continuidades, consideradas as duas últimas décadas. Destacamos a ênfase dada aos processos voltados à gestão da escola, retomando princípios das escolas eficazes (Mello, 1993; Bottery, 2000), e ações voltadas à construção de um grande pacto social em prol da educação. Esse parece ser o esforço do atual movimento Todos pela Educação (TPE), cujos enlaces com diferentes atores sociais mostram tanto a penetração social do movimento, como a eficiência do apelo que utiliza. De fato, criadas as bases para a introdução das chamadas ferramentas da "gestão por resultados" (Banco Mundial, 2006) nos sistemas educacionais, resta ainda como tarefa desenvolver no conjunto da sociedade atitudes de responsabilidade e, sobretudo de controle social sobre a ação dos governantes.

Esses objetivos tornam-se compreensíveis se relembrarmos que as reformas "pelo alto" não produziram os efeitos esperados, posto que estes requerem não apenas mudanças administrativas ou burocráticas, mas transformações em concepções, valores e princípios. Análises dessa natureza mobilizaram os organismos multilaterais, ainda durante os anos de 1990, a desenvolverem escritos e recomendações alertando para a necessidade de estabelecimentos de pactos ou alianças nacionais, agregando em frentes amplas os distintos setores sociais. Já na Conferência Mundial de Educação para Todos (1990), ressaltava-se que

> Las autoridades nacionales, regionales y locales responsables de la educación tienen la obligación prioritaria de proporcionar educación básica a todos, pero no puede esperarse de ellas que suministren la totalidad de los elementos humanos, financieros y organizativos necesarios para esta tarea. *Será necesaria la concertación de acciones entre todos los subsectores y todas las formas de educación* [...] La concertación entre el ministerio de educación y otros ministerios [...] La cooperación entre organizaciones gubernamentales y no gubernamentales, el sector privado, las comunidades locales, los medios de comunicación, los grupos religiosos, la familia. (OEI, 2009, p. 86; sem grifos no original)

Com essa perspectiva, os organismos multilaterais destacaram o papel estratégico das redes sociais para a definição de políticas públicas insistindo no equilíbrio da distribuição de tarefas e responsabilidades entre os diferentes níveis de gestão, fortalecendo o protagonismo dos atores locais.

> Os sistemas educacionais foram construídos e operam majoritariamente com base em esquemas de gestão centralizados, nos quais as instâncias centrais (nacionais e/ou estaduais ou provinciais) decidem sobre os aspectos substantivos da operação do sistema, enquanto as instâncias intermediárias e locais (incluindo as próprias instituições e agentes educacionais) desempenham papéis passivos centrados na implementação das *decisões tomadas nos níveis superiores* do sistema. (Unesco, 2007, p. 114)

Como alternativa, alguns autores apontaram as vantagens da estrutura em rede como forma de organização por favorecer as iniciativas dos integrantes, não apenas da cúpula, em prol de uma agenda comum. Segundo Tedesco (1998, p. 117), "rede é uma nova forma de institucionalização de determinadas práticas, na qual a ação principal é colocada nas mãos dos usuários". Difunde-se a ideia de que o funcionamento em rede é mais democrático e eficiente que aquele baseado na lógica dos sistemas hierárquicos por ser menos burocrático, mais ágil, contrário à linha de comando *top down*.

> A solução para esse tipo de problema passa por liberar e estimular as capacidades implicadas e não por limitá-las burocraticamente. *O Estado regula o espaço no qual os indivíduos, em pleno exercício de sua liberdade e responsabilidade*, desenvolvem suas ações.

> É preciso passar de uma ênfase em políticas educacionais nacionais ou subnacionais que devem ser implementadas em nível local *a uma que também habilite os atores locais para que tomem as decisões* que afetam as instituições, a partir de seu próprio conhecimento e ancoragem na realidade das pessoas às quais a escola serve. Ou seja, *combinar estratégias de cima-para-baixo e de baixo-para-cima*. (Unesco, 2007, p. 27, sem grifos no original)

A agenda empresarial para a educação firmou preceitos e ações, estabeleceu metas e compromissos, articulando consensos e estabelecendo pactos, afinal

> a dominação de classe se fortalece com a capacidade de dirigir e organizar o consentimento dos subalternos, de forma a interiorizar as relações sociais existentes como necessárias e legítimas. O vínculo entre sociedade civil e Estado explica como a dominação poreja em todos os espaços sociais, educando o consenso, forjando um ser social adequado aos interesses (e valores) hegemônicos. (Fontes, 2006, p. 212)

O movimento Todos pela Educação e a construção de uma nova "pedagogia da hegemonia"

Segundo Martins (2008), o TPE foi criado, em 2005, por um grupo de intelectuais orgânicos do capital que, constatando os efeitos da baixa qualidade da educação brasileira para a capacidade competitiva, assumiram a missão de mudar o quadro educacional do país capitaneando uma grande mobilização social em prol da educação. O projeto elaborado para impulsionar as ações desse grupo foi denominado *Compromisso Todos pela Educação* e ganhou ampla adesão no meio empresarial.

> O *Todos pela Educação* é uma aliança da sociedade civil, da iniciativa privada, de organizações sociais, de educadores e de gestores públicos da Educação. É uma união de esforços, em que cada cidadão ou instituição é corresponsável e se mobiliza, em sua área de atuação, para que as crianças e jovens tenham acesso a uma Educação Básica de qualidade. Essa ação, prevista para acontecer até 2022, é suprapartidária, atravessa mandatos e une gerações. (TPE, 2008)

O *Compromisso Todos pela Educação* visa mobilizar a iniciativa privada e organizações sociais do chamado "terceiro setor" para atuar de forma convergente, complementar e sinérgica com o Estado no provimento das políticas públicas. O ponto central de sua estratégia é a corresponsabilidade e a busca de eficiência, eficácia e efetividade. Seu enfoque é primordialmente voltado à melhoria da qualidade do ensino traduzida em indicadores mensuráveis obtidos por meio de avaliações externas.

A referência ao bicentenário de independência como prazo para atingir as metas previstas para a educação não é exclusividade do TPE. A OEI coordena um amplo programa de reformas educativas do continente e já disponibilizou em seu *site* as *Metas Educativas 2021: la educación que queremos para la generación de los bicentenários* (2009). Esse texto traz a público os acordos firmados na XVIII Conferencia Iberoamericana de Educación celebrada em El Salvador, em maio de 2008.[5]

O princípio fundamental do movimento é "que a sociedade, como um todo, monitore a evolução dos indicadores educacionais, cobrando de si mesma e dos governos, a melhoria da Educação" (TPE, 2008). Entre as formas de atuação desse movimento destacam-se: a) produção de documentos e de parcerias estratégicas com profissionais da mídia e comunicações, bem como organização de eventos para difusão de seus preceitos; b) criação de um portal De olho na educação, cujo objetivo é fornecer indicadores aos pais, gestores e estudantes, sobre a educação no Brasil; c) *links* apropriados aos diversos perfis que se deseja atingir, com informações personalizadas sobre como pode ajudar a mudar a educação. Em suma, o movimento organiza-se sobre o tripé: 1) difusão de conceitos; 2) difusão de indicadores educacionais instruindo sobre seu uso; 3) difusão de recomendações individualizadas sobre como colaborar para melhorar a educação.

Em consonância com o ideal de educação de qualidade defendido pelo Todos pela Educação, o MEC lançou o PDE. Entre as medidas apresentadas no PDE, destacam-se as que tratam da Educação Básica agrupadas no Programa de Metas Compromisso Todos pela Educação (Todos Pela Educação, 2008). Outro aspecto a observar é que o governo

5. O documento completo pode ser acessado no *site* <http://www.oei.es/metas2021/indice.htm>.

federal incorpora e acrescenta outros elementos aos compromissos originais do Movimento TPE.

Os 10 mandamentos do movimento Todos pela Educação — uma análise

O documento *Todos pela Educação: rumo a 2022* tem como alvo primeiro os formadores de opinião. De modo específico, visa atingir os meios de comunicação em massa, considerando que estes possuem um alto poder persuasivo, sendo instrumentos importantes no desenvolvimento de novas atitudes e consciência social com relação à educação. Conforme expresso na introdução, o documento: "terá como público-alvo, primordialmente, os profissionais de comunicação [...], mas também todos aqueles que têm uma audiência, ou seja, todos que, no seu cotidiano, são ouvidos por um número considerável de pessoas" (TPE, 2009, p. 3).

Organizado na forma de um "guia", o documento foi estruturado em torno de dez mensagens, cujo objetivo é criar disposições subjetivas pautadas na ideia de que a educação é um direito de todos e que o cumprimento desse direito exige uma vigilância ativa sobre os fornecedores desse serviço (no caso, o Estado), ao mesmo tempo exige como contrapartida uma responsabilidade partilhada pelos resultados da mesma. Essas mensagens, organizadas a partir de eixos orientadores, revelam uma lógica assentada em três componentes básicos: a) um diagnóstico; b) uma tomada de posição, expressa quase sempre na forma "pergunta-resposta"; c) um conjunto de recomendações. Articuladas numa lógica similar, iniciam apresentando uma interpretação da educação como direito e reafirmando o direito à educação, e acrescentam gradativamente, nas mensagens seguintes, as cotas de responsabilidade atribuídas a cada um dos segmentos envolvidos.

O Quadro 1 apresenta, de forma sintética, o teor das mensagens, a quem se destina e que eixo articula a argumentação de onde derivam as recomendações para a ação propostas pelo movimento TPE.

Quadro 1

Os dez mandamentos do Todos pela Educação

	Mensagem	Eixo organizador	Destinatários
1ª	Educação para todos e todos pela educação	Mobilização nacional pelo direito à educação: criar um novo imaginário social coletivo "capaz de mexer com a consciência, com os sentimentos, com a emoção".	Sociedade em geral
2ª	Todos têm direito à educação	A educação não é dádiva; os pais e alunos das escolas públicas, à semelhança daqueles pais das escolas privadas, devem ser exigentes e cobrar qualidade.	Pais e comunidade
3ª	Educação é mais que vaga na escola	Críticas à má qualidade do ensino, ilustrando o preço humano, político, social e econômico.	Pais e professores
4ª	Educação começa em casa	Responsabilidade dos pais com o sucesso escolar dos filhos.	Pais
5ª	Todos os projetos têm de melhorar a escola	Centralidade da escola na articulação de outros projetos sociais.	Gestores socais; diretores, professores e pais
6ª	Toda criança é capaz de aprender	O ensino eficaz não produz fracasso escolar.	Professores e pais
7ª	Escola é o lugar onde o aluno aprende	Qualidade de ensino implica o desenvolvimento de uma cultura de avaliação do rendimento ou da aprendizagem.	Gestores, professores e pais
8ª	Valorizar o professor é apoiá-lo para ensinar	Valorizar e apoiar o professor para que consiga desenvolver bem seu trabalho, ensinando bem, alcançando metas de desempenho crescentes, a cada ano.	Professores e gestores/ diretores
9ª	Gestão do aprendizado é papel do diretor	O diretor é uma liderança imprescindível para transformar sua escola numa "escola eficaz".	Diretores
10ª	Todas as escolas com foco em todos os alunos	Gestão dos sistemas a partir de planos e metas, fazendo com que todas as escolas possam cumprir suas metas de desempenho e de rendimento.	Gestores dos sistemas

Fonte: *Todos pela Educação: rumo a 2022*. Elaboração de Roselane F. Campos.

O quadro logo permite perceber que dois segmentos são os destinatários preferenciais das mensagens: os pais e os professores. Essa disposição coaduna-se com os objetivos do documento, qual sejam promover uma ampla mudança nas mentalidades sociais que poderíamos sintetizar em dois comportamentos-chaves: a) o controle e a fiscalização social, por parte dos pais; b) o desenvolvimento de uma escola eficaz, por parte dos docentes. Na concretização deste último, os pais tanto são colaboradores como fiscalizadores. Na sequência da análise, procuraremos evidenciar como são construídos em nível discursivo os apelos, imagens e representações sobre a educação, os papéis dos pais, dos professores e diretores.

O direito à educação e a educação como direito

Se no discurso liberal a educação é tratada como a principal via de ascensão social, considerada fator de mobilidade social, nesse documento essa perspectiva é abandonada, indicando-se de imediato que, na nova ordem econômica, esse papel não se cumpre mais:

> Se até aqui a educação foi um *fator de ascensão social*, permitindo às pessoas maiores chances de subirem na vida, daqui para frente a educação será cada vez mais um *fator de inclusão social*. Isso significa que as pessoas que não tiverem pelo menos 8 a 10 anos de educação escolar de boa qualidade não terão condições sequer de participar do cotidiano da vida social, ou seja, serão excluídas. (TPE, 2008, p. 5, sem grifos no original)

Essa tendência de produção de novos "sobrantes sociais", apresentada como inexorável, somente seria atenuada pela mobilização de todos pela educação. Além do apelo cívico, está presente neste argumento uma ressignificação da ideia de qualidade. Diferentemente do ideário da qualidade total expresso nos manifestos empresariais do início dos anos 1990, anteriormente referidos e já bastante criticados, agora nos anos 2000, a noção de qualidade reaparece, tal como nos discursos críticos, como uma condição para a efetivação do direito à educação. O núcleo da terceira mensagem é que a educação de má qualidade precisa ser combatida por constituir um desperdício à nação, gerar custos e problemas pessoais e sociais.

Essa inflexão discursiva indica uma apropriação, por parte do discurso empresarial e governamental, das críticas da década anterior diante da política expansionista de FHC de que não bastava garantir o acesso. Para que o direito à educação fosse efetivado era preciso assegurar permanência com qualidade. A grande diferença reside no fato de que a qualidade na perspectiva empresarial agora é reduzida aos resultados de aprendizagem, medidos através dos testes de rendimentos e pela avaliação das *performances* dos estabelecimentos escolares.[6]

Pais de alta *performance* e a construção da "cidadania exigente"

Segundo o documento, todos deveriam exigir qualidade, em especial os pais, a quem se atribui um conjunto de responsabilidades. Contudo, orientam-se por uma representação idealizada de família, distante das famílias concretas dos alunos das escolas públicas brasileiras. Em especial a quarta mensagem, expressa a desqualificação da imagem dos pais representados como "pessoas das classes sociais menos privilegiadas", "segmentos da população economicamente mais frágeis e vulneráveis", "pessoas menos favorecidas economicamente" (p. 7) que "nem sempre têm cultura de cidadania" (p. 12). Deste modo, "assumem atitudes de passividade e submissão", timidez, humildade ou medo que seus filhos fiquem marcados *pois* acham que não podem reclamar.

Em contrapartida, elogiam explicitamente o comportamento dos pais de escolas privadas que "reclamam, exigem seus direitos de consumidores" (TPE, 2008, p. 12). O texto que se lê nas entrelinhas é que essa postura deveria ser assumida também pelos pais das escolas públicas. Elegeram o pai da escola privada como modelo a ser seguido

6. A sétima mensagem dedica-se a discutir essa relação — avaliação e qualidade —, procurando criar uma atitude positiva da sociedade com relação às políticas de avaliação; procura diluir a ideia de avaliação de rendimentos e de resultados na ideia de acompanhamento e monitoramento.

pelos pais da escola pública. Em síntese, ancoram-se numa visão conservadora, alegando que a educação vem do berço, que os pais são corresponsáveis pela qualidade da educação e que a culpa pelo fracasso deve ser compartilhada pela família e pela escola. Uma dupla função é atribuída aos pais, a de serem a um só tempo colaboradores e avaliadores. São convocados a participar dos Conselhos de Escola, das Associações de Pais e Professores (APP), a se envolver com as atividades e programações da escola na tentativa de melhorar a qualidade do ensino. Contudo, fica evidente um deslocamento da noção de participação no contexto da "gestão democrática" construída nas lutas dos anos de 1980 para a ideia da "gestão participativa" usada como estratégias de responsabilização (*accountability*), em que não se faz menção à participação como partilha de poder, mas apenas de responsabilidades.

Os professores: recuperar a autoestima

O documento propõe uma revalorização da figura do professor e ressalta a necessidade de a sociedade apoiá-lo em sua principal missão: ensinar. Ademais, interpreta as resistências dos professores em relação às reformas educacionais como resultantes do abandono estrutural do magistério:

> Essa situação de "abandono estrutural" da educação acabou gerando no magistério fortes resistências ideológicas e corporativas aos planos, programas, projetos e reformas vindos dos gabinetes do poder. A verdade é que, via de regra, essas iniciativas desconsideravam suas necessidades básicas e suas expectativas mais elementares. (TPE, 2008, p. 26)

Como medida e proposta para acabar com essas resistências, decorrentes do "tratamento degradante impingido pelos decisores políticos aos profissionais da educação", a recomendação expressa é:

> Abrirmos mão de julgamentos e passarmos ao exercício cotidiano do apreço e da solidariedade com os professores. Seja nas pequenas questões

> do dia a dia, seja na sua luta para reverter as forças que, neste país, durante décadas, jogaram a educação para a condição de nota de rodapé de página da agenda educacional. (TPE, 2008, p. 26)

Adiante, o documento apresenta o entendimento sobre a valorização do professor:

> Valorizar o professor é apoiá-lo para que alcance as metas de desempenho crescentes, a cada ano. Qual foi o índice de aprovação de sua turma no ano passado? Como podemos melhorar esse índice nesse ano? Qual o tipo de suporte que o professor necessita no seu dia a dia para que possa superar seu desempenho até então alcançar resultados melhores a cada ano? (TPE, 2008, p. 26)
>
> O professor tem o direito de se sentir responsável e *de ser responsabilizado pelo desempenho de sua turma*, e precisa ter oportunidade reais de aperfeiçoamento e acompanhamento profissional e de capacitação em serviço. (Ibid.)

Em tom reconfortante, os empresários asseguram que agora o professor não está mais sozinho. Precisa sentir que há uma força na sociedade organizada que o valoriza e apoia (2008, p. 26) e que conspira para que o Brasil adote um jeito novo de ver, sentir e cuidar de alunos, professores e escolas, ou seja, do "nosso futuro comum".

Apoiar o professor, melhorar o ensino, tornar a escola eficaz são apresentados quase como deveres patrióticos. A equação simplificada traçada nesse documento dos empresários é que, se a escola não ensina, a criança não aprende; logo, o Brasil não se desenvolverá. O tom apelativo e apocalíptico é evidenciado em algumas passagens, tais como:

> A má qualidade do ensino é o verdadeiro *exterminador do futuro* (TPE, 2008, p. 9)
>
> O maior de todos os desafios é garantir que os alunos permaneçam na escola até que concluam os estudos... contentar com menos [...], *é conspirar contra o futuro* de nossas crianças e nossos adolescentes.
>
> Sem educação básica, as pessoas serão cada vez mais postas de lado, deixadas para trás, abandonadas. (TPE, 2008, p. 17)

> Ajudar a criança para a criança ajudar a família foi um grande erro das políticas de assistência. Daqui pra frente, esta postura deve ser considerada crime, crime de lesa-infância. Crime de lesa-pátria. (TPE, 2008, p. 18)

Além dos professores, outro segmento-alvo dessas proposições são os líderes da escola, em especial os diretores.

Os diretores: liderança na articulação dos "meios e fins da educação"

> Para o diretor o grande desafio é saber articular pessoas e recursos para transformar sua escola numa boa escola, numa escola onde todos os alunos aprendem. Não existem atalhos nem fórmulas capazes de transformar a escola numa escola eficaz, mas é preciso muito trabalho e liderança do diretor. (TPE, 2008, p. 28)
>
> Ao estabelecer metas anuais de desempenho da escola — e de cada turma — é preciso ser realista, conhecer os dados do ano anterior, fazer um diagnóstico da escola, conhecer o perfil dos alunos matriculados e ter expectativas elevadas sobre o desempenho dos professores e dos alunos. (TPE, 2008, p. 29)

O diretor é considerado o líder da escola, responsável pela gestão do aprendizado. É responsável por atrair, manter e desenvolver bons professores; tem que organizar seu tempo de forma eficiente para transformar a escola numa escola eficaz, deve garantir um sistema eficaz de reforço com foco no desempenho dos alunos. Deve sentir-se responsável por garantir as condições para que todo aluno aprenda. Na ótica empresarial, precisa enxergar os alunos e suas famílias como clientes da escola.

Além de propor redefinições na relação da escola com a família, o movimento Todos Pela Educação visa difundir na sociedade preceitos, conceitos, valores morais, atitudes que ressignificam o papel social da educação, a relação entre público e privado, entre Estado e sociedade.

O que difere este movimento das outras investidas empresariais na educação?

É fundamental observar também as mudanças de estratégias na ação empresarial — além de disputar com outros setores sociais a definição da agenda educacional, estabelecimento de metas, prioridades e estratégias —, sendo bem-sucedida na articulação com o Estado, como mostra a "sinergia" com o PDE, de fato pretende a difusão de uma concepção de gestão educacional baseada nos princípios do gerencialismo. O movimento visa, fundamentalmente, difundir ideias e valores, representações de uma perspectiva gerencial na educação, expressa em formulações que procuram associar princípios, tais como eficácia e eficiência gestionária, com justiça social. Recoloca-se a questão das bases epistemológicas e valores morais que sustentam ambas as perspectivas — da eficácia social, medidas nos testes de rendimento de aprendizagem ou nos valores que vinculam o direito à educação como princípio de justiça social.

Diferentemente dos movimentos da década de 1990 em que se defendia a adoção de mecanismos de "quase-mercado" na educação (privatização, escolha das escolas pelos pais, focalização apenas nas séries iniciais), agora, nos anos 2000, o papel do Estado é reposto como principal provedor da educação. Atualmente, empresários defendem até mesmo o aumento do percentual do PIB — dos atuais 3,7% para 5% — diferentemente da década anterior, quando afirmavam que a educação não precisava de mais recursos, mas de boa gestão. Apesar da guinada no argumento, mantêm a crítica à falta de eficácia da educação.

A análise deste documento permitiu evidenciar grande correspondência entre as recomendações contidas nas dez mensagens do documento TPE e as características-chave das escolas eficazes descritas por Sammons (2008): liderança na escola, enfoque participativo, parceria com a sociedade, foco no desempenho, organização eficiente, incentivo positivo, aumento da autoestima dos alunos, envolvimento dos pais na aprendizagem dos filhos, altas expectativas em relação à educação e comunicação dessas expectativas e monitoramento do desempenho do aluno e da escola.

Vale, no entanto, ratificar aqui que a perspectiva das escolas eficazes, da centralidade do ensino, do gerencialismo, não é uma novidade nem uma invenção do movimento Todos pela Educação. O que há de novo nesse movimento é o objetivo de "educar" a sociedade, notadamente os pais, para exercerem o controle e a fiscalização sobre as ações da escola e do Estado.

Os indicadores educacionais resultantes da reforma neoliberal levaram os empresários a abandonar o discurso do Estado apenas como regulador ou indutor, mas, ao contrário, agora cobram deste uma execução eficaz das políticas. A meta maior do documento é criar uma nova consciência, uma nova sensibilidade, novas atitudes com relação à educação orientadas por uma "cidadania exigente". Tratar-se-ia de difundir uma nova representação tanto do que deve ser a participação dos pais, como também do que deve ser a escola e a educação. Opera-se, assim, um deslocamento da perspectiva da gestão democrática — princípio constitucional, no caso brasileiro, para uma perspectiva da gestão participativa (Campos, 2006) caracterizada pela presença exigente, fiscalizadora e colaborativa dos pais.

Para alcançar mudanças culturais, a proposta empresarial vai além ao propor alterações na função social da escola, uma vez que sua doutrina reverbera na mudança de racionalidade que preside a educação escolar, deslocando os princípios que a regem do campo do conhecimento para o da sociabilidade.

A nova função social da escola, na perspectiva do *Todos pela Educação*, é ser um espaço comunitário, de convivência social, da expansão de uma cultura comunitária. Assim como a escola vem assumindo tarefas que vão muito além das atividades de ensino-aprendizagem tradicionalmente realizadas na sala de aula, funções de carrear e potencializar as relações comunitárias. Tal situação pode ser confundida com os discursos que acompanham as propostas de escolas por ciclos, que propõem algumas mudanças na função escolar na relação tempo-espaço, como explica Miranda:

> [...] implica mudar o conceito de escola ou, o que dá no mesmo, a noção de socialização mediada pela escola, que deixa de ser orientada por um critério, digamos iluminista, de que a emancipação dos indivíduos deva ocorrer mediante a aquisição de conhecimentos, saberes, técnicas e valores que lhes permitam viver em uma sociedade mediada por esses conhecimentos, saberes, técnicas e valores, passando a orientarem-se por uma noção de socialidade que prescinde da mediação do conhecimento como sua dimensão fundamental, sendo a socialidade *per si* o seu critério. O importante é que os alunos permaneçam na escola, disponham de tempo e de espaço para que possam desfrutar o que ela possa lhes oferecer, inclusive a oportunidade de adquirir conhecimentos, mas não apenas isso ou não fundamentalmente isso: que eles possam viver ali e agora uma experiência de cidadania, de convivência, de formação de valores sociais. (Miranda, 2005, p. 642)

Em suma, propõe-se para a escola uma função social que se assemelha aos centros comunitários, associações de moradores, espaços sociais que têm entre suas tarefas administrar a diversidade social presente em cada comunidade e, por seguinte, na escola. Reforça-se a noção de escola como "comunidade de aprendizagem", onde se ensinam os pilares da educação para o século XXI, em especial "aprender a ser" e "aprender a viver juntos" (Delors, 1999).

Considerações finais

Neste capítulo, pretendemos sintetizar alguns elementos acerca dos caminhos investigativos que têm orientado nossas análises de política educacional, focando na articulação entre o prescrito e o realizado, procurando evidenciar a dinâmica global/local, macro/micro, e as estratégias de difusão de políticas educacionais definidas em fóruns internacionais para serem implementadas em nível nacional ou local. Para tanto, dedicamo-nos à análise de um documento intitulado *Todos pela Educação: rumo a 2022*, tomado aqui como referência fundamental das proposições políticas no campo da educação na atualidade. Tal documento foi aqui apresentado como expressão do pacto social que tem na educação a principal estratégia de produzir uma mudança cultural na relação Estado-sociedade civil e como síntese do pensamento hegemônico do empresariado sobre como deve ser organizada a vida social.

Definimos o discurso político contido no documento como uma "liturgia da palavra", uma vez que está constituído por dez mandamentos ou mensagens que têm como destinatários os formadores de opinião, a comunidade, gestores, professores e pais, aqueles identificados como responsáveis pela implementação das mudanças necessárias para que se produza uma educação eficaz. Não que tais sujeitos sejam mencionados no discurso político como executores das mudanças, mas a eles foi designada a tarefa de controle, de cobrança sobre elas. Para atuar dessa maneira, os sujeitos são sensibilizados a ser protagonistas, participativos, ativos, criando uma nova consciência social de responsabilidade e de aposta na educação como ferramenta produtora de mudanças necessárias à sociedade. Não se trata, entretanto, das transformações que foram propagadas nos anos 1990, de qualificação de mão de obra para assumir os postos de trabalho que se modernizavam ou para manter a condição de empregabilidade dos sujeitos. Agora, a educação tem como finalidade manter os sujeitos incluídos socialmente, servindo de estratégia social contra o esgarçamento do tecido social, uma vez que a passagem pelos bancos escolares, segundo o discurso contido no documento estudado, não guarda nenhuma relação com possibilidades de mobilidade social, mas é apresentada como uma forma de inclusão social.

Atribuímos a alcunha de "reconversão das almas" à mudança social pretendida pelo discurso do *Todos pela Educação*, ressaltando seu caráter prescritivo e doutrinador, que a um só tempo assume uma face política, operando no plano coletivo ao propor um pacto social em prol da educação, mas busca interpelar a todos, no âmbito de suas subjetividades, buscando uma mudança no perfil do cidadão que agora deve ser não apenas proativo, mas também exigente. Construir um pacto interclasses pela educação não chega a ser uma novidade, considerando as várias iniciativas que já vinham sendo gestadas desde os anos 1990. O elemento novo parece residir nos esforços pela aceitação e incorporação da legitimidade dos mecanismos e processos de avaliação educacional e de outros índices que funcionam como mecanismos de regulação na educação.

Nova também é a disseminação por parte dos propositores de políticas de estratégias que envolvam os sujeitos como mais eficientes na produção de mudanças, difundindo ações em redes como mais democráticas e participativas e em oposição a relações hierárquicas de tomadas de decisão sobre as políticas. Tal lógica manifesta-se desde a apresentação da proposta, pois não se trata de um documento isolado, mas de um movimento que busca coesão e consenso em torno de ideias que vem sendo disseminadas e reorientam a gestão da educação ao longo das duas últimas décadas.

Referências

BALL, S. J. *Education reform*: a critical and post-structural approach. Buckingham: Open University Press, 1994.

______. *Politics and policy making in education*. London: Routledge, 1990.

BOTTERY, M. *Education, policy and ethics*. London: Continuum, 2000.

BOWE, R; BALL, S; with GOLD, A. *Reforming education and changing schools*: case studies in policy sociology. London: Routledge, 1992.

BRASIL. Ministério do Trabalho. *Questões críticas da educação brasileira*. Brasília: MCT/Pacti, Mict/PBQP, 1995.

CAMPOS, R. F. *O gerencialismo na educação*: implicações para o trabalho dos dirigentes e professores. In: REUNIÃO DA ASSOCIAÇÃO NACIONAL DE PESQUISA DA REGIÃO SUL, 6., Anped Sul, *Anais*... Santa Maria, 2006. p. 1-11.

CEPAL. *Educación y conocimiento*: eje de la transformación productiva con equidad. Santiago, Chile: Cepal, 1992.

DALE, R. *Specifying globalization effects on national policy*: a focus on the mechanisms. In: EVANGELISTA, O. *Almas em disputa*: reconversão do docente pela ressignificação da educação. Projeto de Pesquisa. Florianópolis: CED/UFSCar, CNPq, 2007.

DELORS, J. (Coord.) *Educação*: um tesouro a descobrir. São Paulo: Cortez/MEC/Unesco, 1999.

FAIRCLOUGH, N. *Discurso e mudança social*. Brasília: UnB, 2001.

FOGAÇA, A. *Educação, trabalho e desenvolvimento tecnológico no Brasil*: um breve retrospecto dos últimos dez anos, 2006. Disponível em: <http://www.dieese.org.br/seminariotextoazuetefogaca.pdf>. Acesso em: 15 jun. 2009.

______; SALM, C. L. *Questões críticas da educação brasileira*: consolidação de propostas e subsídios para ações na área da tecnologia e da qualidade. Brasília: MCT/MICT/Senai/Banco do Brasil, 1995.

FONTES, V. A sociedade civil no Brasil contemporâneo: lutas sociais e luta teórica na década de 1980. In: LIMA, J. C. F.; NEVES, L. M. W. *Fundamentos da educação escolar do Brasil contemporâneo*. Rio de Janeiro: Fiocruz, 2006.

INSTITUTO HERBERT LEVY (IHL). *Ensino fundamental & competitividade empresarial*: uma proposta para a ação do governo. São Paulo: Instituto Herbert Levy, 1993.

LEVIN, B. An epidemic of education policy: (what) can we learn from each other? *Comparative Education*, v. 34, n. 2, p. 131-141, 1998.

LINGARD, B.; OZGA, J. *Education policy and politics*. Abindgon: Routledge, 2007.

MARTINS, A. S. *"Todos pela educação"*: o projeto educacional de empresários para o Brasil século XXI. Trabalho apresentado no GT 9 — Trabalho e Educação durante a 31ª Reunião Anual da ANPEd. Caxambu, 2008.

______. A educação básica no século XXI: o projeto do organismo "Todos pela Educação". *Práxis Educativa*, Ponta Grossa, v. 4, n. 1, p. 21-28, jan./jun. 2009. Disponível em: <http://www.revistas2.uepg.br/index.php/praxiseducativa>.

MIRANDA, M. G. de. Sobre tempos e espaços da escola: do princípio do conhecimento ao princípio da socialidade. *Educação & Sociedade*, Campinas, v. 26, n. 91, p. 639-651, maio/ago. 2005.

NEVES, L. M. W. (Org.). *A nova pedagogia da hegemonia*: estratégias do capital para educar o consenso. São Paulo: Xamã, 2005.

OEI. Declaração de Lisboa. *XIX Conferencia Iberoamericana de Educación*, 2009.

______. *Metas educativas 2021*: la educación que queremos para la generación de los bicentenarios, 2009.

OLIVEIRA, R. Empresariado industrial e a educação profissional brasileira. *Educação e Pesquisa*, São Paulo, v. 29, n. 2, p. 249-263, jul./dez. 2003.

ORLANDI, E. P. *Análise de discurso*: princípios e procedimentos. Campinas: Pontes, 1999.

OZGA, J. *Investigação sobre políticas educacionais*: terrenos de contestação. Porto: Porto Editora, 2000.

PENTEADO, H. *O ensino fundamental vai mal*. São Paulo: Instituto Herbert Levy/ Unicef, 1995.

SHIROMA, E. O.; CAMPOS, R. F.; GARCIA, R. M. C. Decifrar textos para compreender a política: subsídios teórico-metodológicos para análise de documentos. *Perspectiva*, Florianópolis, v. 23, p. 427-446, 2005.

______; MORAES, M. C. M.; EVANGELISTA, O. *Política educacional*. 4. ed. Rio de Janeiro: Editora Lamparina, 2007.

TEDESCO, J. C. *O novo pacto educativo*: educação, competitividade e cidadania na sociedade moderna. São Paulo: Ática, 1998.

TODOS PELA EDUCAÇÃO. Rumo a 2022. Disponível em: <http://www.todospelaeducacao.org.br/Biblioteca.aspx>. Acesso em: 15 mar. 2009.

______. Relatório 2008. Disponível em: <http://www.todospelaeducacao.org.br/Biblioteca.aspx>. Acesso em: 10 set. 2009.

UNESCO. *Educação de qualidade para todos*: um assunto de direitos humanos. 2. ed. Brasília: Unesco/Orealc, 2008.

CAPÍTULO 10

Contribuições de Stephen Ball para o estudo de políticas de currículo

Alice Casimiro Lopes
Elizabeth Macedo

Investigações de Stephen Ball no campo do currículo

Os trabalhos de Stephen Ball, ao longo de sua carreira, foram desenvolvidos no campo da Sociologia da Educação, levando a seu atual foco no que denomina sociologia das políticas: a apropriação de teorias e métodos sociológicos para analisar processos políticos e seus efeitos.[1] Muitas de suas publicações são, todavia, de grande interesse para o campo do currículo. Consideramos, especialmente, aquelas em que ele relativiza enfoques sociológicos mais deterministas e, em contrapartida, abre possibilidades de que os sentidos contingentes sejam entendidos como capazes de questionar a ideia de possíveis conexões entre eventos serem consequências lógicas de algum elemento interno às estruturas

1. Ver o desenvolvimento dessa compreensão no Capítulo 1 deste livro.

sociais. Essa possibilidade é evidenciada nas análises em que a prática curricular, ainda que conectada a outras dimensões sociais, não é subjugada a essas mesmas dimensões. De acordo com nossa leitura, essa contribuição já é presente em seus primeiros trabalhos, nos anos 1980, nos quais as fronteiras entre Sociologia da Educação e Currículo são tênues (Ball, 1982, 1983, 1985, 1987).

Não é de se estranhar essa vinculação tão próxima entre os trabalhos do campo do Currículo e da Sociologia da Educação – com destaque na Inglaterra, mas com difusão para outros países[2] – devido ao desenvolvimento, nos anos 1970, no Instituto de Educação da Universidade de Londres, da Nova Sociologia da Educação (NSE), vinculada a discussões que constituíram uma Sociologia do Currículo. As bases da NSE foram estabelecidas com a publicação, em 1971, de *Knowledge and control*, organizado por Michael Young e contando com importantes textos de Bernstein, Esland e Bourdieu, dentre outros. Nessa obra, o conhecimento escolar é definido como objeto do campo intelectual da Sociologia da Educação, organizando, mais do que seu campo de estudo, um conjunto de questões de pesquisa, até então desconsideradas. Entre estas, podemos citar o questionamento das definições sociais do que vem a ser conhecimento, a análise dos efeitos das classes sociais na distribuição do conhecimento, a identificação da estratificação dos saberes, a delimitação do conhecimento na organização disciplinar e a análise das principais características dos saberes de maior *status*. Foi constituído, então, um programa de pesquisa potente em torno da problematização do que conta como conhecimento escolar e da busca em desnaturalizar os currículos das escolas, investigando as relações sociais que os sustentam. Fazia parte desse programa examinar os modos de as disciplinas escolares serem socialmente construídas como conjunto de significados legitimados e compartilhados por diferentes grupos sociais. Tal propósito, contudo, só foi amplamente desenvolvido pelos pesquisa-

2. No Brasil, as relações entre enfoques sociológicos e curriculares são nítidas nos primeiros trabalhos de Antonio Flavio Moreira (1990) e de Tomaz Tadeu da Silva (1992), autores que muito contribuíram para difusão da sociologia do currículo inglesa e norte-americana no Brasil. Em pesquisadores em Currículo, como Nilda Alves (1998), ainda que as discussões em língua inglesa não se façam presentes, é forte a influência sociológica de Bourdieu, autor que também participou do livro *Knowledge and control*.

dores em história das disciplinas escolares (HDE), dentre os quais se inclui Stephen Ball.

Em suas investigações sobre HDE, Ball não se apoiava apenas em teorias abrangentes, capazes de interpretar o fenômeno educacional a partir de dinâmicas macroestruturais, tendo sido criticado pelo foco mais significativo nos conflitos institucionais e nas dinâmicas disciplinares.[3] Defendemos, contudo, que em um momento no qual os enfoques sociológicos tendiam a valorizar uma análise estrutural, fosse ela de base econômica estrita ou mais matizada pelas influência de enfoques interacionistas e fenomenológicos, Ball contribuiu para salientar a necessidade de investigar a micropolítica institucional e disciplinar. Aprofundando o enfoque sociológico da concepção de paradigma de Thomas Kuhn, Ball (1985) salientava como a constituição e consolidação de disciplinas escolares no currículo envolvem disputas entre paradigmas disciplinares e no âmbito de um mesmo paradigma, contribuindo significativamente para os estudos que questionam a noção de disciplina como vinculada a uma visão exclusivamente epistemológica.

Nessa análise, Ball (1983) operava com a compreensão de Cooper (1983) de que as disciplinas são produtos políticos de lutas por poder entre grupos sociais com interesses diferentes, que competem entre si por recursos e *status*. Ao valorizar a investigação das comunidades disciplinares em instituições específicas, Ball já sustentava a considerável autonomia das escolas na seleção e organização do conhecimento escolar em determinadas épocas da história, facultando a possibilidade de entendermos tanto a mudança quanto a estabilidade curricular para além do controle estatal. Ele buscava modelos teórico-metodológicos que tentassem articular *relações de mudança* (atividades e estratégias que iniciam a mudança) com as *condições de mudança* (mudanças nas condições econômicas e sociais da escolarização que favorecem ou inibem mudanças no conhecimento escolar), por vezes salientando como as relações podem se contrapor às condições de mudança (Ball, 1983, 1985). Com base em Goodson, o sociólogo da educação inglês questionava a visão *top down* do próprio Michael Young, que concebia o poder como

3. Como exemplo dessa crítica, ver Moreira (1990).

situado em posições privilegiadas capazes de, em função de seus interesses, definir e manter as disciplinas escolares. Ball afirmava, ainda, como interpretações dessa natureza podem recair em um "inocente funcionalismo", capaz de negar incertezas e conflitos nos processos sociais que tendem a direcionar o currículo (Ball, 1983).

A despeito de sua produtividade, essas primeiras teorizações de Ball não foram significativamente incorporadas por pesquisadores em currículo no Brasil. Nas investigações sobre HDE, os trabalhos de Ivor Goodson, com base nos modelos de Layton, tiveram maior impacto em nosso país.[4] Por sua vez, no que concerne a suas teorizações sobre políticas educacionais e Sociologia da Educação, ganharam destaque os trabalhos em que o macrocontexto é interpretado como determinante das ações nas escolas (Ball, 1993, 2003, 2004a). Ainda que esses estudos sejam importantes para o questionamento de dimensões excludentes das atuais políticas educacionais e contribuam para a denúncia de algumas das opções realizadas, quando lidos isoladamente expressam uma intepretação que confere certa inevitabilidade aos processos de significação das atuais políticas e aos efeitos por elas produzidos. Mesmo quando se utiliza de aportes teóricos como os de Lyotard, no caso da análise da performatividade (Ball, 2004a; 2004b), o faz dando-lhe um sentido obrigatoriamente negativo e marcado pela competitividade de mercado, desvinculando-o, por exemplo, da crítica ao realismo na legitimação do conhecimento. Com isso, esses textos tendem a se aproximar de leituras que colocam os sujeitos como limitados em suas ações por sentidos predeterminados da estrutura. São, assim, interpretações bem menos matizadas do que as teorizações de Ball mais conectadas com as discussões curriculares. De certa forma, o próprio deslizamento que as produções teóricas de Ball apresentam favorece a opção por um dos caminhos de leitura por ele apresentados.[5] Ora o autor assume mais

---

4. Como exemplos, ver Ferreira (2005), Ferreira, Gomes e Lopes (2001), Gomes (2008), Lopes (1996), Lopes (2000), Macedo (1997) e Moreira (1990). Desses trabalhos, todos diretamente relacionados com a HDE, apenas Moreira (1990) utiliza-se das discussões de Ball, articuladas às de Goodson, sobre HDE.

5. Esse deslizamento teórico pode ser identificado também em sua afirmação dos dois teóricos que mais o influenciam: Bourdieu e Foucault (Ball, 2006). Para percepção desses enfoques

fortemente os aportes estruturais da sociologia, centrados em discussões sobre o mercado, a ideologia, a classe social e certa inevitabilidade de ações globais. Em outros momentos, mesmo sem abandonar a agenda da perspectiva crítica na luta pela igualdade e justiça social, incorpora aportes pós-estruturais, principalmente Foucault[6] e discussões de teóricos pós-coloniais, tais como Appadurai e Rizvi.

Essa segunda vertente é que consideramos capaz de contribuir mais significativamente para o campo do Currículo e, por isso, é o foco do nosso interesse. É nela que Ball busca aprofundar a trajetória de Bernstein[7] — ao mesmo tempo que dela se diferencia —, valorizando as recontextualizações como inerentes aos processos de circulação de textos, buscando associar a ação de múltiplos contextos nesses processos, bem como identificando as relações entre processos de reprodução, reinterpretação, resistência e mudança, nos mais diferentes níveis de produção de políticas. É quando aponta para a incorporação das dimensões do hibridismo ao entendimento das políticas (Ball, 1998), aprofunda as relações global-local (Ball, 1998 e 2001), e desenvolve sua abordagem do ciclo de políticas (Ball, 1994; Ball; Bowe; 1992; Ball; Bowe; Gold, 1992) que esse autor tem contribuído em nossas pesquisas, voltadas para uma interpretação complexa e não linear das políticas de currículo. Nessas investigações, ele se contrapõe à perspectiva estadocêntrica e abre possibilidades instigantes para o campo do Currículo.

Ball (1994) reconhece a importância da análise do Estado, por ele considerada incluída no ciclo de políticas, mas afirma que qualquer teoria de política educacional que se preze não pode se limitar à perspectiva do controle estatal. As abordagens estadocêntricas tendem a interpretar diferentes textos e discursos circulantes sem uma interlocução com o discurso pedagógico, com as demandas educacionais da sociedade mais ampla e as tradições curriculares das escolas e do meio educacional. A despeito de haver a afirmação de que as políticas envol-

---

diversos, confrontar, por exemplo, Ball (1990) e Ball (1993) ou ainda Ball (2009) e Ball e Maroy (2009).

6. Ver, especialmente, parte de sua obra após Ball (1990).

7. Ball ocupa a cadeira Karl Manheim que já foi de Bernstein no Instituto de Educação da Universidade de Londres e mantém interlocução com os trabalhos do sociólogo da educação inglês.

vem processos de negociação e luta entre grupos rivais (Ozga, 2000), tais processos parecem ser identificados apenas na implementação de projetos políticos, não na própria produção desse projeto no âmbito do Estado. É reafirmada, assim, a separação entre proposta e implementação que a abordagem do ciclo de políticas visa a superar.

A abordagem do ciclo de políticas é particularmente produtiva na análise das atuais políticas globais, superando tanto os enfoques que situam a globalização como produtora da homogeneidade cultural quanto os enfoques que se submetem a uma inevitabilidade e a um caráter completamente novo dos atuais intercambiamentos entre nações. Defendemos, com o apoio de Ball (2001), que a tentativa de produzir consensos em torno de um currículo nacional tem relação com um projeto econômico global, capaz de produzir discursos que se capilarizam socialmente. Tal projeto, entretanto, só consegue se institucionalizar pela negociação com outras demandas, não necessariamente sintonizadas com interesses econômicos desse mesmo projeto. Nesse processo de institucionalização, são produzidos, então, diferentes projetos com princípios comuns mesclados a sentidos os mais diversos. Pela acentuada circulação e recontextualização de múltiplos textos e discursos nos contextos de produção das políticas, são instituídas, simultaneamente, a homogeneidade e a heterogeneidade, em constante tensão. É possível identificar traços de homogeneidade nas políticas de currículo nacional e de avaliação em países distintos, indicando a circulação desses discursos. Mas as formas e finalidades de tais políticas produzidas localmente são heterogêneas, transferindo múltiplos sentidos ao global e evidenciando tal articulação entre global e local (Ball, 2001).

Tendo em vista tal interpretação, temos orientado teses e dissertações em nosso grupo de pesquisa[8] que operam teórica e metodologicamente com a abordagem do ciclo de políticas, visando superar a noção de política como o que concerne às práticas convencionais da política institucionalizada nos governos. Ao longo de nossas pesquisas, temos buscado ampliar a compreensão de Ball sobre as políticas de currículo

---

8. Referimo-nos ao grupo Currículo: sujeitos, conhecimento e cultura <www.curriculo-uerj.pro.br>, por nós coordenado, e apoiado financeiramente pelo CNPq, Capes e Faperj.

e, por vezes, reconfigurar alguns aspectos da abordagem do ciclo de políticas, de forma a dar conta das problemáticas de pesquisa construídas no grupo. Nas duas próximas seções, procuramos dar destaque à análise de como essas problemáticas vêm sendo construídas, primeiramente abordando a inter-relação entre contextos do ciclo de políticas, para em seguida focalizar as comunidades disciplinares e epistêmicas em sua atuação no ciclo de políticas.

As inter-relações entre contextos no ciclo de políticas

A mesma prevalência do enfoque estadocêntrico nas políticas educacionais pode ser identificada nas pesquisas em políticas de currículo no Brasil. Paiva, Dias e Frangella (2006), em trabalho[9] no qual analisam 148 pesquisas sobre política de currículo, desenvolvidas em programas de pós-graduação em Educação, concluem ser "muito presente a ideia de política curricular como produção de governo dirigida à implementação nas escolas básicas [...], [com] o foco no aspecto econômico maior do que qualquer outro" (p. 263). Embora isso não signifique a inexistência de estudos que tenham uma compreensão mais complexa do processo político, a tônica dos trabalhos é a compreensão do Estado como instância produtora de uma política a ser, posteriormente, implementada. As autoras apontam, ainda, que a centralidade no campo oficial não significa uma abordagem do contexto de influência que seja além de uma abstração neoliberal, especialmente no que concerne às influências internacionais. Em estudo menos exaustivo, Oliveira[10] (2006) já havia demonstrado que o foco no econômico era predominante nos estudos sobre políticas de currículo. Nesses trabalhos, assumem relevo

9. Este texto foi produzido a partir de estado da arte sobre o currículo da educação básica que envolveu a análise de teses e dissertações produzidas pelo programas de pós-graduação entre 2002-2006 (Macedo et al., 2006).

10. Foram analisados 28 trabalhos que se definiam como explicitamente tratando de política de currículo. Diferentemente das teses e dissertações enfocadas por Paiva, Dias e Frangella (2006), os textos estudados por Oliveira (2006) se apoiavam necessariamente em discussão do campo da política.

as relações entre mercado e educação e o modelo de explicação recorrente pode ser sumarizado pelo esquema: "descrição/explicação da crise do capitalismo financeiro, crise fiscal, redefinição do papel do Estado (crise do *welfare state*) e reformas educacionais como parte ou resultado do processo" (p. 66). Mesmo quando os trabalhos destacam o político por meio da utlização de uma concepção de Estado gramsciana, é comum que a conclusão envolva afirmativas genéricas sobre a centralidade da economia. Acerca desses estudos, Lopes (2006b) destaca que "nem sempre investigam a ação da sociedade civil na política ou as tensões entre sociedade civil e sociedade política" (p. 2).

As alternativas a esse modelo linear com ênfase na produção centralizada das políticas têm sido muitas vezes, no Brasil, a desconsideração de toda sorte de constrangimentos em uma valorização ingênua do chão da escola como lugar de produção de alternativas curriculares, como se ali também não houvesse uma série de constrangimentos. Tal perspectiva, apesar de seu caráter aparentemente potencializador das ações políticas do professor, alicerça-se sobre a velha dicotomia entre produção e implementação curriculares, que, como destaca Ball (2006), tem sido um dos aspectos prejudiciais ao estudo das trajetórias das políticas como complexos que envolvem constrangimentos e recontextualizações. Não raras vezes, esses estudos desqualificam toda análise política, cujo foco seja os textos curriculares, na medida em que os trata como abstrações que a escola ignora, tomando a política apenas em sua dimensão mais local. Em nossos trabalhos, vimos entendendo, subsidiadas por Ball (2006), que inverter a hierarquia, numa espécie de modelo *down top*, é um empreendimento impossível. O caminho mais promissor seria, assim, buscar modelos capazes de superar a própria distinção entre produção e implementação, no âmbito do questionamento da centralidade do Estado nas políticas. Temos entendido que isso pode ser feito tendo por base a ideia de ciclo de políticas, o que vem sendo também estimulado pelo fato de esse foco começar a ter impacto nas atuais investigações sobre políticas de currículo.[11]

---

11. Entre os trabalhos de outros grupos de pesquisa que têm se apropriado dessa abordagem para investigar políticas de currículo, destacamos: Barreto (2008), Borborema (2008), Eugênio

O ciclo contínuo de políticas (Ball, Bowe e Gold, 1992) é uma "estrutura conceitual para o método das trajetórias das políticas" (Ball, 1994, p. 26). Com ele, os autores pretendem tanto ampliar os estudos estadocêntricos de políticas quanto superar o hiato entre produção e implementação curricular — que propicia análises *top down* e *down top* das políticas. No dizer dos autores, sua preocupação central era com "o trabalho de recontextualização política que ocorre nas escolas" (Ball, Bowe e Gold, 1992, p. 19). Essa estrutura foi composta, inicialmente, por três contextos inter-relacionados — aos quais se agregaram posteriormente mais dois — todos entendidos como um conjunto de arenas públicas e privadas de ação. A relação entre os contextos — de influência, de produção do texto político, da prática, de resultados e de estratégia política — é fundamental para a percepção do modelo como ciclo contínuo e não hierarquizado.

Apesar do caráter contínuo do ciclo de políticas, o contexto de influência é visto como aquele em que as "políticas públicas normalmente se iniciam, [...] [onde] os discursos políticos são construídos" (Ball; Bowe; Gold, p. 19). É o território em que são hegemonizados os conceitos mais centrais da política, criando-se um discurso e uma terminologia próprios que visam a legitimar a intervenção. Nesse contexto, são estabelecidos os princípios básicos que orientam as políticas, em meio a lutas de poder nas quais os atores são desde partidos políticos, esferas de governo a grupos privados e agências multilaterais, como comunidades disciplinares e institucionais e sujeitos envolvidos na propagação de ideias oriundas de intercâmbios diversos. Como os interesses desses diferentes atores são muitas vezes conflitantes, trata-se de um contexto complexo de luta por hegemonia.

Sustentamos a ideia de que há certo privilégio do contexto de influência no ciclo contínuo de políticas, não apenas pelo fato de que ele assume o sentido de território originário do qual emanam as políticas

---

(2009), Eslabão (2006), Lima, I. (2006), Lima, L. (2008), Rocha (2008) e Rosa, Carreri e Ramos (2008). Temos que destacar também a apropriação que Mainardes (2006, 2007) faz desses enfoques na investigação de políticas educacionais. Mesmo não focalizando particularmente o currículo, sua produção tem sido muito produtiva para o campo curricular.

— que, em seguida, serão recontextualizadas para outros contextos —, mas também nas análises empreendidas por Ball. Há, sem dúvida, estudos em que o autor (Ball, 1994, 1998; Ball; Bowe, 1992) examina cuidadosamente o movimento de um contexto a outro, mas também são numerosos os textos em que o contexto de influência é analisado sem menção aos demais contextos (Ball, 2001, 2003, 2004a, 2004b), caracterizando o deslizamento interpretativo, já mencionado, entre enfoques estruturais e pós-estruturais. Assim, embora buscando articular macro e micropolíticas e avançando em relação a abordagens estadocêntricas, o ciclo contínuo de políticas não deixa de privilegiar as dimensões macro. Nesse sentido, os contextos de efeitos e de estratégia compõem com o contexto de influências o quadro de valorização da abordagem macro. O contexto de efeitos está diretamente relacionado a questões de "justiça, igualdade e liberdade" (Ball, 1994, p. 26), sendo fundamental a análise "dos seus impactos sobre e interações com as desigualdades e as formas de injustiça existentes" (p. 26). O contexto da estratégia política, por sua vez, refere-se à criação de mecanismos para contestar as desigualdades e injustiças criadas ou mantidas pela política. Ligam-se, portanto, aos propósitos sociais das políticas definidos no contexto de influência, ainda que tais propósitos sejam recontextualizados nos contextos de produção dos textos e da prática.

A passagem do contexto de influência para os contextos de produção do texto político e da prática é marcada pela noção de representação. Os textos políticos são vistos pelos autores (Ball, Bowe e Gold, 1992) como "representação da política" (p. 21), que podem ser lidos diferentemente, de acordo com as demandas do contexto da prática. A prática é, assim, o lugar em que as "consequências 'reais' [dos textos] [...] são experenciadas [...], a arena a qual a política se refere e para a qual é endereçada" (p. 21). Na base do entendimento de tais contextos como produtores de sentidos está, portanto, a noção de política como texto, como representação, que Ball (1994) explora dialogando com a teoria literária.

Como representação, as políticas são textos complexos codificados e decodificados de forma complexa em meio a lutas, negociações, acordos e alianças, espelhando a própria historicidade. A relação entre controle dos sentidos por parte do autor e a recriação operada pelo leitor é paradoxal e própria do uso da linguagem como representação. Ainda que haja mecanismos discursivos pelos quais o autor tenta controlar os sentidos, direcionando as leituras possíveis, esse controle é sempre parcial, seja pela própria lógica da política, seja pelas características próprias do fato de se tratar de um texto.

O fato de os textos serem produzidos em meio a negociações e acordos entre posições, por vezes contraditórias, redunda em uma *bricolage* textual que torna o controle difuso. Além da *bricolage* interna a um mesmo texto, uma política é frequentemente representada por mais de um texto e se estabelece num espaço em que outras políticas, com seus respectivos textos, estão em circulação, de modo que o controle total se torna inviável. Como texto coletivo, o texto político é produto de acordos realizados em diferentes esferas, envolvendo, inclusive, a troca constante de sujeitos autores. Assim, abrem-se espaços de ação, na medida em que o lugar em que as políticas são codificadas é também ele instável e ambíguo. Isso não significa, para Ball (1994), que todas as vozes são ouvidas na polifonia do texto curricular, na medida em que há posições legitimadas e outras não. No interior do que poderia ser chamado de posições legitimadas, no entanto, ainda há uma pluralidade de grupos em disputa.

Mais do que isso, contudo, a impossibilidade de controle dos sentidos reside nas próprias características do texto, cuja função de controle é dependente de uma interação com o leitor que só pode ser conseguida em detrimento do próprio controle. Um texto não lido é incapaz de controlar e um texto só é lido por um leitor que interage, interfere no próprio texto e compartilha sentidos com ele. Para controlar, portanto, o texto precisa abrir mão da pretensão de controle absoluto.

No caso dos textos curriculares, escritos no que Ball, Bowe e Gold (1992) denominam contexto de produção do texto político, estamos tratando de documentos oficiais e de textos legais, mas também, entre outros, de materiais produzidos a partir desses textos, visando À sua maior popularização e aplicação. Há, em sua formulação, interesses e crenças diversos, fazendo com que o(s) projeto(s) sobre o que significa educar, definido(s) no contexto de influência, seja(m) relido(s) diferentemente pelos sujeitos no momento da representação da política nos textos. Também tal(is) projeto(s) muda(m) de acordo com diferentes eventos e circunstâncias. No geral, produzem-se documentos genéricos, pouco claros, projetando um mundo idealizado. Ball (1994) tem defendido que inconsistências ou incoerências nesses textos sejam compreendidas como produto das hibridizações que este jogo político propicia e necessita. O texto, para o autor, deve ser lido tendo em vista o jogo político em que foi produzido, sempre em polifonia com outros textos. Trata-se, a nosso ver, de uma das principais contribuições do autor ao estudo das políticas curriculares, ainda que a noção de hibridismo seja tratada genericamente como consequência da recontextualização e da tradução complexa de políticas genéricas nas práticas (Ball, 1998) e que o processo político de hegemonizar posições no contexto de produção de textos seja teoricamente pouco desenvolvido.

Como os textos políticos são textos de ação, "as respostas a esses textos têm consequências reais" (Ball, Bowe e Gold, 1992, p. 21), experenciadas no contexto da prática", "a arena a qual a política se refere e para a qual é endereçada" (p. 21). Ball (1994) ressalta, no entanto, que essa transposição não é linear, como nos modelos hierarquizados de política, na medida em que as políticas confrontam outras realidades e outras políticas que circulam no contexto da prática. Apesar do tom realista que, por vezes, assume esse contexto, sua análise é empreendida no âmbito da política como texto, também uma das marcas do deslizamento do autor entre teorias pós-estruturais e estruturais. Nesse âmbito, os textos das políticas têm uma história representacional, mas não entram num espaço institucional (e social) vazio, sendo, portanto, recriados a cada leitura. Os praticantes do currículo trazem histórias, experiências, valores e propósitos a partir dos quais leem os textos políticos e isso também implica lutas por hegemonizar determinadas leituras. Assim, se os textos não são determinados pelos autores, também nem todas as leituras são possíveis; elas estão determinadas por relações de poder que, no entanto, não são fixas. Nem determinantes nem obras de ficção, os textos políticos são vistos como algo que restringe um "escopo de opções disponíveis em decidir o que fazer" e que "define resultados particulares" (Ball, 1994, p. 19). Em face de tais textos, "uma resposta ainda tem que ser construída em contexto, contra outras expectativas, [o que] envolve ação social criativa e não reação robótica" (p. 19). Nesse sentido, o contexto da prática é produtivo, mas não pode ser entendido fora dos constrangimentos estabelecidos pelas relações de poder reestruturadas, redistribuídas e recriadas pelas políticas.

A discussão do contexto da prática traz a noção de poder — como interno às demais relações — para a representação, redefinindo as interpenetrações entre ação e constrangimentos. Como forma de entender essas interpenetrações, Ball (1994) define a política como discurso, propondo que a própria política seja compreendida simultaneamente como texto e como discurso. O autor defende ser preciso compreender como a política "exercita o poder pela produção da 'verdade' e do 'conhecimento' como discursos" (p. 21), assumindo formulações foucaultianas sobre discurso. As políticas são também discursos, ou seja, práticas que constituem o objeto de que falam, que estabelecem as regras do jogo em que se dão as lutas em torno dos significados. Todos os contextos de produção da política são, portanto, atravessados por discursos que constroem (e permitem a construção) de certos textos. Assim, mesmo no caso do contexto de influência de onde emanam, para Ball, Bowe e Gold (1992), as políticas são também o produto de um discurso e, portanto, apenas mais um nó da rede de poder. Ao mesmo tempo, contudo, que Ball (1994) salienta que, nas sociedades contemporâneas, há discursos plurais e contraditórios em disputa, destaca a existência de "discursos dominantes, regimes de verdades, conhecimentos eruditos — como neoliberalismo e teoria do gerencialismo — na política social" (p. 24). De um lado, esse destaque justifica a centralidade do contexto de influência em muitos textos do autor, de outro, assimila a dimensão discursiva das políticas ao contexto ideológico de influência. O próprio autor admite que sua formulação da política como discurso não está bem resolvida. Entendemos que a perspectiva aditiva de tratar o currículo simultaneamente como texto e como discurso é incapaz de fazer face a uma rediscussão das relações entre ação e estrutura social, sem desconsiderar esta última ou subsumir a ação a ela. No âmbito do contexto de efeitos, por exemplo, as noções de ação e criação — associadas ao currículo como texto — são eclipsadas pela importância da estrutura.

Apesar de nem sempre conseguir superar os limites que percebe nos estudos das políticas, o ciclo contínuo de políticas constitui-se, a nosso ver, em importante recurso heurístico. Especialmente relevante, para nosso trabalho, tem sido a possibilidade de pensar o contexto de produção do texto político como espaço de representação política que dá origem a textos híbridos que serão reescritos no contexto da prática. Operando com o ciclo contínuo de políticas, temos conseguido fugir de certos binarismos — como proposta e prática, prescrição e implementação — muito comuns no estudo das políticas curriculares. Mais do que isso, no entanto, essa abordagem tem nos possibilitado ler os textos curriculares como expressão textual de um complexo processo de negociações que se dá num contexto marcado por relações de poder e constrangimentos.

A ampla maioria dos estudos desenvolvidos no grupo de pesquisa *Currículo: sujeitos, conhecimento e cultura* analisa as políticas curriculares por meio da utilização do ciclo contínuo de políticas. De forma geral, nossos estudos sobre política curricular centram-se no contexto de produção de textos (Lopes, 2004; 2006a; Macedo, 2002, 2008a), encaminhando-se, por vezes, também para o contexto da prática (Macedo, 2005). Isso não significa a desconsideração dos demais contextos, na medida em que sentidos da prática estão imbricados nestes, mas apenas uma opção por investigar certos objetos empíricos em detrimento de outros. Ao tentar estabelecer a relação entre os contextos no momento da análise, temos nos deparado com um conjunto de desafios, entre os quais a articulação entre macro e micropolítica e a não hierarquização dos contextos. Entendemos que tais desafios se estabelecem pela necessidade de ainda aprimorar a discussão sobre a circulação de sentidos no ciclo contínuo de políticas.

Em relação à articulação macro e micropolítica, nem sempre temos conseguido desenvolvê-las, dando destaque à dimensão micro. Por mais que estejamos conscientes dos imbricamentos entre os contextos, diferentemente de Ball, frequentemente eclipsamos o contexto de influência nas políticas que analisamos, ainda que ele sempre apareça recontextualizado nos contextos de produção de texto e da prática. A título de exemplo, destacamos alguns estudos que, com foco nos contextos de produção de texto e/ou da prática, melhor conseguiram equacionar a circulação dos sentidos produzidos no contexto de influência. Dias (2009), por exemplo, ao analisar a produção dos textos curriculares sobre a formação de professores, salienta um conjunto de discursos — legais, pedagógicos e ideológicos — produzidos no contexto de influência e sua recontextualização no contexto de produção do texto. Em linha semelhante, o estudo de Silva (2006) trata das recontextualizações desenvolvidas na construção de diretrizes curriculares para o ensino de Física, com foco maior em discursos produzidos no contexto de influência. Também Barreiros (2003), ao buscar entender a construção das recentes políticas de avaliação, confere centralidade ao contexto de influência, com especial relevo aos aspectos ideológicos que definem um Estado neoliberal. Em relação às pesquisas que se centram mais fortemente nos contextos de representação das políticas, o trabalho de Agostinho (2007) é o que mais fortemente integra o contexto de influência com os demais. O foco do estudo é a recontextualização do discurso da performatividade em políticas curriculares aplicadas em um conjunto de escolas, com relevo para as recriações desse discurso no interior de uma escola. Oliveira (2006) também opera buscando compreender como discursos coloniais, supostamente homogêneos, foram hibridizados na hegemonização da proposta curricular de um município de interior. Ainda que possamos, por vezes, fazê-lo com indevido pouco destaque do contexto de influência, nossa tentativa tem sido perceber nos textos tanto os constrangimentos discursivos quanto as recontextualizações das determinações desse contexto. Tal movimento possibilita, a nosso ver, trabalhar com o ciclo contínuo de políticas como circulação de sentidos, evitando a ideia, sugerida por Ball, Bowe e Gold (1992), de que as políticas têm sua origem no contexto de influência.

O desafio de evitar recontextualizações mecânicas de um contexto a outro, provocadas por certa hierarquização de contextos, tem sido constante, tanto como herança de uma forma de entender as políticas de currículo quanto por limites da própria teorização sobre o ciclo contínuo de políticas. Nosso maior interesse pelos contextos da produção do texto e da prática tem levado a uma série de estudos em que esses dois contextos são abordados. Analisando diferentes políticas, estudos como os de Barreiros (2009), Destro (2004), Frangella (2006), Mello (2008), Morgado (2003) e Oliveira (2006) têm buscado entender os processos de recontextualização que ocorrem no momento da produção dos textos curriculares, assim como quando tais textos são relidos nas escolas. Inicialmente sustentados pela formulação de currículo como texto, que abre a possibilidade de entender a leitura também como criação de sentidos (Ball, 1994) e pela ideia de que todo texto está sujeito a recontextualizações produtoras de discursos híbridos (Ball, 1998), vimos sentindo necessidade de ampliar as referências teóricas para melhor compreender o processo de hibridismo.[12] Em um conjunto dos estudos (Lopes, 2005; Mello, 2008; Oliveira, 2006; Silva, 2006), essa ampliação tem articulado a discussão sobre recontextualização de Bernstein com a noção de hibridismo de Hall, mas especialmente de Garcia Canclini. Lopes (2005) analisa as tensões entre o estruturalismo de Bernstein e concepções pós-modernas de hibridismo de autores como Garcia Canclini, defendendo a produtividade da associação para os estudos de política curricular que utilizam o ciclo contínuo de políticas. Para a autora, essa associação permite compreender a "negociação incessante que produz as políticas de currículo" (p. 60), evitando que os contextos sejam "vistos como hierárquicos e a circulação de textos entre os mesmos [...] interpretada como uma deturpação ideológica" (p. 60). Outro conjunto de trabalhos (Agostinho, 2007; Destro, 2004; Frangella, 2006; Macedo, 2004, 2006; Oliveira, 2006) não opera com a noção de recontextualização, salientando os contextos da política curricular como produtores de sentido híbridos na acepção pós-colonial de hibridismo de Hall e, principalmente, de Bhabha. Nesse sentido, os estudos trabalham com a premissa de que nenhum sistema cultural pode se estabilizar sem conter em si a diferença, de modo que o currículo, ao ser enunciado em cada um dos contextos, surge como um híbrido que itera sentidos ao mesmo tempo que os projeta indefinidamente. Essa premissa permite, para Macedo (2006), superar certo binarismo presente nas definições de currículo como discurso e como texto.

12. Ball utiliza o conceito de hibridismo e expressa influências de autores pós-coloniais, especialmente Appadurai, em vários de seus textos, porém não desenvolve sua interpretação de hibridismo.

Desenvolvendo a noção de hibridismo, temos trabalhado os diferentes momentos de produção de textos e discursos sobre a reforma como mescla de discursos pedagógicos, mas, sobretudo, como negociação de sentidos que ocorre nos diferentes momentos da política. O híbrido não resolve as tensões e contradições entre os múltiplos textos e discursos, mas produz ambiguidades, zonas de escape dos sentidos. Esse jogo é marcado por uma negociação entre discursos culturais em que resistência e dominação não ocupam posições fixas, nem se referem a identidades prefixadas, seja de sujeitos ou classes sociais.

Em nossas pesquisas, destacamos como um dos discursos centrais a própria disciplinaridade, na medida em que esta permanece hegemônica nos currículos. Passamos então a apresentar como interpretamos a ação de comunidades disciplinares e epistêmicas na relação com as políticas de currículo.

Abordagem do ciclo de políticas: foco nas comunidades disciplinares e epistêmicas

Desde a utilização do modelo de Mullins[13] por Ball para análise das áreas de conhecimento nos estudos da HDE, é possível perceber o vínculo que o autor estabelece entre comunidades de conhecimento e relações sociais de estabilidade e mudança. A competição e o conflito por determinadas concepções de conhecimento em uma comunidade disciplinar são associadas por ele às tensões inerentes à constituição da própria comunidade: um território com vínculos entre atores e estrutu-

13. Nicholas Mullins desenvolveu seus trabalhos em teoria de grupos na sociologia das ciências, alguns deles em parceria com Belver Griffith, de forma a considerar as relações sociais na constituição de especialidades disciplinares científicas. Seu modelo de quatro fases de criação de uma especialidade — ciência normal, rede de comunicação, *cluster* e especialidade — procura explicar as disputas entre grupos que levam à constituição de novas disciplinas no campo científico. Ball (1982, 1983, 1985) opera com esse modelo para análise do meio acadêmico da disciplina inglês, visando compreender implicações das mudanças nessa disciplina acadêmica para o ensino da disciplina nas escolas. Em estudos mais recentes (Hess, 1997), é questionada a aplicabilidade do modelo de Mullins para diferentes disciplinas, mas permanece sendo reafirmada sua potência para entender conflitos entre concepções de conhecimento na constituição de uma especialidade.

ras sociais que busca para si recursos e legitimação. O movimento em direção a uma especialidade não é encarado, portanto, como apenas um processo de disputa epistemológica, mas como a vinculação de uma *episteme* a determinadas relações de poder.[14]

Tal compreensão, presente em seus estudos sobre HDE, se aprofunda nos estudos sobre políticas de currículo por intermédio de dois conceitos: o de comunidade disciplinar e o de comunidade epistêmica. Em sua primeira abordagem política, restrita ao que ele posteriormente inclui no ciclo de políticas como contexto da prática, Ball (1987) já salienta que a relativa autonomia dos professores sobre seu trabalho se deve à existência de disputas e negociações diversas na escola em torno do controle do trabalho docente. Os limites desse controle são modificados continuamente e dependem de enfrentamentos entre sujeitos e grupos das instituições. Entre esses grupos se destacam os especialistas disciplinares.

Nesse mesmo trabalho, Ball analisa como as concepções de educação e ensino, forjadas no âmbito de uma comunidade disciplinar, são definidoras das metas e ideologias de uma escola. Baseado em Bernstein, o autor conclui que o processo de especialização e socialização em uma disciplina implica aceitar uma seleção, uma organização, um ritmo e uma distribuição do conhecimento, realizados em determinado marco pedagógico. Muitos dos conflitos entre comunidades disciplinares são decorrentes desses marcos pedagógicos das disciplinas serem diferentes e incomensuráveis entre si. Na sua interpretação, quando os conflitos se desenvolvem dentro de uma mesma comunidade disciplinar, essa disciplina apresenta-se com menos poder nas lutas institucionais.

A atuação das comunidades disciplinares nas políticas de currículo é aprofundada em Ball, Bowe e Gold (1992) e Ball e Bowe (1992). Nesses trabalhos, são analisadas as diferenças existentes entre os efeitos dos textos das políticas curriculares nas comunidades disciplinares em diferentes escolas, sendo argumentado que as diferentes histórias, concepções e formas de organização dessas comunidades são capazes de

14. Esse aspecto só é mais desenvolvido por Ball quando começa a incorporar as discussões do *Vigiar e punir*, de Foucault (Ball, 1990).

produzir sentidos diversos para as políticas. As especificidades das comunidades disciplinares se cruzam também às especificidades institucionais, pois nas diferentes escolas há diferentes experiências e habilidades (denominadas *capacidades*) em responder às mudanças, *contingências* capazes de favorecer ou inibir mudanças, *compromissos* e *histórias*, correlacionados a múltiplos paradigmas pedagógicos ou disciplinares, produzindo a hibridização de diferentes discursos aos discursos das políticas. Por conseguinte, textos e discursos das políticas são recontextualizados, dando origem a novos sentidos, não necessariamente previstos inicialmente.

Com base nessa interpretação, desenvolvemos em nosso grupo algumas pesquisas que buscam entender os sentidos produzidos para as atuais políticas em uma ou mais disciplinas de uma instituição específica. Nesses trabalhos, operamos com a concepção de política como texto e como discurso, discutida anteriormente, buscando aprofundar a compreensão de que pela circularidade de discursos e textos no ciclo contínuo de políticas são produzidos híbridos culturais. Entre esses discursos, salientamos, portanto, a importância do discurso disciplinar.

Nos trabalhos de Oliveira (Oliveira, 2006; Oliveira; Lopes, 2008), é investigada a disciplina História de quinta a oitava séries no Colégio Pedro II, instituição federal de ensino com sede na cidade do Rio de Janeiro, no período compreendido entre os anos de 1980 e 2004. Essa instituição, em virtude de sua relação direta com o Ministério da Educação, vem atuando, em múltiplos enfoques, como laboratório de propostas curriculares do governo. Considerando as imbricações entre processos de recontextualização institucional e disciplinar, a autora defende que os sentidos conferidos ao currículo da disciplina História no colégio são decorrentes de disputas que tanto entram em sintonia quanto refratam sentidos dos textos oficiais do MEC. É evidenciado como o discurso de um currículo nacional é facilmente capilarizado na instituição, uma vez que entra em ressonância com um discurso associado ao que se entende como qualidade do colégio, cuja história é marcada pela tentativa de torná-la padrão de currículos nacionais no Brasil. O colégio, se entendendo como instituição de excelência, assume outros discursos curriculares, como o discurso das competências, com reservas, pois mantém a preocupação de transmitir saberes vinculados a padrões acadêmicos, nos termos de Goodson (1983). Desenvolve-se, também, uma tensão entre o discurso associado à estabilidade dos saberes acadêmicos e os discursos de mudança, vinculados à valorização dos saberes cotidianos dos alunos. No caso da disciplina História, na qual os conteúdos vinculados aos saberes acadêmicos tradicionais marcam posições menos críticas, a defesa das mudanças curriculares é legitimada pelo próprio discurso dos documentos oficiais. Assim, a despeito das profundas críticas aos documentos oficiais, por sua vinculação com um discurso de formação instrumental para o mercado, desenvolvidas pela comunidade acadêmica educacional e pelos movimentos sociais de docentes no Brasil, críticas que também circulam no colégio, grupos de professores de História passam a ver nos Parâmetros Curriculares Nacionais a possibilidade de superação do academicismo disciplinar. Tal possibilidade é reforçada pelo próprio caráter híbrido dos parâmetros, que incorporam, nos documentos disciplinares, atuais discursos legitimados das áreas de pesquisa em ensino das disciplinas específicas.

O trabalho de Mello (2008), por sua vez, evidencia como diferentes comunidades disciplinares em uma escola de formação de professores se apropriam diferentemente de discursos disseminados por textos oficiais, em virtude da vinculação estabelecida entre as finalidades dos textos e as finalidades das disciplinas na constituição de um dado perfil de professor. Ao investigar as comunidades de Sociologia da Educação e de Didática, em duas escolas de formação de professores no Rio de Janeiro, a autora conclui que a comunidade disciplinar legitimada por documentos da reforma curricular, particularmente com aumento de carga horária — caso da Didática —, tende a atuar como difusora institucional dos sentidos do contexto de definição de textos. Mas nesse processo de apropriação, são selecionados aqueles sentidos que se vinculam ao perfil de professor que a disciplina defende que precisa ser formado.

Por sua vez, o trabalho de Matheus (2009), ao analisar a política de currículo em uma escola de ensino fundamental de Niterói, Rio de Janeiro, de 2005 a 2008, permite concluir como os discursos de integração curricular circulantes nas políticas atuais — ciclos, interdisciplinaridade, eixos temáticos — são disseminados a partir do antagonismo à fragmentação disciplinar moderna. Tais discursos, contudo, são apropriados nas escolas por intermédio das leituras disciplinares. Mesmo uma proposta curricular que não introduza a discussão sobre as disciplinas, como muitos dos documentos da reforma em pauta, é lida pelos professores a partir de suas formações disciplinares, identificando no texto orientações que possam ser entendidas como relativas a essas formações. Por sua vez, os vínculos estabelecidos entre as comunidades disciplinares são maiores, na medida em que os professores estabelecem um antagonismo com as instâncias governamentais e com os setores da organização da escola, encarados como porta-vozes dessas mesmas instâncias.

Esses trabalhos contribuem não apenas para reforçarmos a hipótese proposta pelo ciclo de políticas de Ball, no sentido de que as comunidades disciplinares contribuem para a recontextualização de textos e discursos das propostas curriculares, como também abrem a possibilidade de pensarmos como os discursos disciplinares são reforçados pelos discursos das comunidades de pesquisa em ensino de disciplinas escolares, ampliando o foco das pesquisas coordenadas por Ball. Defendemos que essas comunidades de pesquisa em ensino atuam na produção de textos das políticas curriculares e também são importantes mediadores desses textos junto aos professores nas escolas, por intermédio de congressos, publicações e atividades de formação continuada. Seus textos, para nos determos ao modelo proposto por Ball, circulam por todo ciclo contínuo de políticas.

Os integrantes dessas comunidades, por mais que pertençam ao campo educacional acadêmico e constituam relações em função do posicionamento nesse campo, identificam-se com as disciplinas escolares, na medida em que constroem seus objetos de pesquisa a partir dessas disciplinas, produzindo a inter-relação entre o campo científico de referência da disciplina escolar e o campo pedagógico. A constituição dessas comunidades de pesquisa em ensino de uma disciplina escolar pressupõe a defesa do conhecimento escolar de sua disciplina no currículo das escolas, bem como a defesa de suas finalidades sociais.

Essa problemática é aprofundada no grupo pelos trabalhos de Silva (2006), focalizando a comunidade disciplinar de ensino de Física, e Souza (2008), focalizando a comunidade disciplinar de ensino de Sociologia, bem como pelos trabalhos de Abreu e Lopes (2008) e Busnardo e Lopes (2007), com resultados parciais de pesquisas que focalizam as comunidades disciplinares de ensino de Química e de ensino de Biologia, respectivamente.

Nessas pesquisas, é possível compreender como comunidades disciplinares mais organizadas, com trajetória de longa produção em ensino, a exemplo das comunidades da área de Ciências, concebem as políticas de currículo como possibilidades de difundir amplamente entre os professores suas conclusões de pesquisa. Tendem, assim, a se apropriar de orientações pedagógicas oficiais como forma de tentar garantir a articulação das demandas de governo às suas demandas. Integrantes de tais comunidades atuam na produção de discursos híbridos da reforma, inclusive pela participação direta como consultores no contexto de definição de textos. Mas o fazem por meio da luta pela legitimação de seu território disciplinar. Na medida em que um dos discursos políticos disseminados tem seus sentidos vinculados ao currículo integrado, como interdisciplinaridade, temas transversais e competências, a atuação dessas comunidades busca garantir que as finalidades e os conteúdos disciplinares específicos sejam considerados, mesmo quando é defendida alguma modalidade de integração curricular.

Comunidades disciplinares difusas, por sua vez, como a de ensino de Sociologia, ainda sem uma intercomunicação mais bem estabelecida e com baixo grau de organização, situadas nos termos de Mullins (1972, 1973) em uma fase normal, tendem a rechaçar o discurso de integração curricular, na medida em que ele compromete a própria legitimação da disciplina. No caso particular da Sociologia, a tensão entre valorização de sentidos acadêmicos e sentidos utilitários e pedagógicos, nos termos de Goodson (1983), é constante, pois a defesa dos sentidos acadêmicos vincula-se à legitimação de um território disciplinar, enquanto os sentidos utilitários e pedagógicos são mobilizados no processo de justificar a introdução da disciplina no currículo, particularmente por intermédio da defesa de uma formação para a cidadania.

Essa discussão sobre comunidades disciplinares pode ser conectada com uma discussão pouco desenvolvida na obra de Ball, que é a das comunidades epistêmicas. Como é discutido em diferentes trabalhos do grupo (Dias, 2009; Dias; López, 2006; Lopes, 2006b), as comunidades epistêmicas são formadas por especialistas que compartilham concepções, valores e regimes de verdade comuns entre si e que operam nas políticas pela posição que ocupam frente ao conhecimento, em relações de saber-poder (Antoniades, 2003). Ball (1998) apropria-se desse conceito de forma breve para salientar a existência de pessoas e instituições que atuam globalmente, em redes para além do Estado-nação, produzindo diagnósticos e fornecendo soluções para os problemas diagnosticados e, assim, contribuindo para a convergência de políticas no mundo global.[15]

Coerentemente com outros trabalhos em que confere maior centralidade às ações do contexto de influência, Ball (1998) destaca que a convergência de políticas no mundo global pode ser explicada pelos vínculos e correspondências entre políticas de diferentes países que constroem o que ele denomina políticas genéricas, capazes de contribuir para a crescente colonização da política educacional pela economia e para os constantes empréstimos de reformas do mundo empresarial para o mundo educacional. Entre essas políticas genéricas ele situa: o *neoliberalismo*, a *nova economia institucional*, a *performatividade*, a *teoria da escolha pública* e o *novo gerencialismo*. Para Ball, a difusão dessas políticas é desenvolvida por intermédio das comunidades epistêmicas, ponto central de uma circulação internacional de ideias, e por intermédio da construção do quadro discursivo no qual as soluções políticas são pensadas. Ainda que Ball (1998) destaque como as políticas genéricas são submetidas a interações e conflitos locais, não deixa de salientar o quanto a contestação tende a se desenvolver nesse quadro discursivo, difundido e reforçado pela ação das comunidades epistêmicas.

Em nosso grupo de pesquisa temos operado com as comunidades epistêmicas procurando entender tanto a forma como contribuem para

---

15. Em trabalho anterior (Ball, 1982), ele utiliza a expressão comunidade epistêmica, porém de forma não articulada às políticas, praticamente como sinônimo de uma comunidade disciplinar acadêmica.

a produção e difusão de discursos do contexto de influência quanto para projetar determinadas identidades nas práticas e introduzir discursos nos textos das políticas. Em se tratando de políticas de currículo, a disciplinaridade se mantém hegemônica, a despeito dos discursos de integração. Assim, procuramos investigar como as comunidades disciplinares atuam localmente como comunidades epistêmicas. Na medida em que destacamos a investigação dos contextos de produção de textos e da prática, interessa-nos mais particularmente entender a ação local das comunidades disciplinares na construção de discursos das políticas de currículo, considerando que esses discursos não têm um centro direcionador de seu fechamento. Não consideramos, portanto, que tais discursos são emanados do contexto de influência, como Ball parece compreender para as políticas genéricas, mas buscamos analisá-los como decorrentes da constituição de hegemonias que contam com apoio e sustentação em diferentes contextos. Sentidos passíveis de serem lidos em textos de agências multilaterais, por exemplo, muitas vezes podem ser compreendidos como sustentados por comunidades disciplinares locais que, dessa forma, atuam como comunidades epistêmicas difundindo sentidos das políticas.

Esse é um dos aspectos analisado no trabalho de Dias (2009), quando afirma que as comunidades epistêmicas atuam na negociação de sentidos de uma política de currículo nos diferentes contextos de sua produção. Entre esses discursos, a autora situa, por exemplo, a atribuição de uma responsabilidade ao professor pelo desempenho dos seus alunos e, por consequência, pela qualidade da Educação Básica. Partindo de uma investigação das demandas da formação de professores — protagonismo docente; profissionalização docente como eixo; centralidade da prática e projetos curriculares em disputa —, a autora destaca que as comunidades epistêmicas são constituídas em torno dessas demandas e da luta por incorporá-las aos textos da política curricular para a formação de professores. Em sua análise, referida à formação de professores, mas passível de ser considerada para outras áreas, as comunidades epistêmicas são resultado de processos de articulação discursiva que se desenvolvem em diferentes arenas de negociação. A convergência de sujeitos e grupos sociais para a constituição de redes políticas de atuação depende de como suas demandas são incluídas nas diferentes articulações discursivas que constituem a possibilidade de hegemonização (Laclau, 1996, 2001). Mas a possibilidade ou não de desenvolvimento dessas articulações depende também dos contextos de negociação das políticas.

O conjunto desses trabalhos nos permite concluir que a própria disciplinaridade constitui um discurso que conecta os diferentes contextos propostos por Ball para o ciclo contínuo de políticas. Como Lopes (2006b) analisa, um dos principais discursos articulados pelas disciplinas escolares e que contribui para a sustentação das políticas de currículo nacional é o discurso da cultura comum. Esse discurso, assim como outros discursos hegemonizados no currículo, se mantém porque articula demandas das comunidades disciplinares e de outros grupos sociais. Mas entendemos que a compreensão de como se constrói e se mantém essa hegemonia ultrapassa a teorização de Ball e exige o aprofundamento de questões para além da abordagem do ciclo de políticas, como passamos a analisar.

Para além da abordagem do ciclo de políticas

Procuramos argumentar até aqui a produtividade da abordagem do ciclo de políticas para o questionamento de enfoques *top down* e *down top* das políticas de currículo. Buscamos compreender a política, simultaneamente, como discursos e como textos, com base em Ball, porém tentamos superar certa visão estruturada que o autor ainda mantém em suas pesquisas. Tencionamos, assim, aprofundar a ideia de que toda política se constitui como uma estrutura desestruturada, na qual não existe um centro fixo definidor de seus sentidos. Os discursos são, portanto, estruturações contingentes que fixam provisoriamente determinados sentidos nas políticas. Investigar os discursos implica investigar as regras que norteiam as práticas que permitem a significação, pois um evento factual é formalmente passível de ser distinguido dos sentidos que o configuram, que o explicam e por ele são produzidos, mas o sentido de um evento é contingente à inclusão desse dado evento em um sistema de relações discursivas. Os efeitos das políticas como textos e como discursos são contextuais e estabelecem constrangimentos para as políticas. Nesses contextos, são múltiplos os produtores de textos e discursos — governos, meio acadêmico, práticas escolares, mercado editorial, grupos sociais os mais diversos e suas interpenetrações —, com poderes assimétricos, mas suas identidades são constituídas no processo de luta política.

Mesmo as comunidades disciplinares e epistêmicas não possuem identidades fixas. São constituídas nas lutas políticas do currículo e em relações saber-poder que fazem com que a definição de quem ou como os sujeitos são posicionados como membros dessa comunidade ou como são filiados a determinadas concepções pedagógicas dependa dessa luta política, e não dos saberes em si. As vontades coletivas dessas comunidades são formadas a partir de uma articulação hegemônica que tem a organização curricular como uma das tradições, na acepção de Mouffe (1996), que constitui os sujeitos dessa luta.

Tentamos, com isso, romper com os binarismos usuais na análise das políticas de currículo: proposta e prática, prescrição e implementação, dominação e resistência. Mas os pares binários não são substituídos por um terceiro termo que expressa a síntese ou soluciona a crise estabelecida pelos termos antecedentes. A política incorpora os sentidos da prática e, dessa forma, concebe as interpenetrações e mesclas entre dominação e resistência, bem como as ambivalências nos discursos. A política curricular é, assim, uma produção de múltiplos contextos sempre produzindo novos sentidos e significados para as decisões curriculares nas instituições escolares.

Nossa interpretação dos novos sentidos e significados produzidos tem sido empreendida centralmente pela categoria hibridismo. O conceito de hibridismo permite-nos operar com a relação entre os contextos de forma menos linear, mas ainda nos parece insuficiente para o entendimento dos processos de negociação de sentidos. Como forma de lidar com essa dificuldade, temos buscado teorizar mais detidamente sobre o jogo político, tentando entender um pouco melhor os processos de constrangimentos e negociações em que os sujeitos estão envolvidos ao fazer política. Isso implica discutir o embate central da sociologia entre estrutura e ação.

Tal embate é uma das motivações centrais de Ball, Bowe e Gold (1992) para a proposição do ciclo contínuo de políticas como estrutura conceitual para o estudo das políticas. A necessidade de conceber modelos de análise em que, para além das determinações estruturais, houvesse espaço para as reinterpretações dos sujeitos é um dos motores do pensamento de Ball. Trata-se, a nosso ver, de uma das maiores contribuições do autor para o estudo das políticas curriculares, que estamos, mais recentemente, articulando com discussões desenvolvidas por Laclau e Mouffe (2001). Tem nos parecido promissor pensar a relação entre estrutura e ação a partir da teoria do discurso desses autores como forma de lidar com o privilégio da estrutura para o qual a leitura de Ball sobre as políticas curriculares tem, em alguns momentos, nos levado. Ao mesmo tempo que reconhecem a existência da estrutura social, Laclau e Mouffe (2001) consideram-na aberta e descentrada, de modo que sempre haverá algo que não pode ser simbolizado. Em uma estrutura deslocada como a postulada pelos autores, há sempre um excesso de sentidos que acaba por constituir o discursivo como campo de indecidibilidade. Tais deslocamentos revelam os limites e a contingência da estrutura, implicando sua incapacidade para fixar posições de sujeito. Dessa forma, toda posição de sujeito é um significante flutuante que só pode ser estruturalmente fixado contingencialmente por meio de articulações hegemônicas.

Ball sinaliza que, nos diferentes contextos, ocorre hegemonização de certos discursos por meio de uma negociação de sentidos — e da ação dos sujeitos na criação desses sentidos — que torna híbridos os produtos culturais da política. A forma como se desenvolve essa negociação, no entanto, não tem sido objeto de reflexões mais aprofundadas e isso dificulta a compreensão de como os sujeitos sociais agem na busca de hegemonizar suas posições. Os estudos mais recentes que vimos desenvolvendo (Barreiros, 2009; Dias, 2009; Lopes, 2006b, 2008; Macedo, 2008b, 2009; Matheus, 2009) têm, por intermédio da contribuição de Laclau e Mouffe (2001), buscado compreender as negociações que se dão nos diferentes contextos como articulações hegemônicas para o fechamento provisório das estruturas de sentido. Esse fechamento é realizado por sujeitos concretos que decidem no espaço indecidível de uma estrutura deslocada.

Desse modo, temos tratado as políticas curriculares como textos híbridos constituídos, nos diferentes contextos, por processos de articulação política que envolvem sujeitos organizados como grupos/identidades em torno de demandas sobre os significados do educar. Em textos que analisam diferentes políticas de currículo recentemente desenvolvidas no Brasil, temos (Dias; Lopes, 2009; Lopes, 2008; Macedo, 2008b, 2009) trabalhado com a ideia de que, nos diferentes contextos, se estabelecem articulações visando hegemonizar significados para o significante vazio "qualidade de educação". Subsidiadas por Laclau e Mouffe (2001), assumimos que a ideia de qualidade tem funcionado como ponto nodal que articula e fecha provisoriamente discursos sobre política curricular no Brasil, justificando a necessidade das reformas. A luta para preencher esse significante tem envolvido articulações entre diferentes discursos. Essas articulações só são possíveis em função da presença de um exterior constitutivo, representado pela presumida ineficiência do sistema educacional, também sem um significado específico. Assim, temos visto a negociação como a tentativa de sujeitos, organizados em torno de demandas específicas, tornarem hegemônicos os sentidos que dão ao significante qualidade, sendo pelo antagonismo a essa presumida ineficiência que demandas as mais diferentes se tornam equivalentes.

Nossa tentativa tem sido, portanto, instigada inicialmente por Ball, ampliar o entendimento da noção de negociação, assumindo-a como articulação hegemônica. Nesse sentido, o que está em jogo é a capacidade de determinados grupos sociais particulares representarem, temporariamente, a totalidade das demandas. Como, no entanto, a representação sempre envolve a incorporação do representado à esfera política com uma nova identidade — criada pela interpelação do representante, aqueles que ele representa — ela será sempre precária e incompleta. Essa incompletude é, simultaneamente, a condição de possibilidade e de impossibilidade da representação, conferindo à política a indecidibilidade que só pode ser superada pela decisão que constitui o sujeito da ação (Laclau, 1993). Este sujeito, constituído na ação política, é capaz assim de transcender à estrutura, ao mesmo tempo que só pode agir porque esta mesma estrutura se constitui por meio da indecidibilidade.

Referências

ABREU, R. G.; LOPES, A. C. A comunidade disciplinar de ensino de química na produção de políticas de currículo. In: ROSA, M. I.; VITORINO, A. (Org.). *Educação química no Brasil*: memórias, políticas e tendências. Campinas: Átomo, 2008. p. 41-62.

AGOSTINHO, P. *Produção curricular e formação docente no cotidiano escolar*: práticas de enunciação e atividade política, 2007. 140f. Dissertação (Mestrado em Educação) — Universidade do Estado do Rio de Janeiro, Rio de Janeiro. Disponível em: <www.proped.pro.br/>.

ALVES, N. *Trajetórias em redes na formação de professores*. Rio de Janeiro: DP&A, 1998.

ANTONIADES, A. Epistemic communities, epistemes and the construction of (world) politics. *Global Society*, v. 17, n. 1, p. 21-38, 2003.

BALL, S. J. Competition and conflict in the teaching of english: a socio-historical analysis. *Journal of Curriculum Studies*, v. 14, n. 1, p. 1-28, 1982.

______. A subject of privilege: english and the school curriculum 1906-1935. In: HAMMERSLEY, M.; HARGREAVES, A. (Eds.). *Curriculum practice*. Lewes: Falmer Press, 1983. p. 61-88.

______. English for the English since 1906. In: GOODSON, I. (Ed.). *Social histories of the secondary curriculum*: subjects for study. London: Falmer Press, 1985. p. 53-87.

______. *The micro-politics of the school*: towards a theory of school organization. London: Routledge, 1987. (Também publicado como: BALL, S. J. *La micropolítica de la escuela*: hacia una teoria de la organización escolar. Barcelona: Paidós, 1989.)

______. (Ed.). *Foucault and education*. London: Routledge, 1990.

______. Education markets, choice and social class: the market as a class strategy in the UK and US. *British Journal of Sociology of Education*, v. 14, n. 1, p. 3-19, 1993. (Traduzido no Brasil por Vânia Paganini Thurler, com revisão de Tomaz Tadeu da Silva, em: BALL, S. J. Mercados educacionais, escolha e classe social: o mercado como uma estratégia de classe. In: GENTILI, P. (Org.). *Pedagogia da exclusão*: crítica ao neoliberalismo em educação. Petrópolis: Vozes, 1995. p. 228-252.)

BALL, S. J. *Education reform*: a critical and post-structural approach. Buckingham: Open University Press, 1994.

______. Big policies/small world: an introduction to international perspectives in education policy. *Comparative education*, v. 34, n. 2, p. 119-30, 1998. (Traduzido por Tomaz Tadeu da Silva em: BALL, S. J. Cidadania global, consumo e política educacional. In: SILVA, L. H. da. *A escola cidadã no contexto da globalização*. Petrópolis: Vozes, 2000. p. 121-137.)

______. Diretrizes políticas globais e relações políticas locais em educação. *Currículo sem Fronteiras*, v. 1, n. 2, p. 99-116, dez. 2001. Disponível em: <http://www.curriculosemfronteiras.org>. Acesso em: 24 mar. 2009.

______. The teachers soul and the terror of performativity. *Journal of Education Policy*, v. 18, n. 2, p. 215-228, 2003.

______. Performatividade, privatização e o pós-Estado do bem-estar. *Educação & Sociedade*, v. 25, n. 89, p. 1105-1126, set./dez. 2004a.

______. Performativities and fabrications in the education economy: towards the performative society. In: ______. *The routledge falmer reader in sociology of education*. London and New York: Routledge Falmer, 2004b. p. 141-155.

______. The necessity and violence of theory. *Discourse*: studies in the cultural politics of education, v. 27, n. 1, p. 3-10, 2006.

______. Privatising education, privatising education policy, privatising educational research: network governance and the 'competition state". *Journal of Education Policy*, v. 24, n. 1, p. 83-99, 2009a.

______; BOWE, R. Subject departments and the "implementation" of National Curriculum Policy: an overview of the issues. *Journal of Curriculum Studies*, v. 24, n. 2, p. 97-115, 1992a.

______; MAROY, C. School's logics of action as mediation and compromise between internal dynamics and external constraints and pressures. *Compare*: a Journal of Comparative and International Education, v. 39, n. 1, p. 99-112, 2009b.

______; BOWE, R.; GOLD, A. *Reforming education & changing school*: case studies in policy sociology. London and New York: Routlegde, 1992b.

BARREIROS, D. *Todos iguais... Todos diferentes... Problematizando os discursos que constituem a prática curricular*, 2009. 218 f. Tese (Doutorado em Educação) — Universidade do Estado do Rio de Janeiro, Rio de Janeiro. Disponível em: <www.proped.pro.br>.

BARREIROS, D. *O sistema nacional de avaliação da educação básica*: vínculo entre avalia BARREIROS, D. ção e currículo, 2003. 112 f. Dissertação (Mestrado em Educação) — Universidade do Estado do Rio de Janeiro, Rio de Janeiro. Disponível em: <www.curriculo-uerj.pro.br/>.

BARRETO, E. A. *Mediações e produção de sentidos em políticas de currículo*: os contextos de construção da política de ciclo na experiência da Escola Cabana (1997/2004), 2008. 190 f. Tese (Doutorado em Educação) — Universidade Federal Fluminense, Niterói.

BORBOREMA, C. *Política de ciclos na perspectiva do ciclo de políticas*: interpretações e recontextualizações curriculares na rede municipal de educação de Niterói/RJ, 2008. 201 f. Dissertação (Mestrado em Educação) — Universidade Federal do Rio de Janeiro, Rio de Janeiro.

BUSNARDO, F. G.; LOPES, A. C. Currículo integrado no ensino de Biologia. In: ENCONTRO NACIONAL DE PESQUISA EM EDUCAÇÃO EM CIÊNCIAS, 6., *Anais*... Belo Horizonte: Abrapec, 2007. p. 1-11.

COOPER, B. On explaining change in school subjects. *British Journal of Sociology of Education*, v. 4, n. 3, p. 207-222, 1983.

DESTRO, D. *A política curricular em educação física do município de Juiz de Fora-MG*: hibridismo entre o contexto da produção do texto político e o contexto da prática, 2004. 168 f. Dissertação (Mestrado em Educação) — Universidade do Estado do Rio de Janeiro, Rio de Janeiro. Disponível em: <www.curriculo-uerj.pro.br/>.

DIAS, R. E. *Ciclo de políticas curriculares na formação de professores no Brasil (1996-2006)*, 2009. 248 f. Tese (Doutorado em Educação) — Universidade do Estado do Rio de Janeiro, Rio de Janeiro. Disponível em: <www.curriculo-uerj.pro.br/>.

______; LOPEZ, S. B. Conhecimento, interesse e poder na produção de políticas curriculares. *Currículo sem Fronteiras*, v. 6, n. 2, p. 53-66, jul./dez. 2006. Disponível em: <http://www.curriculosemfronteiras.org>. Acesso em: 15 abr. 2009.

ESLABÃO, L. da C. *A construção de um currículo por competências*: o caso do Curso Técnico em Sistemas de Telecomunicações do CEFET-RS, 2006. 227 f. Dissertação (Mestrado em Educação) — Universidade Federal de Pelotas, Pelotas.

EUGÊNIO, B. *Política curricular para o ensino médio no estado da Bahia*: permeabilidades entre contextos e a cultura da escola, 2009. 252 f. Tese (Doutorado em Educação) — Universidade Estadual de Campinas, Campinas.

FERREIRA. M. S. *A história da disciplina escolar ciências no Colégio Pedro II (1960-1980)*, 2005. 220 f. Tese (Doutorado em Educação) — Universidade Federal do Rio de Janeiro, Rio de Janeiro.

______; GOMES, M. M.; LOPES, A. C. Trajetória histórica da disciplina escolar Ciências no Colégio de Aplicação da UFRJ (1949-1968). *Pro-posições*, São Paulo, v. 12, n. 1, v. 34, p. 9-26, mar. 2001.

GOODSON, I. F. *School subjects and curriculum change*: studies in curriculum history. Washington: The Falmer Press, 1983.

GOMES, M. M. Conhecimentos ecológicos em livros didáticos de ciências: aspectos sócio-históricos de sua constituição, 2008. 215 f. Tese (Doutorado em Educação) — Universidade Federal Fluminense, Niterói.

HESS, D. J. *Science studies*: an advanced introduction. Nova York: NYU Press, 1997.

LACLAU, E. *Emancipation(s)*. London: Verso, 1996.

______. Power and representation. In: POSTER, M. (Ed.). *Politics, theory and contemporary culture*. New York: Columbia University Press, 1993. p. 277-296.

______; MOUFFE, C. *Hegemony and socialist strategy*. Londres: Verso, 2001.

LIMA, I. S. *O currículo no plural*: políticas, práticas, culturas escolares , 2006. 180 f. Tese (Doutorado em Educação) — Universidade Estadual de Campinas, Campinas.

LIMA, L. T. S. *Políticas curriculares para a formação de professores em ciências biológicas*: investigando sentidos de prática , 2008. 101 f. Dissertação (Mestrado em Educação) — Universidade Federal do Rio Janeiro, Rio de Janeiro.

LOPES, A. C. Conhecimento escolar: ciência e cotidiano. Rio de Janeiro: Ed. UERJ, 1999.

______. Currículo de ciências do Colégio de Aplicação da UFRJ (1969-1998): um estudo sócio-histórico. *Teias*, Rio de Janeiro, v. 2, n. 2, p. 1-20, 2000.

______. Políticas de currículo: mediação por grupos disciplinares de ensino de ciências e matemática. In: LOPES, A. C.; MACEDO, E. (Org.). *Currículo de ciências em debate*. Campinas: Papirus, 2004. v. 11, p. 1-20.

LOPES, A. C. Política de currículo: recontextualização e hibridismo. *Currículo sem Fronteiras*, v. 5, n. 2, p. 50-64, jul./dez. 2005. Disponível em: <http://www.curriculosemfronteiras.org>. Acesso em: 8 fev. 2009.

______. Quem defende os PCN para o ensino médio? In: LOPES, A. C.; MACEDO, E. *Políticas de currículo em múltiplos contextos*. São Paulo: Cortez, 2006a. p. 126-158.

______. Discursos nas políticas de currículo. Currículo sem Fronteiras, v. 6, n. 2, p. 33-52, jul./dez. 2006b. Disponível em: <http://www.curriculosemfronteiras.org>. Acesso em: 27 jan. 2009.

______. Cultura e diferença nas políticas de currículo: a discussão sobre hegemonia. In: PERES, E.; TRAVERSINI, C.; EGGERT, E.; BONIN, I. (Org.). *Trajetórias e processos de ensinar e aprender*: sujeitos, currículos e cultura. Porto Alegre: Ed. PUC-RS, 2008. p. 59-78.

MACEDO, E. F. de. *História do currículo da pós-graduação em educação da UFRJ (1972-1994)*, 1997. 298 f. Tese (Doutorado em Educação) — Universidade Estadual de Capinas, Campinas.

______. *Currículo como entre-lugar identitário*: raça, gênero e sexualidade no Currículo de Ciências (1971-2001). Projeto de Pesquisa encaminhado ao CNPq, 2002. Disponível em: <http://www.curriculo-uerj.pro.br/>. Acesso em: 21 mar. 2008.

______. Currículo e hibridismo: para politizar o currículo como cultura. *Educação em Foco*, Juiz de Fora, v. 8, n. 1 e 2, p. 13-30, set./fev. 2004. Disponível em: <http://www.faced.ufjf.br/educacaoemfoco>. Acesso em: 2 fev. 2008.

______. *Currículo de ciências*: uma abordagem cultural. Projeto de Pesquisa encaminhado ao CNPq, 2005. Disponível em: <http://www.curriculo-uerj.pro.br/>. Acesso em 21 mar. 2008.

______. Currículo: política, cultura e poder. *Currículo sem Fronteiras*, v. 6, n. 2, jul./dez. 2006. Disponível em: <http://www.curriculosemfronteiras.org>. Acesso em: 21 mar. 2008.

______. *Currículo, cultura e diferença*: o caso da MultiEducação com ênfase nas ciências. Projeto de Pesquisa encaminhado ao CNPq, 2008a. Disponível em: <http://www.curriculo-uerj.pro.br/>. Acesso em: 21 mar. 2008.

______. Que queremos dizer com educação para cidadania? In: MACEDO, E. F. de.; LOPES, A. C.; LOPES, A.; LEITE, C.; TURA, M. L. (Orgs.). *Políticas educativas e dinâmicas curriculares no Brasil e em Portugal*. Rio de Janeiro: DP et Alii, 2008b. p. 89-114.

MACEDO, E. F. de. Como a diferença passa do centro à margem nos currículos: o caso dos PCN. *Educação & Sociedade*, Campinas, n. 30, v. 106, p. 23-43, jan./ abr. Disponível em: <http://www.scielo.br>.

______; LOPES, A. C.; PAIVA, E.; BARBOSA, I.; DIAS, R. E.; FRANGELLA, R. *Currículo da educação básica (1996-2002)*. Brasília: PNUd/Inep/MEC, 2006.

MAINARDES, J. Abordagem do ciclo de políticas: uma contribuição para a análise de políticas educacionais. *Educação & Sociedade*, Campinas, v. 27, n. 94, p. 47-69, jan/abr. 2006.

______. *Reinterpretando os ciclos de aprendizagem*. São Paulo: Cortez, 2007.

MATHEUS, D. S. *Política de currículo em Niterói*: o contexto da prática, 2009. 166 f. Dissertação (Mestrado em Educação) — Universidade do Estado do Rio de Janeiro, Rio de Janeiro. Disponível em: <www.curriculo-uerj.pro.br/>.

MELLO, J. C. D. *Políticas de currículo em escolas de formação de professores*, 2008. 202 f. Tese (Doutorado em Educação) — Universidade do Estado do Rio de Janeiro, Rio de Janeiro. Disponível em: <www.curriculo-uerj.pro.br/>.

MORGADO, V. N. *A multieducação e a cultura no contexto da prática*, 2003. 142 f. Dissertação (Mestrado em Educação) — Universidade do Estado do Rio de Janeiro, Rio de Janeiro.

MOREIRA, A. F. B. *Currículos e programas no Brasil*. Campinas: Papirus, 1990.

MOUFFE, C. *O regresso do político*. Lisboa: Gradiva, 1996.

MULLINS, N. C. The development of a scientific specialty: the phage group and the origins of molecular biology. *Minerva*, v. 10, n. 1, p. 51-82, jan. 1972.

______. The development of Specialties in social sciences: the case of ethnomethodology. *Science Studies*, v. 3, p. 245-273, jul. 1973.

OLIVEIRA, O. A disciplina escolar História no Colégio Pedro II: reinterpretações curriculares dos anos de 1980 aos primeiros anos do século XXI, 2006. 165 f. Dissertação (Mestrado em Educação) — Universidade do Estado do Rio de Janeiro, Rio de Janeiro. Disponível em: <www.curriculo-uerj.pro.br/>.

OLIVEIRA, A.; LOPES, A. C. O contexto da prática nas políticas de currículo. In: LOPES, A. C.; MACEDO, E. (Org.). *Políticas de currículo no Brasil e em Portugal*. Porto: Profedições, 2008. p. 31-54.

ROCHA, A. A. *No entrecruzamento de políticas de currículo e de formação docente*: um estudo sobre o manual do professor do livro didático de Geografia, 2008. 160 f. Dissertação (Mestrado em Educação) — Universidade Federal do Rio de Janeiro, Rio de Janeiro.

ROSA, M. I.; CARRERI, A. V. ; RAMOS, T. A. Formação docente no ensino médio: táticas curriculares na disciplina escolar Química. In: ROSA, M. I.; VITORINO, A. (Org.). *Educação Química no Brasil*: memórias, políticas e tendências. Campinas: Átomo, 2008. p. 105-126.

SILVA, D. B. R. da. *A comunidade disciplinar de ensino de Física na produção de políticas de currículo*, 2006. 144 f. Dissertação (Mestrado em Educação) — Universidade do Estado do Rio de Janeiro, Rio de Janeiro. Disponível em: <www.curriculo-uerj.pro.br/>.

SILVA, T. T. da. *O que produz e o que reproduz na educação*. Porto Alegre: Artes Médicas, 1992.

SOUZA, S. A. *A defesa da disciplina Sociologia nas políticas para o ensino médio de 1996 a 2007* 2008. 87 f. Dissertação (Mestrado em Educação) — Universidade do Estado do Rio de Janeiro, Rio de Janeiro, . Disponível em: <www.proped.pro.br>.

Sobre os Autores

Stephen J. Ball

Professor do Institute of Education — University of London. Ocupa a Cátedra Karl Mannheim Professor of Sociology of Education. É um dos mais reconhecidos pesquisadores no campo das políticas educacionais. Suas obras mais recentes são: *The Routledge International Handbook of the Sociology of Education*, organizado com Michael W. Apple e Luis Armando Gandin (Routledge, 2009), *The education debate* (Policy Press, 2008), *Education plc: understanding private sector participation in public sector education* (Routledge, 2007) e *Education policy and social class: the selected works of Stephen J. Ball* (Routledge, 2006).

Jefferson Mainardes

Professor da Universidade Estadual de Ponta Grossa (Departamento de Educação e Programa de Pós-Graduação em Educação — Mestrado). Lidera o Grupo de Pesquisa Políticas Educacionais e Práticas Educativas (<http://www.uepg.br/gpeppe>). É Doutor em Educação pelo Institute of Education — University of London. Desenvolve pesquisas na área de Política Educacional, especialmente sobre a organização da escola em ciclos. Suas publicações mais recentes são: *Reinterpretando os ciclos de aprendizagem* (Cortez, 2007) e *A escola em ciclos: fundamentos e debates* (Cortez, 2009), além de artigos em periódicos.

Alan Cribb

Professor do King's College — Centre for Public Policy Research (Londres), onde é Professor of Bioethics and Education. Além de inúmeros artigos em periódicos, publicou recentemente as obras: *Respect for medicines and Respect for People*, com A. Benson e N. Barber (Royal Pharmaceutical Society of Great Britain, 2007), *Nursing law and ethics*, com J. Tingle (Blackwell Science, 2007) e *Understanding education: a sociological perspective*, com Sharon Gewirtz (Polity Press, 2009).

Alice Casimiro Lopes

Professora da Universidade do Estado do Rio de Janeiro. Doutora em Educação pela UFRJ. Lidera o grupo de pesquisa Currículo: sujeitos, conhecimento e cultura (<www.curriculo-uerj.pro.br>) e atualmente é coordenadora do Programa de Pós-Graduação em Educação (<www.proped.pro.br>). Realiza pesquisas na área de currículo, com especial interesse nas políticas de currículo e nos processos de organização curricular. Publicou mais recentemente os livros *Políticas de integração curricular* (Ed. UERJ, 2008), *Currículo e epistemologia* (Editora Unijuí, 2007), *Políticas de currículo em múltiplos contextos*, com Elizabeth Macedo (Cortez, 2006), além de vários artigos em periódicos nacionais e internacionais.

César Tello

É professor na Universidad Nacional de La Plata, Universidade Nacional Tres de Febrero e Universidad Nacional San Martín. É graduado em Ciências da Educação (Universidad Nacional de La Plata), diplomado Superior em Gestão Educativa pela FLACSO-Argentina, mestre em Políticas e Administração da Educação pela Universidad Nacional de Tres de Febrero. É doutorando em Ciencias de la Educación — Universidad Nacional de La Plata.

Elizabeth Macedo

Professora da Universidade do Estado do Rio de Janeiro. Doutora em Educação pela Unicamp. Desenvolve pesquisas sobre currículo. Além de artigos em periódicos nacionais e estrangeiros, publicou os seguintes livros: *Políticas educativas e dinâmicas curriculares no Brasil e em Portugal*, com Alice Lopes, Carlinda Leite e Maria de Lourdes Tura (DP et Alii, 2008), *Políticas de currículo no Brasil e em Portugal*, com Alice Lopes (Profedições, 2008), *Cultura e política de currículo* (com Alice Lopes e Maria Palmira C. Alves (JM, 2006), *Políticas de currículo em múltiplos contextos*, com Alice Lopes (Cortez, 2006).

Eneida Oto Shiroma

É professora da Universidade Federal de Santa Catarina (Departamento de Estudos Especializados em Educação e Programa de Pós-Graduação em Educação). Doutora em Educação pela Unicamp (1993) e realizou estudos pós-doutorais na University of Nottingham (2000). Tem realizado pesquisas na área de Política Educacional, especialmente sobre reforma educacional, redes sociais e trabalho docente. É coautora de *Política educacional* (Lamparina, 2007).

Márcia dos Santos Ferreira

Professora do Instituto de Educação da Universidade Federal de Mato Grosso. Possui mestrado e doutorado em Educação, ambos obtidos na Faculdade de Educação da Universidade de São Paulo. Realiza pesquisas na área de História da Educação e Sociologia da Educação, com ênfase no estudo da relação entre pesquisa e política educacional no Brasil, entre os anos 1950 e 1970.

Meg Maguire

Professora do King's College (Londres), onde é Professor of Sociology of Education. Suas publicações mais recentes são: *Becoming a teacher: issues in secondary teaching*, 3ª ed. (com J. S. Dillon, Open University Press, 2007) e *Education, globalisation and new times* (com S. J. Ball e I. Goodson, Routledge, 2007).

Rosalba Maria Cardoso Garcia

Professora da Universidade Federal de Santa Catarina (Departamento de Estudos Especializados em Educação e Programa de Pós-Graduação em Educação). Doutora em Educação pela Universidade Federal de Santa Catarina — UFSC (2004). Tem realizado pesquisas na área de Política Educacional, especialmente sobre a Educação Especial e Políticas de Inclusão Educacional/Educação Inclusiva.

Roselane Fátima Campos

Professora da Universidade Federal de Santa Catarina (Departamento de Metodologia de Ensino e do Programa de Pós-Graduação em Educação). Doutora em Educação pela UFSC, realizou parte de seus estudos doutorais na Universidade Charles de Gaulle (Lille III). Tem realizado pesquisa na área de política educacional, estudando as políticas de educação infantil na América Latina, formação e trabalho docente.

Sally Power

Professora da Cardiff University — País de Gales. Publicações mais recentes: *Paper 118: graduating and gradations within the middle class: the legacy of an elite higher education*, com G. Whitty (Cardiff School of Social Sciences, 2008), *Education and the middle class: a complex but crucial case for the sociology of education, Education, globalization and social change*, com G. Whitty (Oxford University Press, 2006).

Sharon Gewirtz

Professora do King's College (Londres). Desenvolve pesquisas na área de Sociologia da Educação e Política Educacional. Os livros mais recentes são: *Understanding education: a sociological perspective*, com Alan Cribb (Polity Press, 2009) e *Changing teacher professionalism: international trends, challenges and ways forward*, com Pat Mahony, Ian Hextall e Alan Cribb (RoutledgeFalmer, 2009).